글로벌 시대의
인도인
디아스포라

김경학, 박정석, 양철준, 이광수, 이재숙
인태정, 장용규, 정영주, 조정규   공저

景仁文化社

이 책은 2004년도 한국학술진흥재단 기초학문육성사업의 지원
(과제번호 KRF-2004-072-BM 3053)에 의하여 연구되었음

2007년 1월 7일부터 9일까지 뉴델리에서 개최된 제5회 해외 인도인의 날 행사에 참석하여
전통 램프에 점등을 하고 있는 인도 수상 만모한 싱(Manmohan Singh) 박사

2007년 해외 인도인의 날 행사의 주제는 "뿌리를 찾아서" 였다.

파키스탄 난민들은 짠드니쪼끄를 중심으로 하는
구델리 시장을 중심으로 강력한 경제권을 형성하고 있다.

델리 최대 상가인 코넛플레이스는 펀자비 난민 출신이
상권의 70퍼센트 정도를 장악하고 있다.

파키스탄 난민들은 그 출신 지역에 따라 한 지역의 토지를 불하받아 공동으로 택지 개발을
한 경우가 많은데, 이 경우 그 출신 지역의 사원을 단지 내에 세워 놓는다.

파키스탄 난민들이 토지를 불하받아 단지 조성을 하는 경우,
무허가 슬럼이 같이 형성되는 경우가 많다.

델리는 민족주의 정당 계열의 권력이 가장 막강한 곳인데,
이는 파키스탄 난민의 정치 지향 성격과 관계가 있다.

외국 거주 인도인을 유치하기 위한 호화 아파트가 신도신 구르가온에 세워지고 있다.

치마 카란 마을의 외곽에 집단으로 지어진 해외 인도인의 주택들

해외송금으로 지어진 체르의 주택인데 주택의 소유자는
현재 거주하고 있지 않고 해외에 있다.

치마 카란 마을 중학교의 컴퓨터 교실. 컴퓨터는 해외이주민의 송금으로 구입된 것이다.

치마 카란마을에는 전통주택과 해외송금으로 지어진 신축주택이 공존하고 있다.

해외인도인과 현지 편잡인과의 결혼식에 사용될 결혼식 차량과 취악대

결혼의 전당(Palace)이라고 알려진 결혼식장에서 거행된
NRI 남성과 인도 편잡주 여성의 결혼식

릭쇼, 오토바이, 최첨단 상품을 취급하는 상점과 상행위에 능숙한 사람들이
아흐메다바드의 상징이라고 할 수 있다.

S.G. Rao교육대학의 교수들이 자신과 친인척의
디아스포라 경험에 대해 이야기하고 있다.

오루마향우회 사무실.
두바이에 있는 오루마향우회와 오루마나유르를 연결하는 가교역활을 한다.

오루마나유르 거리 풍경. 케랄라의 전형적인 소규모 마을로
성인 남성의 50퍼센트 가량이 걸프지역에 진출해 있다.

'올라 비두'(Olla Veedu)라고 부르는 '전통' 가옥. 하층민의 집으로 여러 세대가 같이
거주한다. 걸프지역에 이주노동자를 보내지 못한 집안은 대체로 올라 비두에 거주한다.

걸프 풍의 가옥. 걸프지역에 이주노동자가 있거나
이주노동 경험이 있는 사람들이 선호하는 가옥형태

두바이에서 열린 오루마향우회 회의. 정기적으로 모여 사업을 논의한다.

오루마나유르가 지원하고 있는 초등학교 전경

폰디체리에는 시청, 세관, 경찰서, 상공회의소 등을 비롯한 공공기관에는 아직도 불어로 표기된 곳이 남아 있다. 프랑스구역의 거리나 상호도 불어로 표기된 곳이 많다.

프랑코 · 폰디체리인들의 상당수가 카톨릭을 신봉한다. 이들 중 다수는 타밀식 이름을 버리고 카톨릭영세명을 흔히 사용한다. 폰디체리의 성심교회(Sacred Heart Church).

은퇴한 직업군인들의 쉼터에서 직업군인들과 미망인들이 모임을 마치고
폰디체리를 방문한 프랑스인들과 기념촬영을 하고 있다.
좌측에서 훈장을 달고 있는 이가 모임의 회장을 맡고 있는 발라라민 비샤씨다.

주폰디체리 프랑스 총영사관 근처의 재향군인들의 쉼터. 폰디체리에 거주하고 있는
재향군인들은 친목도모를 위한 다양한 활동은 물론이고 프랑코-폰디체리인들의
자녀들을 위한 장학사업 등도 주도적으로 펼치고 있다.

폰디체리 및 해외에 거주하는 프랑코-폰디체리인들의 정기간행물인 "연결선"의
창간 60주년을 기념하는 플래카드와 동간행물의 편집을 담당하고 있는 알베르 롤랭.

폰디체리 리세 프랑세는 1826년 설립된 오랜 역사의 학교로서 프랑코-폰디체리인들의 자녀
교육을 위한 기능뿐만 아니라 인도 내 불어교육의 중심으로서도 명성이 높다.

목 차

<총 론>

인도인 디아스포라의 인도와의 관계

Ⅰ. 주요 연구 주제들

본 연구서는 '국가와 이주: 인도인 디아스포라의 형성, 변화 그리고 네트워크'라는 대주제 하에 3년에 걸쳐 세계 주요 지역에 거주하고 있는 인도인들에 대한 사회·문화적, 정치·경제적 특성을 규명하는 것을 목표로 설정했던 제3년차 연구의 총체적 집적물이다. 제1년차 연구는 주로 영국식민시기에 카리브해 연안국가, 태평양 연안국가, 인도양 연안국가 및 아프리카와 동남아 국가 일대에 거주하고 있는 소위 '구 인도인 디아스포라'(Old Indian Diaspora)의 이주과정과 정착 및 현지에서의 적응과 변화 과정의 규명에 관한 것이었다. 제2년차 연구는 제2차세계대전 종전 이후 본격화된 인도인의 영국, 북미, 중동지역으로의 이주 과정과 이들이 모국 인도뿐만 아니라 해외 도처에 거주하는 인도인들과 맺고 있는 네트워크를 분석하는 작업으로 흔히 '초국가적 네트워크'의 성격을 밝혀보려는 목적을 갖고 있었다.

제3년차 연구에 해당하는 본 연구서는 인도의 타지역에 비해 상대적으로 해외인도인을 많이 배출시킨 주요지역인 펀잡, 구자라트, 케랄라 지역 출신의 해외 인도인이 사회·문화적, 정치·경제적 맥락에서 모국에 끼치는 영향의 본질적 성격을 규명하고자 하였다. 물론 본 연구서에는 위의 세 곳 외에도 해외 인도인에 대한 인도정부의 정책에 대한 연구, 델리(Delhi)의 파키스탄 난민에 대한 연구, '인도 속의 프랑스 문화의 섬'이라고 알려진 남인도 폰디체리(Pondicherry)의 프랑코-폰디체리인들이 프랑스와 맺고 있는 관계에 대한 연구가 포함되어 있다. 이들 연구자들은 폰디체리와 델리에서 현지조사 기간 동안 현지인과의 심층적 인터뷰를 통해 소중한 자료를 수집하였다.

해외 인도인과 펀잡, 구자라트, 케랄라지역과의 관계를 조사했던 연구자들은 각각의 현장에서 단기 체류를 하면서 현지인과의 인터뷰를 통해 그들의 경험을 생생하게 청취하였다. 이들 세 곳이 집중적인 연구대상지로 선정된 데에는 나름대로 이유가 있다. 인도 펀잡에서는 영국의 식민통치기간 동안 펀잡인들이 펀잡 내부적 이주를 이미 경험하였으며, 시크 연대 소속 펀잡인들이 해외 영국군 주둔지로 파병되는 등 이주의 환경이 일찍이 조성될 수 있었다. 구자라트 역시 해안을 접하고 있는 지리적 특성상 전통적으로 상인계층이 아프리카를 비롯한 해외로 활발히 진출하였으며, 20세기 들어 일어난 구자라트의 산업화로 인해 전통 상인계층이 국내 사회·경제적 주도권을 포기하고 해외로 시장을 개척한 일 등이 구자라트인을 일찍부터 해외로 눈을 돌리게 한 주요 동인으로 작용하였다. 산업이 발달하지 않아 대부분이 농업에 종사하였던 케랄라 사람들은 좁은 농지에 농업인구가 많아 해외로 빨리 눈을 돌리게 되었다.

 본 연구서의 중심된 연구 테마는 인도인 디아스포라가 모국에 대해 끼치는 영향 분석이지만 연구물들이 다루고 있는 연구주제에는 일부 일관성과 다양성이 보인다. 이들 연구들의 이해를 돕기 위해 다음과 같은 연구 주제별 간략한 설명을 제시한다.

1. 초국가적 관계 : 송금과 자선활동

 영구적인 형태든 또는 잠정적인 형태든 국제 이주에 관한 연구는 이주자들이 모국에 끼치는 영향에 대해 언급하고 있다. 특히 이주자의 모국에 대한 송금을 국가적인 차원에서는 그 규모에 대해 논의하고 지역적 또는 가족적 차원에서는 송금의 규모뿐만 아니라 사용처에 대한 논의가 중심이 되고 있다. 국가경제적으로는 해외 송금이 국제수지를 개선시키고 외채를 감소시켜주는 등의 결과를 유발하고, 지역이나 가족의 차원에서는 지역경제의 활성화와 공공 부문의 개선 및 가족의 사회 · 경제적 지위향상에 기여를 한다. 이주로 인해 유입되는 자본은 생산적인 부분과 의례처럼 비생산적인 부분으로 흘러들어가는 등 다양한 양상을 보인다. 본 연구서의 김경학과 조정규의 편잡에 대한 연구와 박정석과 장용규의 케랄라에 대한 연구는 국제 이주가 지역사회에 끼치는 영향들, 특히 유입되는 자본의 영향이 현지의 사회 · 문화적 맥락에 따라 어떻게 다르게 드러나고 해석되는지를 보여주고 있다. 국제이주로 인한 송금은 두 지역 모두 농토 구입과 새로운 사업에 대한 투자 등 생산적 영역에 대한 투자도 되지만 호화주택 건축, 높은 신부지참금 지불 등 과시적 소비를 통한 지위경쟁처럼 비생산적 영역으로도 흘러들어 간다. 편잡의 국제이주의 주류 집단인 자트(Jats) 힌두와 시크들이 보이는 과시적 소비 형태는 이주를 통해 가난을 극복하고자 하는 것보다 가족의 명예, 즉 '이자트'(izzat)를 드높이고자 하는 것이며 더 나아가 자트 카스트 특유의 치열한 경쟁적 라이벌 의식으로 인한 것이다. 한편 중동 건설현장에서 주로 노동자로 일하는 케랄라 이주자가 보내오는 현금은 중동에서 자신들이 경험한 '여성적' 역할을 케랄라에서 벗어나고자 과시적 소비를 통해 '남성성'을 회복하는 양상으로 표출되고 있다.

해외 인도인들이 모국과의 관계를 맺는 방식의 하나로 다양한 형태의 자선단체를 통해 국가적 차원에서 불행한 사건과 빈곤한 계층 등 이들의 따뜻한 손길이 요구되는 사항에 대한 물질적 투자를 들 수 있다. 주로 해외에서 운영되는 종교단체나 향우회 성격을 띤 자발적 결사체를 통해 모금된 기금은 인도 국내의 종교기관이나 빈민구호 단체 또는 지자체를 통해 유입되고 이들 기관을 통해 집행된다. 예컨대 1984년 델리 시크 대학살 사건 후 집과 가족을 잃은 시크들을 돕는 손길이 해외 시크들로부터 인도 국내 시크 사원인 구르드와라를 통해 전해졌으며, 2001년 구자라트의 대지진 때는 구자라트 출신 해외 이주민 자선단체를 통한 대규모 물질적 지원을 했는데 이들 해외 인도인들이 모국사회에 보여준 자신들의 역량이자 동시에 모국과의 연결의 유지와 지속을 분명히 보여준 사례들에 해당된다.

해외 인도인의 모국에 대한 관심은 지역수준에서도 일어난다. 본 연구서의 편잡과 케랄라의 사례가 잘 보여주고 있듯이 해외 이주민들은 고향 마을의 공공영역에 대한 후원을 함으로써 소위 '공공경관'을 변화시켜가고 있다. 고향 마을의 사원, 학교, 의료시설, 화장터, 상하수도, 공용도로 등의 신·개축은 물론 컴퓨터의 도입과 온라인 네트워크의 구축, 스포츠시설 등 마을 현대화 사업에 대한 해외 이주민의 투자 역시 주목할 만한 공공적인 역할이다. 한편 해외 이주민들이 마을 등 지역수준에 대한 기부 대신 초국가적 네트워크를 이용하여 모국 인도 전체와 유대를 연결하고 유지하는 경우도 있는데 이러한 예는 본 연구서 가운데 이재숙의 '밥스'(BAPS)라는 구자라트 스와미나라얀(Swaminarayan) 힌두 종파의 사례를 통해 이해할 수 있다. 밥스는 인도, 특히 구자라트와 뭄바이(구 봄베이)지역을 위한 다양한 프로그램을 펼쳐왔다. 예컨대 8곳의 병원과 보건소를 세우고 각종 현대적 의료장비를 구입하여 지원하고 마약복용을 금하는 사회적 캠페인을 활발하게 전개하였으며 구자라트 내의 부족들의 생활 근거지를 순회하는 구급차를 구입하여 배치했다. 또한 학교, 연구소, 학생기숙사의 건립과 각급 학교에 장학금을 지급하는 등의 교육사업에도 열의를 보여 왔다. 이밖에도 결혼에서 신부지참금 수수관행을 금하는 캠페인을 통해 신부지참금 없는 대규모 합동결혼식을 거행하는 일에도 앞서 왔다.

2. '이주의 문화'

펀잡, 케랄라, 구자라트 등 국제이주가 빈번한 지역에는 소위 '이주의 문화'(culture of migration)가 팽배해 있다. 캔달과 메시(Kendal & Massey 2002)는 특정 지역사회에 국제이주가 지배적으로 자리를 잡아가면서 미래의 이주 가능성을 높이는 방향으로 해당 지역사회 사람들의 가치와 태도 및 행위양식이 자리 잡는 것을 '이주의 문화'라는 용어를 사용해서 조작적으로 정의내리고 있다. 캔달과 메시는 주로 '이주의 문화' 개념을 국제이주를 일으키는 경제적 요인에 초점을 맞춰 이용하고 있다. 그러나 이주가 전통적인 인도인의 가족과 혼인 및 가치관뿐만 아니라 사회구조에 끼치는 변화를 '이주의 문화' 개념을 통해 총체적 시각에서 분석한다면 국제 이주가 고향에 남아 있는 인도인들의 삶을 사회·문화적이고 정치·경제적인 맥락에서 변화시키고 있는 양상을 미시적이고 체계적으로 보여줄 수 있을 것이다.

본 연구에서 나타나는 케랄라와 편잡의 국제 이주 현상은 '이주의 문화'를 설명하기에 매우 적절한 사례들이다. 국제 이주가 한 개인의 일생의례의 한 부분으로 자리를 잡게 된 케랄라와 편잡 사회에서는 이주자와 이주자 가족의 사회적 지위가 비이주자보다 더 높이 평가되기 때문에 국제 이주를 위한 현실적 장애들에도 불구하고 이주의 문화가 지배적 집단담론으로 자리 잡고 있는 지역의 젊은이들은 국제 이주를 위해 끊임없이 노력하고 있다.

3. 이주를 위한 사회·문화적 자원

대부분의 국제 이주를 통해 이주민을 수용하는 부유한 국가들은 송출국의 숙련 또는 비숙련 노동력을 흡인할 수 있는 유인 요인들, 예컨대 고임금과 충분한 노동자의 수요 등을 가지고 있다. 그러나 모든 사람들이 원한다 하여 국제 이주를 할 수 있는 것은 아니다. 수용국가들이 요구하는 조건들이 특정 기술, 언어적 능력, 연령 등 매우 까다롭기 때문에 이러한 조건을 만족한 사람들만이 이주할 수 있다. 그러나 혼인은 이주 수용국가의 변화하는 정책과의 연계 없이 자유롭게 이주를 용이하게 만드는 수단으로 작용하였으며, 특히 가족재결합프로그램(family reunification programme)을 통해 가족의 연쇄적 이주가 가능하였기 때문에 가족과 친족관계는 매우 유용한 이주전략으로 일반적으로 활용되어왔다. 특히 인도인은 가족의 연대와 친족의 의무를 매우 중요하게 여기고 혼인 또한 엄격한 범위 내에서 배우자를 만나야 한다는 문화적 규칙때문에 가족, 친족, 혼인은 국제 이주 영역에 있어서도 진지하게 고려되어야 할 문화적 영역들이었다. 교통 통신수단의 급격한 발달로 더욱 촉

진되어진 전지구화 과정과 초국가적 흐름은 해외 인도인과 모국 인도인
간에 성사되는 '초국가적 중매혼인'(transnational arranged marriage)의 사
례를 증가시키는 요인이 되었다. 본 연구서의 편잡과 구자라트의 사례
는 초국가적 중매혼이 매우 유용한 이주 전략의 한 가지로 활용되고 있
음을 잘 보여주고 있다. 혼인 외에 특정 언어 구사 능력 또한 이주를 위
한 자본으로 활용되고 있음은 인도 폰디체리의 사례 연구가 보여주고
있다. 양철준의 폰디체리의 프랑코-폰디체리인들에 대한 연구는 대다
수의 프랑코-폰디체리인들에게 불어의 구사능력은 프랑스로의 이주와
정착을 위한 필수적인 언어적 자본과 조건으로 인식되고 이러한 인식의
바탕에서 불어계 학교에 진학하고 있음을 명확하게 보여주고 있다.

4. '귀환 이주'

한편 본 연구서의 케랄라와 편잡의 사례가 보여주듯이 국제이주는 모
국에서 정착국으로 이주와 정착으로 종료되는 과정이 아닌 '귀환 이
주'(return migration)의 과정도 있기 때문에 귀환 이주자의 성격과 귀환
이주가 모국 사회에 끼치는 영향에 대해서도 소수의 선행 연구가 있었
다. 귀환 이주를 발생시키는 요인들은 개인의 속성 변수보다 이주국에
서 이주자의 신분적 지위, 가족과 친족원의 유무, 모국의 이주자의 개인
적 기능과 능력에 대한 급증하는 요구 상승 등의 요인들에 의해 결정되
는 경우가 일반적이다. 예컨대 린드스트롬(Lindstrom 1996)의 연구[1]는 미
국에 이주한 멕시코 이주자의 귀환의 가능성은 이주자가 정착국에 직속
가족원과 함께 살고 있는가의 유무에 달려있음을 보여준다. 한편 귀환

---

1) Lindstrom, D.(1996), 'Economic Opportunity in Mexico and Return Migration from the
United States', *Demography*, 33(3):357-75.

이주자가 항상 모국사회에 순조롭게 재통합되는 것만은 아니다. 귀환 이주자의 모국사회와의 재통합 과정에 대한 콜톤(Colton 1993)의 연구[2]는 사우디에 이주한 예멘 이주자가 모국으로 귀환한 후 소규모 사업을 시작했지만 이들이 모국 사회로 재통합되는 과정에서 경험하는 어려움을 잘 보여주고 있다. 또한 아시아 태평양지역의 귀환 이주 문제를 다룬 연구[3](Iredale *et al.* 2003)는 더 이상 체류를 연장할 근거가 없어 마지못해 귀환한 방글라데시 출신 이주자들은 모국에 귀국 후 자신들의 역량을 발휘할 경제, 정치적 인프라의 미비로 다시 이주해야 하는 상황에 직면함을 보여주고 있다. 이 연구는 더 나아가 정치적으로는 제한이 있지만 자신들이 해외에서 축적한 기술이 기회로 작용할 수 있을 만큼 경제성장이 빠른 중국의 귀환 이주자들은 귀국 후에도 대체로 만족스럽게 재통합 과정을 경험하고 있음을 보여주고 있다.

본 연구서에는 펀잡과 케랄라 국제 이주자들의 일부가 중동과 북미 및 영국으로부터 귀환이주한 후 모국 현지에서 경험하는 경제적인 요인 등의 어려움으로 다시 재이주를 꿈꾸는 사례들도 발견된다. 펀잡에서는 브로커를 통해 해외로 나갔다 귀환 이주하면 다른 형제가 순서를 받아 국제 이주를 하는 등 형제들 간에 순환형태로 고향을 지키는 경우도 발견된다.

5. 난민 연구

난민 연구는 국제이주 현상 연구에서 중요한 연구 분야의 하나이다.

2) Colton, N.(1993), 'Homeward Bound: Yemeni Return Migration', *International Migration Review*, 27(4):873-86.
3) Iredale R. *et al.*(2003), *Return Migration in the Asia Pacific*, Cheltenham: Edward Elgar.

전쟁이나 기아를 피해 집단적으로 특정 지역을 탈주했던 사람들에 대한
연구는 인간의 이주 역사 가운데 빼 놓을 수 없는 현상이었다. 1947년
인도아대륙이 인도와 파키스탄으로 분리 독립하는 과정에서 약 550만
명에 이르는 사람들이 인도와 파키스탄 국경을 넘어 이주하였다. 이 과
정 속에서 동편잡의 무슬림이 힌두와 시크를, 서편잡의 힌두가 무슬림
을 공격하여 양측의 피해자를 합쳐 약 50만 명이 사망하는 인명피해를
발생시켰다. 분리 독립에서 발생한 막대한 인명피해와 재산손실은 향후
인도 사회의 제반 분야의 성격규정에 중요한 사건이 되었다. 분단으로
인해 난민 가운데 약 50만 명의 피난민이 델리로 유입되었는데, 이들의
델리 정착은 향후 델리의 인구 구성, 정치적 지형, 지리적 환경, 커뮤니
티 구성, 경제구조, 힌두와 무슬림 관계 등에 직접적 영향을 주었다. 따
라서 델리는 단순한 수도로서 뿐 아니라 실제로 인도가 현대적 민족국
가로 형성되는 과정에서 겪는 모든 문제의 압축된 무대로서의 의미를
지니고 있으며 따라서 본 연구서에서 이광수의 파키스탄 난민의 정체성
변화에 대한 연구는 인도인의 이주 연구에 중요한 기여를 하고 있다고
사료된다.

6. 해외 인도인에 대한 인도정부 정책

인도정부의 인도인 디아스포라에 대한 적극적인 자세로의 태도변화
는 국가적인 차원에서 해외 인도인과 인도와의 관계를 가장 명확하게
보여주고 있다고 여겨진다. 1990년대 인도의 외환위기 이후 인도 정부
는 '해외 동포부'(Ministry of Overseas Indian Affairs)를 설치하는 등 해외
인도인의 송금과 모국에 대한 직접 투자액을 늘이고자 노력해 왔다. 재
외인도동포(Persons of Indian Origin, PIO)에게 'PIO카드'를 제공하고 이중

시민권을 허용하는 등 적극적으로 재외인도동포의 인도 모국에 대한 투자와 관심을 증대시키고자 노력하던 인도 정부는 인도와 해외 인도인 사이의 관계를 공식화 하고 단순 경제 유인책을 문화적, 정서적 유대의 강화라는 명목을 강조하기 위해 2003년 1월 9일 '해외인도인의 날' (Pravasi Bharatiya Divas, PBD)을 출범시켰다. 이주자와 모국에 남아 있는 인도인들이 가족과 혼인 네트워크 및 친족 네트워크, 송금관계, 종교적 활동 및 자선 활동 등에 대한 네트워크에 관심이 있기 때문에 이를 '아래로부터의 초국가주의'(Smith & Guarnizo 1998)[4]로 명명한다면, 인도정부와 해외 인도인 간의 네트워크 유지 및 강화는 '위로부터의 초국가주의'로 간주될 수 있을 것이다. 본 연구서의 대부분 글들은 개인, 가족, 지역공동체 등의 차원에서 이루어지는 해외 인도인이 모국 인도에 끼친 영향에 주로 관심이 있는 '아래로부터의 초국가주의'적 현상에 관련된다면 인도 정부의 인도인 디아스포라의 네트워크 유지와 강화를 분석하고 있는 인태정의 글은 '위로부터의 초국가주의'를 다루고 있는 셈이다.

Ⅱ. 본 연구서의 구성

제3차년도 연구를 위해 본 연구팀은 두 명씩 구성된 세 연구팀을 편성하여 펀잡, 케랄라, 구자라트에서 3~4주에 걸쳐 단기 현지조사를 수행했다. 그리고 남은 세 명의 연구자 가운데 한 명은 남인도의 폰디체리에서, 그리고 다른 두 명은 델리에서 현지조사를 수행하였다. 델리 연구를 수행한 한 명은 '해외인도인의 날'(PBD)을 중심으로 인도 해외동포

---

4) Smith M. P. & Luis E. Guarnizo(1998), *Transnationalism From Below*, New Brunswick: Transaction Publishers.

정책을 연구하였으며, 다른 한명은 델리에 정착한 파키스탄 출신 난민
들에 대한 연구를 수행했다. 지역별 연구자들의 연구내용을 개략적으로
살펴보면 다음과 같다.

해외 인도인에 대한 인도정부의 정책을 연구한 **인태정**은 해외 인도인
과 인도 모국과의 새로운 유대가 형성되는 과정을 특히 1990년대 이후
부터 살펴보고 있다. 새로운 유대가 형성되는 과정에서 가장 주도적인
행위주체는 인도정부였으며 이러한 과정은 해외 인도인에 대한 인도 정
부의 정책을 통해서 집약적으로 표출된다. 즉 해외 인도인에 대한 인도
정부의 정책이 이제까지 어떠한 기조로 전개되어왔으며 이들 정책의 변
화를 가져온 계기와 시기, 그리고 정책적 변화의 내용과 특성들은 무엇
인지를 고찰하고 있다. 또한 해외 인도인에 대한 인도 정부의 정책변화
과정이 단순한 경제적 유대를 넘어서서 문화적 유대를 형성하고 조직하
면서 보다 긴밀하게 결합하려는 전략적 전환을 보이는데 그 대표적인
사례가 '해외 인도인의 날'(PBD) 이벤트라고 할 수 있다. 인태정은 PBD
이벤트의 진화과정과 내용을 검토하고 PBD 이벤트를 둘러싼 주최측과
참가자들에게 부여되는 의미를 분석하였다.

해외 인도인들이 인도 모국의 발전에 기여할 수 있도록 경제적 유대
뿐만 아니라 사회적·문화적 유대를 구축하는데 적극적인 노력을 기울
이는 동시에 다양한 영역에서 활동하는 인도인 디아스포라들과 인도 모
국, 그리고 인도인 디아스포라들 간의 문화적, 사회적 연계를 이루는 중
심적인 창구가 되는 역할을 담당하고자 하여 이러한 노력들이 대표적으
로 가시화된 것이 PBD라고 분석한다. PBD 이벤트는 2003년부터 실시되
어 2007년에 5회째를 맞이하였으며 해를 거듭할수록 내용과 프로그램
이 더욱 다채로워졌다. 또한 PBD 이벤트는 인도 정부에게는 해외 인도
인들의 모국에의 기여를 호소하는 장이며, 해외 인도인들에게는 자신의

기원과 소속감을 찾고자 하는 정서적 만족뿐만 아니라 인도 모국, 그리고 해외 인도인들 간의 네트워크 구축을 위한 장이며, 인도 현지 기업인들에게는 유용한 정보와 네트워크 구축을 위한 장으로서 자리매김해가는 것으로 파악하고 있다.

이광수는 인도와 파키스탄의 분리 독립의 결과로 양산된 난민들을 연구하였다. 인류사에서 가장 거대한 규모의 인구 교환인 인도-파키스탄 분단은 1947년 8월을 전후로 한 몇 개월 만에 1,200만이나 되는 사람들을 새로 만들어진 국민국가 인도와 동과 서로 구성된 파키스탄으로 이동시켰다. 난민들 가운데 대부분인 약 1,000만 명이 서쪽 국경을 넘었는데, 그들은 유일한 분단 주인 편잡 주를 넘어, 무슬림은 서쪽의 파키스탄을 찾아 갔고, 힌두와 시크는 동쪽의 인도로 왔다.

파키스탄 난민은 현재로서는 인도 내에서 특별한 사회적 정치적 문화적 의미를 가지고 있지 않다. 그들은 대부분의 델리 시민과 다를 바 없는 일상을 살아가고 있다. 차라리 그 안에서 델리가 편잡 문화에 점령되다시피 하였으니 편잡 출신을 주로 한 파키스탄 힌두 난민은 분단 이후 델리 사회에 완전 통합되었다.

그렇지만 이렇게 되기에는 그 동안 상당한 정체성의 변화를 겪었으니, 그들은 60년의 시간 동안 크게 난민, 힌두, 펀자비 (혹은 신디 등 지역성을 중심으로 하는 정체성) 그리고 인도인이라는 네 가지의 정체성이 복합적으로 형성되었다. 네 가지의 정체성이 정치·경제·사회적 위치의 변화 그리고 시간의 흐름에 따라 복합적으로 달리 표현되지만, 초기에는 외부에 의해 난민과 힌두로 인식되다가, 델리 시민으로 정착이 완료되어 가던 1960년대 이후부터는 '펀자비'와 같은 각 지역을 우선으로 하는 정체성으로 표현되다가 1980년대 이후로는 시크와 차별화 짓는 맥락 속에서 인도인으로서의 국민적 정체성이 강하게 형성된 것으로 분석한다.

난민들이 1947년부터 정착하여 안정된 생활을 하는 데는 20년 동안 그들은 한편으로는 새로운 정착지로서 델리라는 새로운 장소가 존재의 근원이 되었고 또 다른 편으로는 파키스탄에 있는 고향이 근원으로서 망각의 존재가 되었다. 존재지로서의 장소 교체는 난민에게 정체성의 변화를 가져다 준 중요한 계기가 되었다. 정체성 변화의 최종 귀착지는 피난 당시 가졌던 귀향 의사의 포기였다. 그들은 돌아가야 하는 존재로서의 고향을 가지고 있는 것이 아니라 추억의 대상으로서 한 번 쯤은 가보고 싶은 고향으로서의 의식을 가지고 있을 뿐이다. 그 사이에서 파키스탄은 조국도 모국도 아닌 존재가 되었고, 실체로서나 상상으로서나 더 이상 뿌리나 귀환의 대상으로 존재하지 않았다. 이는 그들이 새로운 장소에서 수적으로나, 물질적으로나, 문화적으로 지배적 집단으로 성장하였고, 따라서 인도와 파키스탄의 적대 관계가 더 이상 디아스포라를 구성하는 식민 지배나 인종 차별과 같은 '일상의 삶을 구속하는 요인'으로 작용하지 못했기 때문이었음을 이유로 들었다.

그간의 이주 수용국가 중심적인 국제이주 관련 연구들을 비판적인 시각으로 바라보는 학자들은 북미와 유럽 등 주로 이주자를 수용하는 국가 중심으로 이주연구가 수행됨에 따라 이주 송출국에 대한 이야기가 강조되지 않았음을 비판하고 있다. **김경학**은 국제이주가 모국에 남아 있는 개인, 가족, 지역사회에 끼치는 영향을 규명하기 위해, 국제이주와 관련하여 인도 편잡 지방에서 표출되는 다양한 사회·문화적 표현과 사회적 행위들을 '이주문화'라는 개념을 동원하여 분석하고 있다. 이를 위해 연구자는 인도 편잡의 도압(Doab)지역의 잘란다르(Jalandhar) 군의 한 마을에 대한 인류학적 단기 현지조사를 통해 수집된 자료들을 바탕으로 '이주문화'의 개념을 적용하여 편자비의 이주지향적인 사고와 태도를 분석하고 있다. '이주문화'의 개념은 이주 발생국의 다수의 사람들을 국제이주 하도록 고무하는 사회·문화적 분위기를 연구하는데 유용하게 이용될 수 있기 때문에 이주를 발생시키는 경제적 요인과 이주 네트워크의 분석뿐만 아니라, 이주로 인한 가족과 혼인에 대한 전통적 개념의 변화, 가치관과 사회구조의 변화 등 포괄적인 주제들도 이 개념을 통해 분석될 수 있다.

　　김경학의 연구는 다음과 같은 구체적 사회·문화적 양상들을 '이주문화' 개념을 이용하여 다음의 내용들을 분석하고 있다. 첫째, 편잡지역의 '이주문화'의 형성이 편잡의 '식민주의와 이주'라는 독특한 역사적 경험 및 국제 경제적 환경과 밀접히 연결되어 있다. 둘째, 편잡 지방 사람들의 국제이주 열망의 지속성은 이들의 송금 경제와 지위 경쟁이라는 문화적이고 경제적인 요인들과 관련된다. 셋째, 국제이주 지향적 태도와 인식은 여성 중심적 가족의 형태라는 새로운 유형의 가족을 등장시키고 이주전략으로서의 혼인의 역할을 강화시키고 있다. 넷째, '이주문화'의 개념은 초국가적 연결이 모국 사회에 끼치는 사회·문화적, 정치·경제적 변화와 초국가적 연결의 강화를 이해하기 위한 보조적 개념으로도 유용하게 이용될 수 있다. 또한 '이주문화'의 성격이 자생력을 갖고서 독자적으로 생성·지속·운영되는 것은 아님을 덧붙이고 있다. 국제이주를 총체적으로 이해하기 위해서는 이주자가 위치해 있는 역사적인 환경과 국제적 정치·경제구조라는 거시적인 측면뿐만 아니라 이주 당사자가 지닌 다양한 이주 여건과 전략이라는 미시적인 측면이 동시에 고려되어야 하기 때문이다.

　　조정규는 편잡의 잘란다르군의 누르메할(Nurmehal)의 자연경관의 변화에 대한 연구를 하였다. 누르메할 면에 위치한 치마 카란 마을은 해외이주의 역사가 긴 마을이다. 이 마을은 자트 시크, 발미키, 라비다스가 중심이 된 마을로 주민의 자트 시크가 약 60퍼센트, 발미키가 22퍼센트, 라비다스가 8퍼센트로 이루어져 있다. 이 마을은 평원지대에 위치하고 있는데 농업, 밀과 사탕수수 농업에 주로 자트 시크들이 종사하고 있다.

상기 마을의 해외이주는 편잡 주의 이주 유형과 비슷하게 나타나고 있다. 영국, 캐나다, 미국 등의 서방 국가와 중동 국가들, 그리고 동남아와 오세아니아지역으로 이주가 이루어졌는데 여기에도 각 계층에 따라 다르게 나타나고 있다. 자트 시크는 주로 친척에 의한 연쇄이주의 경향으로 주로 서방 국가에 집중되어 있고, 발미키와 라비다스는 해외이주의 수가 적고 그 대상지역도 중동지역으로의 노동이주가 주를 이루고 있다.

해외이주자로부터 송금은 농촌 가구의 소득뿐만 아니라 생활수준을 향상시킨다. 농기계, 농지 등의 구입, 주택 개량 및 신축, 농촌의 공공건축물의 신축 등과 같은 영역에서 변화가 나타나고 있다. 마을 내에서 해외에서 송금을 받는 가구와 그렇지 못한 가구간에 소득에 격차가 발생하고 그 결과로 촌락 내에서 경관의 변화를 가져오고 있다. 송금에 의한 경관의 변화가 뚜렷하게 나타나는 분야는 주택경관과 공공경관이다. 주택경관은 전통적인 편잡의 주택경관에서 변화가 나타나고 있으며, 새로운 주택의 유형들이 등장하고 있다. 새로운 주택의 경향은 1995년 이후로 급격히 증가하는 경향을 보이고 있다. 또한 해외이주민의 부재 주택 건축도 많이 이루어지고 있다. 해외에 영구이주자가 자신의 고향에 주택을 신축하여 1년에 한 번이나 2년에 한번 고향을 방문하여 일시적으로 거주한다. 이것은 부의 차별성과 해외 이주자의 특별함을 강조하는 '구별짓기'의 하나이다. 이때부터 과시적 소비의 형태로 주택의 규모가 커지고 있고 자신을 알리고자 하는 '상징경관'의 한 형태로 주택의 상단부의 물탱크에 여러 가지 형상으로 자신의 존재를 표현하고자 하는 욕망을 표출하고 있다.

조사대상이었던 마을의 공공경관으로는 학교, 구르드와라, 화장터, 병원 등이 있는데 이들 모두 해외 이주자의 송금의 영향을 받았다. 학교는 1952년에 해외이주자들의 송금으로 부지를 마련하여 그 후 송금액의 적립에 따라 학교건물들이 신축되었다. 사원은 처음에는 사제에 의해 1층만이 건축되었는데, 해외 송금에 의하여 현재의 모습으로 증축되었다. 병원은 1985년에 경에 해외 이주자가 부지를 기부하고 건물과 운영은 국가가 담당하고 있다. 화장터는 2년 전부터 마을 주민들의 불편함을 해소하기 위해 해외송금에 의해 건축되고 있다.

이재숙의 연구는 인도에서 가장 많은 해외 이주민을 배출해온 구자라트와 영국, 동아프리카 등 해외 구자라트인 사회를 연결하는 네트워크가 실제로 어떻게 움직이고 있는지에 관한 것이다. 연구에 따르면, 구자라트 출신 파티다르 이주민들의 경우 동아프리카에 체류자로서 거주하던 1970년대 이전에는 본국의 마을이나 학교에 제공하는 기부금 등을 통해 상호간 네트워크의 연대가 상당히 강했다. 하지만 그들이 영국으로 (재)이주하여 정착자의 입장이 되고 난 후에는 네트워크가 상대적으로 약화되었다. 이러한 변화 속에서 이재숙은 그들의 종교가 마을 단위의 종교에서 신힌두교의 초국가주의적 네트워크가 되었다는 점에 주목하였는데, 해외 구자라트 출신 이주민들이 마을이나 학교 등에 기부하는 방법 대신 신 힌두교의 초국가적 네트워크를 통하여 '고향 마을'보다는 '조국 인도'와 유대를 이어가는 경향이 나타난다고 설명한다.

일단 인도에서 '수출'되었다가 이제는 '수입'되고 있는 '밥스(BAPS)'라는 네트워크는 그 구성원들이 자발적으로 움직여 인도와 해외 인도를 이어주는 역할을 하고 있다. 이것은 하나의 초국가적 힌두교의 현대적 형태로서, 인도에서 재외 인도인 자원봉사자들의 인적 물적 자원을 통해 활동을 전개하고 있다. 물론 구제 사업이나 마을의 재활지원, 의료지원, 교육 지원, 사회의식 캠페인 등 인도 전역에서 진행되고 있는 모든 사회활동들은 그 효과가 긍정적이다. 밥스는 이러한 활동과 함께 인도 도시지역에서 새롭게 건설되고 있는 거대하고 멋들어진 사원 콤플렉스를 통해 '힌두교의 새로운 얼굴'로 떠올랐다. 따라서 재외 인도인 스타일의 힌두교(대규모 모임, 순회 설교), 힌두로서의 소비 행태, 투자 방식은 이제 인도 정부나 중산층 인도인들의 관심의 대상이 되었다.

이러한 신 힌두교는 기존의 문화와는 달리 카스트나지역을 따지지 않는 보편적 특성을 갖추고 있는 바, 중산층이 집중된 도시를 중심으로 인도 내에 광범위하게 영향을 미치고 있다. 밥스는 지역을 기반으로 하는 힌두교의 하나로서 하나의 종족적 단위로서 국제이주라는 지구화 과정 속에서 적극적인 진취성을 가지고 새로운 변화를 만들어내고 있다. 이 연구를 통해 이재숙은 재외인도인(구자라트인) 사회를 기반으로 초국가주의 종교로 성장한 밥스가 하나의 '아래로부터'의 네트워크로서 인도에 영향을 주고 있으며, 이와 같은 과정은 앞으로 인도 사회의 구조적 변화에 반드시 어느 정도 영향을 미칠 것임을 지적하고 있다.

정영주는 구자라트인의 디아스포라와 인적 네트워크 형성에 대해 분석하였는데, 기존의 디아스포라 연구에서 소홀히 하였던 '현재'라는 시점에 주목하고 구자라트의 아흐메다바드에서 실시하였던 현지조사와 기존 연구를 바탕으로 이주에 대한 구자라트인의 태도변화, 혼인과 이주의 상관관계, 디아스포라에 있어 모국의 의미 등을 살펴보았다. 연구 결과에 의하면 구세대와 신세대 간에는 이주의 효용성에 대해 다소의 의견차가 있음을 발견할 수 있었다. 인도의 경제발전은 젊은이들이 인도에서도 좋은 직장에 취직할 수 있다는 자신감을 주는데 기여하였다. 일부 특권층은 해외에 거주할 필요성조차 느끼지 않고 있었다. 그럼에도 불구하고 상당수의 구자라트인은 여전히 해외 이주를 꿈꾸고 있었는데, 인도와 해외 선진국 간에 임금격차가 존재하고 수준 높은 삶에 대한 인도인들의 갈망이 계속되는 한 해외 이주를 하나의 기회로 보는 그들의 태도에는 변함이 없을 것으로 전망한다.

이주에 대한 열망은 이주를 하기위한 자격요건이 갖추어져 있지 않을 경우에 더 강한 듯 했다. 그리고 혼인은 그러한 자격요건과 상관없이 이주를 할 수 있는 기회를 제공한다는 점에서 매력 있는 선택처럼 여겨진다. 그러나 혼인과 이주의 상관관계에 있어 혼인이 이주를 위한 전략에서 비롯되었는지의 여부는 현 연구 환경에서 연구자가 밝힐 수 있는 범위를 넘어서는 것이다. 다만 혼인을 통해 여성(이는 남성도 마찬가지이다)들이 해외로 이주함으로써 주변의 친지들에게 이주할 수 있는 기회가 부여되었을 뿐 아니라, 가족과 상봉하기 위해 해외로 이주하는 경우에는 혼인기간과 가족에 대한 기여도 혹은 희생의 정도 및 이주의 경험이 길수록 가족 내에서 능동적인 역할을 하게 된다는 결론을 얻을 수 있었다. 또한 혼인으로 인한 연쇄이주에는 경제적 요인도 있지만 자신의 가족과 가까이 지냄으로써 안정적인 생활을 영위하려는 감정적인 바램이 강하게 담겨져 있음을 강조한다. 기존에는 초국가적 네트워크를 경제나 정치 혹은 문화와 같은 설립목적에 따라 해석하고 구분하는 경향이 짙었다. 그러나 정영주의 연구에서는 현지조사를 통해 해외 이주자들의 네트워크는 근원적으로 모국과의 관계를 발판으로 자신의 정체성을 유지하고자 하는 노력이며, 개인적 차원에서도 자신의 뿌리를 잃지 않고 불안한 해외생활을 극복하려는 의지에서 비롯되었다고 주장한다. 많은 연구자들이 이 점을 간과해왔는데, 경제와 정치적 네트워크조차 모국 혹은 모국인과의 네트워크를 통해 개인의 정체성을 유지하려는 열망의 총체적 산물이며, 송금이나 문화, 종교적인 교류를 통해 만들어진 네트워크는 더더욱 그런 성향이 짙다. 교통과 통신의 발달이 오히려 고향방문을 완전히 포기할 수밖에 없었던 과거보다 더 상호간에 심리적 거리감을 느끼게 해준다는 연구결과도 있지만, 인터뷰에 응했던 대다수 구자라트인들은 때로는 서로간의 전화가 너무 잦게 느껴질 정도로 상호간에 빈번하게 교류하고 있음을 명확히 했다.

박정석은 이주과정과 소비행위를 중심으로 케랄라의 귀환이주자들에 대한 연구를 시도함으로써 이주를 단선적 과정으로만 파악하는 기존의 연구에서 벗어나 귀환이주에 관한 문제를 다룬다. 케랄라의 한 마을을 조사지역으로 삼아, 그 마을에 거주하고 있는 귀환이주자들과의 인터뷰를 통하여 이주 이전, 이주, 이주지에서의 직업, 그리고 귀환에 이르기까지의 과정을 생애사적 관점에서 분석한다. 귀환이주자들의 서사를 통해 이주과정과 유형, 이주의 구조와 문화, 그리고 이주에 관련된 행위자들의 역할에 대해 많은 것을 알 수 있다. 그들의 서사는 특정한 인구집단의 이동에 내재된 특징뿐만 아니라, 다른 지역 및 다른 시기에 이주한 사람들과의 비교를 통해 일반화를 도출할 수 있게 한다. 즉, 개인적 서사를 텍스트로 취급하고 '이주 이야기'를 주의 깊게 듣는 것은 곧 귀환이주자들이 자신들 내부에서 파악하고 있는 세계관 및 그들의 일상의 경험과 물질적 삶을 보다 잘 이해하도록 하는 것이다. 이주과정을 파악하기 위한 기제로서 생애사 혹은 구술서사를 이용하여 역사적 그리고 사회적 맥락 속에서 개인들의 이주와 삶을 살펴보고 있는데 생애사 방법을 동원한 것은 귀환과 이주에 관련된 이론의 추상성보다는 내부자적 관점에서 이주과정을 파악하려는 의도로 보인다.

귀환이주자들의 생애사적인 서사를 통해 드러난 사실은 국제이주를 단순히 송출국의 배출요인과 수입국의 유인요인으로만 설명하는 데는 한계가 있다는 것이다. 케랄라의 사례에서 보았듯이 이주를 결행하는 사람들 대부분이 자국에서 중류층 이상에 속하며 교육수준 또한 열악한 상태가 아니라는 사실은 이주를 하게끔 밀어내는 배출요인이 빈곤 때문만이 아니라는 점을 말해준다. 또 이주과정이 이주 가능한 여러 곳을 합리적으로 판단하고 가장 높은 임금을 받을 수 있는 곳으로 일자리를 찾아서 비교하고 선택하여 이루어지는 것도 아니다. 이주는 개인적 차원에서 이루어지는 것이 아니라 가족 차원에서 부를 획득할 수 있는 곳으로 가족 성원 중 한 두 사람(주로 남성)을 보내고 남아 있는 가족이 나이든 아버지 혹은 어머니를 중심으로 상호 보호하는 형태를 유지한다.

귀환이주자들의 이주경험은 자신들의 아들을 포함한 가족성원의 이주로 대물림되고 있다는 점에서 케랄라에서 이주는 개인적 차원에서는 생애의 한 과정이며 집단적 차원에서는 문화의 한 부분으로 자리를 잡고 있다고 하겠다. 귀환이주자들의 소비행위는 두 가지 측면에서 이루어진다. 하나는 아들/오라비/남편으로서의 사회적 의무를 다하기 위한 소비행위, 즉 가족부양과 누이들의 혼인비용 그리고 자녀교육과 관련된 경제적 행위이다. 다른 하나는 개인적 차원에서 자신들의 남성성을 회복하고 드러내기 위한 일종의 과시적 소비행위로서의 집짓기이다. 그래서 이 지역에서 집의 규모와 웅장함은 귀환이주자들의 정체성과 결부되어 일종의 기표로 등장한다. 조사지역의 거의 모든 이주자들은 걸프지역에서 익히 보아왔던 대규모 저택을 건축한다. 이런 소비행위는 귀환이주자들이 걸프지역에서 수행한 '여성적' 역할에서 벗어나 '남성성'을 회복하고 과시하고자 하는 욕구의 발로라고 파악하고 있다.

1970년대 이후 케랄라에서 걸프지역으로 이주해 나간 노동자는 약 140만 명에 이르며 이들이 케랄라로 송금한 송금액은 케랄라 전체 GDP의 25퍼센트에 해당하는 150억불(1990~1997)에 달하는 것으로 알려졌다. 이와 함께 이들 이주노동자가 케랄라에 미친 사회문화적 영향은 적지 않은 것으로 알려졌다. 따라서 적지 않은 학자들이 케랄라의 이주노동자에 대한 연구를 진행해 왔는데 **장용규**는 이들 연구는 공통적으로 미시적 사례분석 보다는 거시적 또는 일반화된 유형론에 기초하고 있다고 비판한다. 장용규는 이들 연구가 두 가지 차원에서 문제를 노출하고 있다고 지적한다. 먼저 기존의 연구들이 의존하고 있는 자료들은 공식적 통계수치에 의존하고 있다는 점이다. 이주노동자의 송금에 대한 연구는 주로 은행 등 투명한 공식경로를 통해 행해지는 송금의 내용만 추적하고 있는데 이주노동자의 송금이 공식 통로 외에도 적지 않은 액수가 사적 또는 비공식적 경로를 통해 케랄라로 흘러 들어오고 있으며 이에 대한 연구가 전무하다는 사실에 있다. 둘째 이주노동자의 송금 연구는 케랄라주 전체의 구조적 변화 또는 개별 가정의 변화에 초점을 두고 있기 때문에 그 경계에 놓여있는 마을 공동체에 미친 영향에 대한 분석이 부족하다.

장용규의 연구는 케랄라 출신 이주노동자가 해외에서 결성한 임의 단체와 고향의 연망을 통해 비공식적 송금이 고향 발전에 어떤 역할을 하고 있는지를 살펴보고 있다. 장용규의 논문은 두바이에서 케랄라 이주노동자가 결성한 임의 단체 중 오루마 오루마나유르(Oruma Orumanayoor, 오루마 향우회)와 고향과의 연망을 통해 이들이 벌이는 사회운동을 두바이와 케랄라의 오루마나유르(Orumanayoor)에서의 현지조사를 통해 밝히고 있다. 일반적으로 고향에 경제적 도움을 주는 인도인 디아스포라는 해외에 성공적으로 정착한 집단을 중심으로 이루어져 왔다는 사실을 상기할 때, 생계형 이주노동을 하고 있는 두바이 체류 케랄라인들이 사회공동체를 형성해 고향 돕기에 나선 것은 흔치 않은 사례일 수 있다. 장용규는 이 논문을 통해 케랄라의 사회주의 전통과 인본주의에 기초한 이슬람 종교정신, 높은 교육열 등을 케랄라 이주노동자가 해외에 나가서도 활발하게 사회활동을 할 수 있는 동인으로 지적하고 있다.

　마지막으로 **양철준**은 폰디체리 소재 리세 프랑세의 학생들을 피조사 집단으로 설정하여 이들의 언어학습 동기를 이주와 결부시켜 연구함으로써 잠재적 이주자들을 위한 공적인 통로로서의 교육기관을 조명하고 있다. 그리고 역사의 이행과정에서 언어의 위상에도 변화가 있음은 쉽사리 짐작할 수 있는데 프랑코-폰디체리인들은 이를 어떻게 인식하고 수용하는지도 개괄적으로 고찰하고 있다.

　프랑스의 식민통치라는 역사적 경험으로 인해 오랜 기간에 걸쳐 인도 속 프랑스문화의 창으로 알려진 폰디체리의 프랑코-폰디체리인 공동체도 정치, 경제, 사회, 문화 등 다양한 영역에 걸쳐 진행되고 있는 변화에 직간접적으로 영향을 받아왔는데 타밀어가 지배적으로 사용되고 교육과 행정의 영역에서 영어가 차지하는 비중이 점증하고 있는 상황에서 프랑코-폰디체리인들은 생존전략으로서 다양한 언어를 구사하는 다언어구사자들임을 밝히면서 이들이 구사하는 언어들은 공동체구성원들이 공유하는 인식과 태도를 바탕으로 각각의 영역에서 적절한 언어를 선택해서 사용함을 강조한다.

　그리고 이주의 대상국인 프랑스사회의 변화가 폰디체리 프랑코-폰디체리공동체에도 다양한 영역에서 영향을 미치고 있음을 인터뷰 등 다양한 조사방식을 통해 얻은 결과를 제시하는 방법으로 상세히 기술하고 있다.

　비록 변화하는 상황으로 인하여 불어를 포함한 언어에 관한 인식과 태도에도 많은 변화가 있지만 대다수의 프랑코-폰디체리인들에게 있어 불어는 여전히 프랑스로의 이주와 정착을 위한 불가결한 언어적 자본이라는 사실을 강조한다. 그리고 불어를 교육언어로서 사용하는 불어계 공립학교와 리세 프랑세를 언어적 자본을 확보할 수 있는 공간으로 규정하며 폰디체리의 리세 프랑세를 프랑스로의 이주 및 프랑스사회로의 진입을 위한 관문 혹은 통로로서 파악하고 있다.

더불어 아직까지는 목표 언어인 불어에 대한 투자가 기대수준을 어느 정도 충족시키기 때문에 리세 프랑세를 포함한 불어계 학교들이 유지되고 있지만 기대에 못 미치는 경제적, 사회적 상황이 전개되면 불어의 사용이나 학습동기에도 일정한 범위 내에서 영향을 미칠 것으로 전망한다.

이상 9편의 연구물들이 궁극적으로 지향하고자 했던 바는 해외 인도인들과 모국과의 관계가 유지되고 있음을 전제로 하여 해외 인도인이 모국에 남아 있는 인도인들의 삶에 다양한 맥락에서 미치고 있는 영향을 규명하는 것이었다. 그간 국제이주 연구, 특히 인도인 디아스포라에 대한 연구에서 모국과 이주자 간 네트워크의 생성과 유지 및 강화에 관한 연구는 상당히 축적되었으나 해외 인도인이 이주를 발생시킨 이주자의 모국에 끼치는 영향에 대한 관심은 상대적으로 미미했다. 본 연구물들이 연구조사와 방법에 있어서 아직 질적으로 만족스런 수준은 아니더라도 이러한 기존 연구의 편향성에 균형을 주려는 노력은 의미가 있다고 사료된다.

본 연구서를 끝으로 '국가와 이주: 인도인 디아스포라의 형성, 변화 그리고 네트워크'의 3년간의 연구가 종료되었다. 국제이주, 디아스포라, 초국가주의 등의 개념이 한국 학계에 유행하기 시작할 무렵 개시되었던 본 연구는 연구에 참여한 모든 연구자들에게 향후 이 분야 연구를 위한 의미있는 계기가 되었다. 국제이주와 디아스포라 관련한 국내 연구자의 수가 그리 많지 않을 때 3개년의 연구를 위해 피지, 말레이시아, 케냐, 남아공화국, 영국, 캐나다, 두바이 등에 거주하는 인도인들을 만나러 모든 팀원들이 분주히 움직였던 시간이 지금도 매우 소중하게 느껴진다.

본 연구서의 기초가 되는 자료수집을 위해 인도 펀잡, 구자라트, 케랄라, 폰디체리, 델리에서 수행했던 현지조사 또한 본 연구팀원들에게 해외 인도인과 모국 인도인들 간에 긴밀히 맺고 있는 다양한 네트워크의 내용과 속성을 파악하게 한 중요한 계기가 되었다. 그간 3년 동안의 연구수행 과정 속에서 기꺼이 연구 대상자로서 인터뷰에 응해주었던 국내외 인도인들께 이 자리를 빌어 심심한 감사의 말씀을 드리며 부족하나마 본 연구물 시리즈가 인도인 디아스포라와 한인 디아스포라를 포함한 아시아인의 디아스포라 연구에 일조를 할 수 있었으면 하는 바람이다. 끝으로 본 연구가 3년 동안 원만하게 수행될 수 있도록 재정적으로 지원해 준 한국학술진흥재단에 깊은 감사를 드린다.

제1장
인도 정부의 해외 인도인에 대한 정책변화:

Pravasi Bharatiya Divas(PBD: 해외 인도인의 날)
이벤트를 중심으로

인 태 정*

Ⅰ. 서 론

현대 사회는 바야흐로 세계화의 시대로 접어들고 있다. 이러한 흐름
은 초국적 기업들이 생산체계를 범지구적으로 구축함으로써 세계시장
이 단일화되어가는 측면(남영우·이희연·최재헌, 2000: 46)과 아울러
한 국가나 한 기업만으로 세계 무한경쟁 시대에서 경쟁력을 가질 수 없
기 때문에 NAFTA(북미자유무역지역, North American Free Trade Area),

* 부산대학교 사회학과 강사.

ASEAN(동남아시아국가연합, Association of Southeast Asian Nations), APEC (아시아태평양경제회의, Asia Pacific Economic Council) 등 상호협력을 도 모하면서 지역적 블록화 혹은 지역화가 양 방향으로 진행되고 있다. 이 와 비슷한 현상으로 국가의 경계를 넘어서 다양한 관심과 이해관계로 초국적 조직과 연합체가 형성되는 반면, 전통적인 지역, 공통의 역사적 경험과 문화적 정서로 일국적으로 결집되는 조직과 연합체가 형성되기 도 한다. 후자의 현상은 디아스포라와 모국과의 새로운 관계설정과 유 지가 증폭되는 사례에서 발견되어지기도 한다.

해외 인도인과 인도모국과의 새로운 유대가 형성되는 과정에서 결정 적인 계기는 1990년 인도의 외환위기였던 것으로 보인다. 해외 동포부 (Ministry of Overseas Indian Affairs: MOIA, 이하 MOIA로 지칭)에 근무하던 서기관과의 인터뷰에 의하면[1], 인도의 외환위기의 결정적인 원인은 인 도인 디아스포라들이 인도에 투자했던 돈을 회수함으로써 기인한 것이 라고 하였다. 이러한 얘기가 실상 과장만은 아니다. 인도경제에서 해외 지역에서 거주하는 자(Non-Resident Indians: NRI, 이하 NRI 혹은 NRIs로 지칭)의 해외송금은 결코 무시할 수 없는 비중을 차지하는데, 특히 중동 특수가 높았던 80년대 초반의 경우 중동지역 NRI의 송금은 인도 총수출 의 1/4, 수입의 1/6에까지 이르렀었다. 게다가 1989년 약 13억 달러에 달 하던 해외거주 인도인의 외화예금이 1990년에 2억 2900만 달러로 대폭 감소되는 외화유출 사태까지 빚어지면서 외환위기가 더 악화되었다. 이 러한 사태를 경험하면서 인도 정부는 단순히 경제적인 유인책만으로는 인도경제발전을 위한 인도인 디아스포라의 참여를 끌어내기가 부족하 다는 것을 인식하면서 문화적, 정서적 유대를 조직하기 위한 방안을 고

---

1) Sridhar Bhagavatula는 MOIA의 창시부터 근무했던 사람이며 이 내용은 2006년 12월 27일의 인터뷰에 근거한 것이다.

심하기 시작했고 이러한 고심의 결과가 Pravasi Bharatiya Divas(PBD: 해외 인도인의 날) 이벤트의 개최로 가시화되었던 것 같다.

본 논문은 해외 인도인에 대한 인도 정부의 정책이 단순한 경제적 유대를 넘어서서 문화적 유대를 형성하고 조직하면서 보다 긴밀하게 결합하려는 전략적 전환을 보이는데 그러한 정책변화의 특성을 살펴보고 그 대표적인 사례로서 PBD 이벤트를 분석하고자 한다. 즉 PBD 이벤트의 배경으로서 인도의 정치경제적 변화에 따른 인도 정부의 정책변화과정과 해외 인도인의 현황을 살펴보고 PBD 이벤트의 발전과정과 내용, PBD 이벤트를 둘러싼 주최측과 참가자들에게 부여되는 의미를 분석하였다. 연구방법은 문헌연구와 참여관찰, 인터뷰 등의 다양한 방법을 혼용하였으며 조사 시기는 2006년 12월 27일부터 2007년 1월 16일까지 3주간 실시되었다.

II. PBD 이벤트의 배경

1. 인도 정부의 정책변화의 내용

1947년에 영국의 식민지배로부터 독립했을 당시 인도는 대부분의 제3세계 식민지 국가가 겪었던 것처럼 식민지배로 인해 왜곡되고 기형적이며 후진적인 경제구조를 가지고 있었다. 그래서 인도는 전근대적이고 식민지적 잔재들을 청산하고 자립경제의 기반을 구축하기 위해 국내시장 중심의 경제개발을 추진하는 한편 외국 자본의 도입을 억제하는 폐쇄경제정책을 전개하였다. 수출입, 자본이동, 가격 등에 대해 정부가 주도적으로 통제하는 혼합경제 및 계획경제체제를 기본적으로 유지하였는데 이러한 경제 전략을 추진하게 된 주요한 원인은 네루(Nehru, J)-마할라노비스(Mahalanobis, P. C)모델에 의한 것이었다.[2]

네루가 사망하고 난 후 들어선 샤스트리 정부(1964~1967)는 제2차 및 제3차 계획에서 추진된 중화학 공업 및 공공부문 중심의 정책체계가 공업정체, 식량부족, 국제수지 악화, 그리고 인플레이션의 만연과 같은 경제위기의 근원이라는 인식에 따라 루피貨의 평가절하를 포함한 일련의 자유화 조치들을 취하였다. 그러나 1969년 집권한 인디라 간디 정부는 사회주의형 사회의 부활이라는 목표를 내걸고 주요 상업은행의 국유화와 독점방지법의 제정 등 공공부문의 영역을 확대하고 민간부문에 대한 규제를 강화하였다. 1970년대 들어오면서 경기침체와 석유파동은 인도 정부로 하여금 다시 경제자유화 정책과 규제완화를 추진하게 만들었다. 이러한 자유화조치들은 자나타 달(Janata Dal) 정부(1977~1980)에 의해 계승되었다. 이처럼 네루 사후 인도의 경제정책은 정권교체와 대내외 환경의 변화에 따라 국유화와 자유화를 반복하였다. 그러나 이때의 자유화 조치들은 근본적이고 장기적인 것이라기보다는 경제위기에 대응한 임시방편적인 성격의 것이었다. 그래서 1990년대에 이르기까지 인도의 경제구조는 기본적으로 혼합경제와 계획경제라는 네루 시대의 골격을 유지하고 있었다.

---

2) 네루는 영국의 귀족교육을 받은 페이비안 사회주의자였으며 상업의 불신, 가격기구의 배분적 기능에 대한 폄하, 러시아식 계획체제에 대한 호감, 빈민에 대한 동정 등의 경제관을 가지고 있었다(Joshi and Little, 1994: 8-9, 권기철, 1998: 35 재인용). 이러한 경제관을 가진 네루와 그 당시 계획위원회의 위원장이었던 마할라노비스 교수가 자립경제와 사회적 정의라는 목표를 달성하기 위해 중앙계획에 의한 전체경제의 통합, 중공업 우선의 투자정책을 지향하였던 것이며(정동현, 2001: 254-255) 이러한 모델이 인도 경제를 이끌어간 기본적인 기초가 되었다.

그러나 1991년에 외환위기에 직면하게 되었고 그 이후 인도 정부는 과감한 개혁, 개방조치들을 취하면서 개혁과 경제구조의 쇄신을 가져왔다. 외환위기가 진행되던 그 시기에 출범한 라우 정부는 단기적으로 총수요억제를 통한 경제안정화 조치를 실시하는 한편, 중장기적으로는 대내 지향적 경제구조를 개편하고 국제경쟁력의 제고를 위해 각종 규제를 철폐하는 등 시장경제체제로의 전환을 위한 개혁정책들을 점진적으로 도입하게 되었다. 예를 들면 수출업체에 대해서만 예외적으로 다수 지분을 허용해주던 지분제한을 철폐하여 호텔관광업, 컴퓨터 소프트웨어 산업, TV 브라운관 등 36개 외국인 투자 우대업종(뒤에 51개로 확대)에 대해서는 외자비율을 40%에서 51%로 상향하였으며 특히 해외거주 인도인에 대해서는 100%의 투자참가가 허용되었다(Ghosh, 31-32; 88-91; Prakash, 2006: 51-56).

즉 외환위기에 직면해서 개방정책으로 전환했던 인도 정부의 경제정책과 해외 인도인의 경제적 잠재력을 파악하면서 이들을 모국의 발전에 적극적으로 활용하고자 하는 새로운 인식들이 해외 인도인에 대한 인도 정부의 정책들을 다변화시키게 되었던 것이다.

인도 정부는 인도인 디아스포라를 해외로 이주한 인도인과 그 후손이라고 규정하면서 크게 두 범주로 분류하였다. 하나는 외국의 시민권 또는 국적을 취득하였으나 인도인의 후손인 자(Persons of Indian Origin: PIO, 이하 PIO로 지칭)들과 다른 하나는 인도 국적을 소유하고 있지만 해외 지역에서 거주하는 자(Non-Resident Indians: NRIs)들이다.[3] 인도 정

---

3) 전자는 19세기 전후에 영국의 식민지 기간 동안 계약노동자 신분으로 아프리카, 남태평양, 동남아시아, 카리브해 연안지역 등으로 이주하여 현지에 정착한 인도인들이며 후자는 주로 인도의 독립시기인 1947년 전후로 영국, 미국, 캐나다 등의 선진산업국으로 이주한 인도인들과 1970년대 이후 걸프지역으로 이주한 인도인들이다.

부는 1970년대 이전까지 인도인 디아스포라, 특히 PIO들에게 소극적으로 대응하였으며[4] 해외 인도인에 대한 인도 정부의 정책기조는 외국의 시민권자(PIO)와 영주권자(NRI)로 구분하여 후자에 대해서만 보호하고 외국국적인의 경우 제한적인 보호만을 하고 있었다. 또한 인도인 디아스포라들이 거주하고 있는 국가에 성공적으로 정착하고 동화할 것을 적극 장려하는 것을 디아스포라에 대한 정책의 기본으로 삼고 있었다.

그러나 1970년대 후반부터 인도 정부는 인도의 경제성장에 있어서 인도인 디아스포라, 특히 서구 선진국으로 이주한 NRI의 역할에 대한 인식을 새로이 하였으며 1990년 인도의 외환위기를 겪은 이후에 보다 적극적으로 이들을 국가발전에 활용하고 이를 뒷받침하는 정책적 지원을 감행하고자 하였다. 해외 인도인에 대한 정부 정책의 주요한 변화를 두 가지 측면에서 찾아볼 수 있다. 첫째는 해외 인도인에 대한 각종 경제적·사회적 우대조치이며 둘째는 해외 인도인 전담기구의 재편과 확충이다.

첫 번째와 관련하여 해외 인도인에 대한 경제적 우대조치를 살펴보면, 외국인은 인도에서 사업을 수행하는데 한해서 최소한의 필요한 부동산을 획득할 수 있는 반면, 해외 인도인들은 사업수행과 상관없이 농지와 농장을 제외하고 토지나 주택 등의 부동산을 획득할 수 있다. 또한

---

4) 1960년대 전후로 아프리카의 여러 국가에서 서구의 제국주의로부터 해방되면서 원주민들이 권력을 장악하게 되자 그 국가의 인도인들에 대한 다양한 차별과 억압, 심지어는 강제적인 축출(대표적인 사례가 우간다)을 동반하기도 하였다. 이에 대해 인도 정부는 PIO들이 아프리카 국가의 시민이라는 것을 직시하고 이들과 관련된 아프리카 국가 정책에 섣불리 개입하는 것은 내정간섭이라는 반발을 불러일으킬 것을 우려하여 인도로의 재이주를 제시하는 등의 소극적인 방안만을 제시하였다. 이는 남태평양의 피지 국가에서도 유사한 상황이었다.

최우선 산업(호텔관광업, 컴퓨터 소프트웨어 산업, TV 브라운관 사업 등)을 위한 해외 인도인의 100% 투자허용(외국인은 51%까지 허용), 항공산업에 대한 100% 투자(외국인은 40%까지 투자 가능)를 허용하였다. 은행계좌를 개설하는데 있어서 외국인은 비거주민 루피예금(Non-Resident Ordinary Rupee Accounts: NRO Accounts)과 비거주민 송환불가 예금(Non-Resident Non-Repatriable Deposit Scheme: NRNR Accounts) 계좌 개설만이 가능하지만 해외 인도인은 이 둘의 계좌 외에도 비거주민 국외 루피예금(Non-Resident External Rupee Account: NRE Accounts)과 비거주민 외환예금(Foreign Currency Non-Resident Bank Account: FCNR(B) Accounts), 비거주민 특별 루피예금(Non-Resident Special Rupee Account: NRSR Account) 등의 계좌를 개시할 수 있다. 그리고 세금에 관련해서 소득세(Income Tax), 부유세(Wealth Tax), 증여세(Gift Tax)가 면제된다(http://indiandiaspora.nic.in/diasporapdf/chapter29.pdf; MOIA, 2007 Handbook for overseas Indians; MOIA, 2007 Compendium on policies, incentives and investment opportunities for overseas Indians).

또 한편으로 해외 인도인에 대한 사회적 우대조치는 1999년 "인도인 카드(The People of Indian Origin Card)" 및 해외 시민권(Overseas Indian Citizenship)의 도입을 통해 확인할 수 있다. 인도인카드(PIO Card)[5] 제도는 인도혈통을 가진 인도인 디아스포라들에게 모국방문을 용이하게 하고 각종 우대조치를 취함으로써 모국과의 연계를 지속시키고자 하는 의도에서 도입되었다. PIO카드를 발급받은 사람은 인도의 단순방문 뿐만

---

5) 인도인카드를 신청할 수 있는 자격은 인도 혈통을 가진 인도인의 4대 및 그 배우자까지이며 2002년 기준 인도인 카드 신청비용은 성인 15,000루피(약 310 달러), 18세 미만인 사람은 7500루피(약 155달러)이고 2002년 9월 15일부터 적용되며, 발급일로부터 15년간 유효하다.

아니라 입학, 취업 등의 비자발급을 면제받고 농지 및 농장을 제외한 부동산의 획득, 이전, 매각 등에 있어 NRI들과 동등한 권리를 보장받게 된다. 또 한편으로 인도의 해외시민권(Overseas Citizenship of India: OCI)이 특정 16개국의 PIO들에 한정해서 2005년부터 부여되었다.[6] 그러나 현재는 파키스탄과 방글라데시를 제외한 다른 국가의 PIO들에게 해외시민권을 부여하게 되었고 기존의 PIO카드 소지자는 행정 비용의 25달러만 지불하면 OCI카드로 교체가 된다(http://www.mha.nic.in/oci/chart.pdf). OCI카드는 투표권, 의회진출권, 공무원 피 임명권 등의 정치적 권리는 부여되지 않기 때문에 엄밀한 의미에서 이중시민권은 아니라고 할 수 있다. 그럼에도 불구하고 2007년 1월까지 이 카드를 발급받은 수는 십만 명 정도에 이른다(MOIA, 2007, Pravasi Bharatiya-Connecting India with its diaspora: 5).

두 번째로 인도 정부는 인도 및 세계경제에서 인도인 디아스포라가 차지하는 역할과 기여가 지대함을 감안하여 점차 이들에 대한 변화된 인식을 바탕으로 재외동포 관련정책을 개선하고 관련 조직을 개편하고 있다. 해외 인도인 업무를 전담하는 부처가 기존의 재무부(Ministry of Finance)의 관할에서 외무부(Ministry of External Affairs)로 이전되었고 그후 외무부 산하에 '인도 해외 기구(Indian Overseas Cell)'와 '해외 이민국(Overseas Indian Division)'을 두고 NRI 전담과를 운영하는 등 인도인 디아스포라의 관리와 관계 증진에 노력을 기울였다. 해외 이민국은 2004년 5월에 NRI국(Ministry of Non-Residential Indians' Affairs)으로 개편했다가

---

6) 인도 입국과 인도와의 경제활동에서 많은 제약을 받아왔던 PIO들 중에서 미국, 영국, 호주, 캐나다, 핀란드, 프랑스, 그리스, 아일랜드, 이스라엘, 이탈리아, 네덜란드, 뉴질랜드, 포르투갈, 키프로스공화국, 스웨덴, 스위스 등 16개 국가의 PIO들에게 해외시민권을 허용하였다.

동년 9월에 해외 동포부(Ministry of Overseas Indian Affairs: MOIA)로 확대·신설하였다(http://www.pbd2007.org/sponsors.htm). 이러한 기구 재편을 통해서도 NRI 중심이었던 정책에서 PIO들까지 보다 대상을 확대시키고자 하는 노력을 엿볼 수 있다.

해외 동포부(MOIA)의 역할은 크게 두 가지로 분류할 수 있다. 우선, PIO들과 NRI들의 거주국가와 인도에서의 법적, 사회적 지위에 대한 현황들과 문제점들을 연구한다. 그리고 인도인 디아스포라의 특성, 열망, 태도, 인도 정부에 대한 요구 등을 각 국가별로 조사하고 연구하며[7] (http://indiandiaspora.nic.in/contents.htm) 하이데라바드(Hyderabad) 대학의 인도인 디아스포라 연구기관(Centre for Study of Indian Diaspora)과의 협동을 통해서도 이리한 작업을 추진하고 있다.

두 번째로 해외 동포부(MOIA)의 주요한 역할은 인도의 경제적, 사회적, 기술적 발전에 있어서 인도인 디아스포라들이 기여할 수 있도록 다양한 사회적, 문화적 연계를 통해 인도 모국과의 긴밀한 관계를 구축하는데 있다. 인도인 문화관계 위원회(The Indian Council for Cultural Relations: ICCR)와 긴밀한 협동을 통해 인도인 디아스포라의 종족적 정체성과 유대감 및 소속감을 고취시키는 역할을 하고 있다. 예를 들면 세계 각국에 위치한 인도인 디아스포라 공동체에 힌디어, 타밀어, 텔루구어 교사들을 파견하여 이들과의 연계를 강화시키기도 하고, 인도의 문화, 언어, 의상, 음악, 종교의식에 포함된 민요와 종교에 기초한 민담, 동화, 영화, 인도 고유의 축제 등의 문화프로그램 및 문화콘텐츠를 조직하여 인도인 디아스포라 공동체에 전파하기도 한다. 그리고 인도인 디아스포라의 성지순례와 고국 방문 등을 통해 종교적 연계도 지속적으로 시도하고 있다(http://indiandiaspora.nic.in/diasporapdf/chapter28.pdf). 또한 20

7) 자세한 내용은 http://indiandiaspora.nic.in/contents.htm를 참조할 것.

세에서 28세의 연령대인 인도인 디아스포라들의 젊은 세대들을 위해서 인도 알기 프로그램(Know India Program: KIP)을 실시하였다(http://www.moia.gov.in/shared/linkimages/126.doc).

해외 인도인에 대한 인도 정부의 정책변화의 양상을 통해 그 특징들을 요약해보면 다음과 같다. 첫째, 해외 인도인에 대한 정부의 정책에 있어서 그 대상과 영역의 확대이다. 즉 해외 인도인에 대해서 NRI 중심적이었던 기존의 정책들이 PIO(인도 혈통인)들을 포괄하는 정책으로 변화하면서 대상에 있어서 확대되기도 하였고 경제적 영역뿐만 아니라 사회전반의 영역에서 해외 인도인들이 당면한 문제들에 대해 관심을 가지면서 영역의 확대를 발견할 수 있다. 둘째, 해외 인도인들이 인도 모국의 발전에 기여할 수 있도록 경제적 유대만이 아니라 사회적·문화적 유대를 구축하는데 적극적인 노력을 기울이고 있다는 것이다. 따라서 해외 인도인에 대한 인도 정부의 주요한 역할은 다양한 영역에서 활동하는 인도인 디아스포라들과 인도 모국, 그리고 인도인 디아스포라들간의 문화적, 사회적 연계를 이루는 중심적인 창구(platform)가 되는 역할을 담당하는데 있으며 또한 이러한 역할 수행을 위한 노력을 경주하고 있는 것으로 여겨진다. 그러나 이러한 노력에도 불구하고 인도로의 외국인 투자(Foreign Investment: FI)와 NRI 예금의 추이를 살펴보면 인도 정부의 기대만큼 인도에 대한 투자가 계속적으로 증폭하는 추세는 아니었다. 이를 <표 1>과 <표 2>에서 확인할 수 있다.

<표 1> 외국인 투자(Foreign Investment: FI) 추이

자료: Economic Survey 1990-2006년 각 년도 통계를 참조해서 재작성.

<표 2> NRI 예금 추이(%)

80-81	85-86	90-91	91-92	92-93	93-94	94-95	95-96	96-97
11.3	33.7	18.3	6.1	47.0	12.0	10.7	37.6	32.1
97-98	98-99	99-00	00-01	01-02	02-03	03-04	04-05	4~9월 05-06
12.0	12.2	14.2	27.2	33.0	28.0	21.0	-3.1	0.9

자료: Economic Survey 1990-2006년 각 년도 통계를 참조해서 재작성.

　　1990년에 인도가 외환위기를 겪고 난 후 1991년에 '신산업정책'의 발표와 함께 외국인 투자를 포함한 해외 인도인들의 투자를 유치하기 위해 각종 경제적 투자에 대한 우대조치를 발표하였다. 그 후 외국인 투자와 NRI 예금이 증가추세를 보이더니 다시 하락과 상승의 반복추세를 보이고 있다.[8] 외국인 투자와 NRI 예금이 대폭적으로 하락했던 1998년 이후의 시기에 1999년 PIO 카드제가 도입되고 2002년 이후의 시기에 2003년부터 PBD행사를 개최한 것은 우연의 일치만은 아닐 것이다. 외국인 투자가 그다지 용이하지 않고 해외 인도인들의 경제적 잠재력과 투자 유치의 가능성에 기대를 걸었던 인도 정부는 해외 인도인과 인도모국을 연결하며 해외 인도인이 모국에 기여할 수 있도록 유인하는 방안을 지속적으로 고민하게 되었다. 또한 경제적 유인 조치나 우대조치만으로는 지극히 약한 유대만을 맺을 뿐이며 또한 이러한 경제적 유대초자도 언제든지 철수가능하다는 것을 경험을 통해 알게 되었기 때문에 인도 정부는 해외 인도인과의 정서적 유대, 소속감, 애국심, 문화적 연대를 구축하기 위한 전략으로 전환한 것으로 보인다. 해외 인도인에 대한 정책의 대상과 영역의 확대와, 인도모국과 해외 인도인의 다양한 유대를 구축하려는 인도 정부 정책의 변화특성은 PBD 이벤트에서 잘 나타난다.

2. 해외 인도인의 현황

2001년 당시 인도인 디아스포라는 약 134개국에 2천만 명 정도가 거주하는 것으로 추산된다. 그 중에서 100만 명이상이 거주하는 국가가 6

---

8) 외국인 투자와 NRI 예금은 1997년과 1999년 사이, 2002년과 2004년 사이에 대폭 하락하는 추세를 보이는데 전자의 세계적 경제원인은 한국을 포함한 아시아경제에서 비롯된 것으로 추측되고 후자의 세계적 경제원인은 2001년 9월에 911사태로 국제금융시장이 동요한 바 있고, 2002년에는 미국의 이라크 침공으로 다시 국제금융시장이 동요했다. 이 당시에 인도에도 상당한 충격이 있었고, 이것이 파국으로 이어지지는 않았지만, 외국인과 NRI의 투자 심리를 위축시킨 것은 사실이다. 과거에 위기가 왔을 때 인도 정부가 NRI예금의 인출 정지조치를 취한다든지 해서 NRI의 불신을 누적시켜온 것도 그 원인 중의 하나일 것이다. 본 논문에서는 투자경향을 분석하는 것이 주요 목적이 아니기 때문에 자세한 설명과 분석은 생략하겠다.

개국(미얀마, 미국, 말레이시아, 사우디아라비아, 영국, 남아프리카공화
국의 순위이다)이며 10만 명 이상이 거주하는 국가는 23개국에 이른다
(http://indiandiaspora.nic.in/diasporapdf/part1-est.pdf에 기초해서 저자가 계산
한 것임, 2001). 인도인 디아스포라들의 양적 규모도 클 뿐만 아니라
사회경제적 영향력의 현황을 살펴보면, 우선 이들의 연간소득은 3000
억 달러로서 이는 인도의 국내총생산(GDP)에 맞먹는 액수이다(http://
indiandiaspora.nic.in/diasporapdf/chapter29.pdf: 417). 그리고 인도의 외국인
직접투자(Foreign Direct Investment: FDI)에 있어서 인도인 디아스포라들
은 중요한 비중을 차지한다. 인도의 FDI 유입은 인도의 관료주의 만연
으로 인한 복잡한 절차와 잦은 지연, 정책투명성의 결여로 불신감이 팽
배하면서 인도 정부의 승인액보다 실제 유입액은 매우 적다. 즉 1991년
에서 2001년까지 인도의 FDI 승인액인 2조 3366억 루피 중에서 실제 유
입액은 8271억 루피로 36%의 저조한 유입률을 기록한데 반해 인도인
디아스포라의 인도투자는 FDI 승인액인 980억 루피 중에서 실제 유입액
은 879억 루피로 90%에 가까운 유입률을 보여주었다. 따라서 FDI의 승
인액에서 NRI들의 분담률은 3.78%인데 반해 실제 유입액은 9.15%를 차
지하였다(http://indiandiaspora.nic.in/diasporapdf/chapter29.pdf: 424).[9]

인도인 디아스포라의 모국에 대한 기여는 단순히 이러한 경제적 투자
에만 그치지 않는다. 서구 선진국, 특히 영국과 미국으로 이주한 인도인
들은 다양한 방식으로 인도 모국과 호혜적인 관계를 가지는데 IT산업에
서 더욱 두각을 나타낸다. 예를 들면 2000년에 영국의 외국인 IT전문가

---

9) 인도의 재외동포위원회(High Level Committee On Indian Diaspora: HLC)의 문헌
   에 의하면 3.78%/9.15%의 비율을 제시하였는데 저자의 계산에 의하면, 인도의
   FDI 승인액의 980억 루피/2조 3366억 루피의 비율은 4.2%이고 실제 유입액의
   8271억 루피/879억 루피의 비율은 10.6%였다.

의 18,257명 중에서 인도인들이 11,474명에 이르고 있으며 미국 실리콘 밸리의 기술회사에 약 30만 명의 인도인이 근무하고 있고 650에서 700개의 인도인 회사가 있다고 한다(http://indiandiaspora.nic.in/diasporapdf/chapter10.pdf). 이들은 인도의 IT산업과 경제적, 기술적 자원의 원활한 순환 고리를 형성하고 있다. 즉 실리콘 밸리의 인도인 디아스포라 IT기업과 인도의 IT기업 간의 연합 혹은 하청을 주기도 하고 양 국가 간의 컴퓨터 기술자와 소프트웨어 기술자들 간의 교류와 연합을 이루고 있다. 심지어는 인도 모교에 대한 투자(인도 공과대학 IIT의 사례)를 통해 인도 모국의 기술인력을 양성하고 이들의 인적 자원을 다시 미국으로 진출시키는 순환 고리를 형성하고 있다. 이러한 과정을 통해 1992년에서 2001년까지 인도의 IT산업의 성장률은 55%에까지 이른다. 그 외에 과학, 기술, 매체, 경영, 문화 등 다양한 영역에서도 인도 모국의 전문가 집단을 양성함으로써 양국의 호혜적 발전관계를 진행시키고 있다(http://indiandiaspora.nic.in/diasporapdf/chapter13.pdf).

Ⅲ. Pravasi Bharatiya Divas(PBD-해외 인도인의 날) 이벤트의 내용과 의미

1. PBD 이벤트의 발전과정

PBD 이벤트는 매년 1월 9일을 전후로 개최된다. 이는 인도인들의 정신적인 지주인 마하트마 간디가 남아프리카에서의 20여 년간의 교포생활(Pravasi Bharatiya)을 접고 1915년에 인도에 돌아와 자유를 위한 투쟁을 이끈 역사적인 날인 1월 9일을 기념하기 위해 제정된 것이다(http://indiandiaspora.nic.in/diasporapdf/chapter25.pdf: 379). 이러한 개최시기의 설정은 1월 26일 인도 공화국의 날이 아니라 인도인 디아스포라였던 간디가 인도 모국으로 귀환했던 날을 기념함으로써 인도인 디아스포라들의 인도모국에의 기여를 권유하고 상징하는 의미이기도 하다.

PBD 이벤트는 기존의 화상대회(중국 동포 기업인의 모임)나 한상대회(한국 동포 기업인의 모임)와 차별성을 가지는데 전자의 모임이 각 나라 해외동포들과 모국의 기업인들의 모임이라고 한다면 PBD는 경제적인 사업뿐만 아니라 학문, 예술, 문화, 매체 등의 다양한 분야에서 활동하는 인도인 디아스포라와 인도인들과의 모임으로서 대상과 영역이 보다 확대된 형태라고 할 수 있다.

제1회 행사는 2003년 1월 9일부터 11일까지 뉴델리에서 정부와 인도상공인연합(Federation of Indian Chambers of Commerce: FICCI)이 공동으로 주최하였으며 해외 인도인과 내국인을 포함해서 2000여명이 참가했다. 행사내용으로는 외무부, 재정부, 부총리와의 담화, "오락, 종족적 매체와 디아스포라의 정체성", "문화, 언어, 문학과 디아스포라의 정체성" 등으로 비교적 행사내용이 단조롭고 해외 인도인의 정체성에 관련된 주제에 집중되어 있었다.

2004년에는 1월 9일부터 11일까지 델리에서 인도 외무부(Ministry of External Affairs: MEA)과 인도상공인연합(Federation of Indian Chambers of Commerce: FICCI)이 공동으로 주최하였으며 2500명 정도가 참가했다. 행사내용으로는 "걸프지역에서의 NRI", "국제 사법과 디아스포라의 관계에서 합법성의 문제", "세계화, 인도 경제 그리고 인도인 디아스포라" 등의 주제로 세미나를 개최하였다. 또한 종족적 매체 전시회(ethnic media exhibition)를 열었고 문화프로그램이 공식적으로 추가되었다. 2004

년의 PBD는 2003년보다 내용과 주제가 다채로워졌으며 세계화와 관련
하여 해외 인도인들이 인도 모국의 발전에 어떻게 참여할 것인가에 관
심이 집중되어있었다.

2005년에는 1월 7일에서 9일까지 뭄바이(Mumbai)에서 해외 동포부
(MOIA)와 인도상공인연합(FICCI)이 공동으로 주최하였으며 참가인원은
1620여명 정도였다. 2005년의 행사에서 특기할 사실은 세계적인 명성을
쌓은 해외 인도인 혹은 각 나라의 해외 인도인 공동체와 인도 모국에
공헌을 많이 한 해외 인도인들을 대상으로 공로상을 수여하였다는 것이
다. 또한 이 시기의 PBD에서는 농업, 의료관광 등의 관심영역을 보다
확대하였으며 2004년에 이어 국제적으로 인도 국내적으로 해외 인도인
의 사회적, 정치적 지위에 대한 관심을 보이기 시작했다.

2006년에는 1월 7일에서 9일까지 하이데라바드(Hyderabad)에서 해외
동포부(MOIA)와 인도상공인연합이 공동으로 주최하였으며 1024여명 정
도가 참가했다.[10] 행사내용으로는 "인도 : 지식 발전소(지식발전소로서
인도)", "디아스포라 지식 네트워크(Diaspora Knowledge Network: DKN)
구축", "디아스포라와 문화" 등이었다. 2006년 PBD에서는 해외 인도인
의 경제적 기여방안 뿐만 아니라 인도 모국과의 문화적 연계를 고민하
고 이에 대한 중요성에 관심이 집중된 것으로 보인다. 즉 PBD를 문화적
네트워크를 구축하기 위한 중심창구(platform)로 만들면서 디아스포라와
모국 간의 관계뿐만 아니라 해외 인도인들 간의 네트워크 구축에도 기
여하고자 하는 방안들을 고민하였다.

2007년에는 1월 7일에서 9일까지 뉴델리에서 해외 동포부(MOIA)와
인도기업인연합(Confederation of Indian Industry: CII)이 공동으로 주최하

---

10) 뉴델리에서보다 뭄바이나 하이데라바드와 같은 도시에서 행사를 개최할 때는
    상대적으로 참가인원이 적었다.

였으며 2000여명 정도가 참가했다. 2007년 PBD 이벤트는 "Rooting for the roots(뿌리를 찾아서)"라는 상징적인 주제를 걸고 개최되었으며 이벤트의 구성은 세미나와 문화행사로 크게 나누어진다.

세미나에서는 전 세계 주요 인도인 단체가 여러 개의 세션에 참가하여 경제, 교육, 건강, 청소년, 여성, 법률, 매체 등의 다양한 주제를 놓고 폭넓은 의견교환을 하기도 하였다. 또한 각 해외 국가의 현황과 이들 국가와의 협력체계 방안을 토론하기도 하였으며 인도의 각 지역 세션에서는 각 지방정부 관료들이 그 지역의 발전가능성과 계획 등을 발표하고 질의응답과 토론의 시간을 가지기도 하였다.

문화 이벤트는 인도의 전통적인 민속예술공연이 있는데 1월 7일 행사 첫날에는 인도의 다양한 지역의 민속 공연을 선보이고 있었다. 이러한 공연은 인도 모국과의 정서적인 유대감을 형성하도록 하는 한편 각 지역의 다양한 문화와 예술을 선보임으로써 지역적 유대를 통한 국가적인 연대감을 형성하도록 도와주는 것 같다. 둘째 날은 사로드(Sarod)[11] 연주자로 가장 잘 알려진 우스타드 암자드 알리 칸(Ustad Amjad Ali Khan)의 연주와 쇼바나(Shobana)의 연극이 공연되었다. 셋째 날은 유명한 볼리우드(Bollywood) 극작가이면서 국가상을 수여받은 쉬아막 다바(Shiamak Davar)에 의해 공연되었다. 이 연극은 고전적인 인도인의 시각으로부터 현대의 볼리우드 단계까지 점진적인 발전과정을 묘사한 것이다. 각 장면마다 옛날의 의상과 함께 혁신적인 음악이 선보이면서 이러한 장면들은 마치 과거와 현재의 조화로운 연결과 발전적인 미래상을 예시하는

---

11) 사로드(Sarod)는 북인도의 전통악기로서 가죽을 친 둥근 통에 굵고 짧은 목이 달렸고 줄감개를 끼워넣는 부분 뒤쪽에는 공명통이 붙어 있으며, 8개의 금속현 외에 16개의 가느다란 금속제의 공명현(共鳴絃)이 있다. 만돌린처럼 손가락이나 피크로 퉁긴다. 음이 강하고, 기교적으로 빠른 선율이나 장식음을 연주할 수 있어 합주용·독주용으로도 쓰인다.

듯했다.

이러한 기본적인 프로그램 외에도 PBD개최 시기를 전후로 인도인 디아스포라의 다양성과 각 거주국가에서 인도의 문화적 유산들이 진화해온 과정들을 전시하는 인도인 디아스포라 전람회와 무역박람회가 열렸다. 또한 해외 인도인들이 조상의 고향, 종교순례지, 다양한 이해관심에 따른 목적지들을 방문할 수 있도록 적당한 패키지 상품도 제시되고 있었다. 요컨대, 2007년 PBD 이벤트는 그전의 이벤트에 비해 내용과 관심영역이 훨씬 다양해졌으며 다양한 문화이벤트(문화행사, 박람회, 관광패키지 등) 등을 통해 해외 인도인과 인도 모국간의 정서적 유대감과 일체감과 애국심을 고취시키기 위한 노력이 배가되었음을 확인할 수 있다.

2. Pravasi Bharatiya Divas(PBD-해외인도인의날) 이벤트의 의미

PBD 이벤트를 개최하고 참여한 사람들에게서 PBD 이벤트의 의미가 어떤 것인지 살펴보고자 한다. 즉 이벤트의 주최측과 이벤트에 참가한 해외 인도인, 그리고 인도 내국인이 PBD를 바라보는 시각과 그들에게서의 의미를 탐색해보고자 한다. 이러한 연구를 위해서 이벤트의 주최측인 MOIA 장관과 인도 수상의 연설문, 그리고 이벤트에 참가한 해외 인도인과 인도의 현지인들과의 인터뷰를 통해 그들이 PBD 이벤트를 주최하고 참여한 동기와 목적, 그리고 PBD 이벤트의 의미를 분석하였다.

우선 PBD 이벤트를 주관한 MOIA의 장관인 바얄라 라비(Vayalar Ravi)의 연설을 요약하면 다음과 같다.

올해 PBD의 주제는 "뿌리를 찾아서", 즉 당신과 당신 자녀들의 모국 인도를 찾아서입니다. 이 회의는 우리를 연결하고 있는 뿌리를 키우고 강화하는데 도움이 될 것입니다. 우리는 인도와 해외 인도인과의 관계에서 성장을 위한 파트너로서 전략적이고 호혜적으로 성장, 유지해나가는데 노력을 기울이고 있으며 이러한 목표를 향한 우리 노력의 초점은 인도의 발전 노력과 전 세계에 포진하고 있는 중요한 후원자로서 인도인 디아스포라의 기대를 서로 교차시키는데 있습니다. PBD 이벤트는 해외 인도인들이 당면한 문제를 발표하고 토론하며 이를 해결하기 위한 장(場)이 되기도 하며 해외 인도인과 인도 모국과의 호혜적 관계를 발전시키는 장이기도 합니다.

바얄라 라비는 PBD 이벤트를 주관하는 MOIA 장관으로서, MOIA 기구의 역할과 그 중요성을 설명하고 있다. 또한 그의 연설을 통해서 PBD 이벤트를 MOIA의 자리매김과 해외 인도인과 인도모국과의 호혜적 발전방안을 모색하는 장으로서 활용하고자 하는 의도를 엿볼 수 있었다. 다음으로 인도 수상인 만모한 싱(Manmohan Singh)의 연설을 소개하면 다음과 같다.

　　PBD는 전 지구적인 인도인의 축전이며 전 지구적인 인도인의 모국방문의 축전이기도 합니다. 인도의 동포들은 가장 창조적이고 생산적이며 진취적이고 평화를 사랑하며 그들의 가족, 공동체, 이웃에 헌신하는 사람들입니다. 올해 PBD의 주제는 뿌리를 찾아서입니다. 그러나 당신과 우리 모두 우리들의 "뿌리"를 찾고 배양할 뿐만 아니라 당신들의 "가지"를 확장시켜 나갈 것을 촉구하고 싶습니다. 당신은 새로운 인도에 손을 뻗치고 가지를 뻗쳐서 투자하길 바랍니다. 투자는 단지 재정적으로만이 아니라 기술적, 사회적, 문화적으로, 그리고 무엇보다도 정서적으로 투자하는 것입니다. 당신의 뿌리가 당신을 이곳으로 데리고 왔으며 당신의 가지는 이제 인도의 발전적인 모험에 참여하도록 지켜줄 것입니다.

수상의 연설을 통해서 인도인으로서의 자부심, 해외 인도인에 대한 존경심, 인도모국의 발전가능성, 인도 모국에 대한 애국심과 헌신성(경제적, 기술적, 사회적, 문화적, 정서적인 투자)을 고취하고 촉구시키고자 하는 바람을 엿볼 수 있으며 이러한 의도와 바람을 PBD 이벤트를 통해 실현시키고자 하는 의도를 확인할 수 있었다. 이러한 의도는 MOIA에 근무하던 서기관(Sridhar Bhagavatula)과의 인터뷰 내용에서도 유사하게 확인할 수 있었다.

> PBD행사는 해외 인도인들을 인도모국의 성장에 어떻게 참여시킬 것인가 의 고민에서 처음 출발했다. 그러나 점차 경제적인 이유만이 아니라 인도 정 부가 정치적, 정책적으로 해외 인도인들에게 기여할 수 있는 방안도 고민하 고 모색하고 있다. NRI들은 인도 정부를 믿지 못했고 경제적 관리의 투명성 에 대해서도 의심과 회의가 많았다. 그래서 인도 정부는 관리의 투명성과 신 뢰성을 얻기 위해 노력하고 있다. 그리고 다양한 투자 혜택과 인센티브를 주 고 있다. PBD에서는 이러한 신뢰를 얻기 위한 장소이며 인도의 가능성과 희 망에 대해 계속 홍보하고 있으며 나아지고 있음을 확신을 주려고 노력하는 계기이고 설명할 수 있는 장소이다. 게다가 해외 인도인과의 문화적 연대를 맺어서 이를 바탕으로 강고한 경제적 연대로 나아갈 수 있도록 문화적 기능 을 PBD는 담당하고 있다.

MOIA 장관과 인도 수상의 연설에서는 주로 공통된 뿌리를 강조하면 서 해외 인도인의 애국심과 인도와의 정서적 유대를 호소하고 있다. 그 러나 MOIA에 근무하는 서기관과의 개인적인 인터뷰에서는 실제적인 PBD 이벤트의 목적과 현실적 어려움을 드러내고 있다. 즉 경제적인 자 본 투자유치를 위해 PBD 이벤트가 개최되었지만 인도 정부에 대한 해 외 인도인들의 불신 때문에 경제적 목표가 그다지 원활하게 달성되지 않고 그에 따라 PBD 효과가 크게 가시적으로 나타나지 않는다는 것이 다. 그리고 인도 정부의 일방적인 경제적 의도만으로는 결코 성공적인 정책이 될 수 없다는 점도 나타나고 있다. 따라서 PBD 이벤트가 해외 인도인들의 신뢰를 얻기 위한 홍보의 장이자, 해외 인도인에 대한 인도

정부의 정치적, 정책적 기여방안에 대한 모색의 장이기도 함을 시사하고 있다.

다음은 프라할라드(Prahalad, C. K.)라는 해외 인도인의 연설인데 그는 현재 미국의 미시간 대학의 경영학부 교수로 재직하고 있다.

> 인도는 우리의 어머니이고 미국은 우리의 배우자라고 할 수 있습니다. 어머니는 많은 결점을 가져도 여전히 어머니입니다. 우리가 인도의 잠재력을 보는 것은 우리 자신을 찾는데도 유용합니다. 또 한편으로 해외 인도인들은 인도 모국이 성장할 수 있도록 해외 인도인들이 "귀감"이 될 수 있습니다. 따라서 우리 해외 인도인들은 "두뇌 유출"이 아니라 인도의 "두뇌 은행"이 되며 단순히 "달러 투자"만이 아니라 "지적 보고(寶庫)"가 될 수 있습니다. PBD자체는 이러한 해외 인도인들의 기여를 환영하는 중요한 계기이자 기회입니다.

프라할라드는 연설을 통해서 해외 인도인으로서의 인도모국에 대한 생각과 애국심을 표현하였으며, PBD 이벤트 역시 해외 인도인들의 역할과 기여를 환영하고 촉구하는 계기임을 시사하였다. 이는 해외 인도인의 공식연설이었기 때문에 해외 인도인에게서의 모국의 의미와 중요성, 그리고 모국에 대한 기여의 정당성이 표면적으로 두드러지게 나타난 것으로 보인다. 그러나 해외 인도인과의 개인적인 인터뷰에서는 그 기조와 목적이 사뭇 다르게 나타났다. 필자의 개인적인 인터뷰 대상은 인도계 말레이시아인이며 현재 직업은 변호사이고 이름은 제라드 존(Gerald John)이다. 그의 아버지는 케랄라 출신이며 자신은 말레이시아에서 출생하여 자라난 2세대이다.

> 해외 인도인들은 성공한 사람들이며 또 성공한 사람들이 이 이벤트에 참가하여 그들의 성공사례와 정보를 교류한다. 우리들은 다양한 전문직에 종

사하는 사람들이 많으며 각 나라에서 많은 경험들을 쌓았다. 그래서 PBD를
통해 각 나라의 현 실정과 상황들에 대해, 그리고 이제까지 축적된 경험과
기술들을 모국에 전달하고자 한다. 또한 PBD는 해외 인도인들의 만남과 정
보 교류에도 유익하다. 예컨대, 인도뿐만 아니라 다른 국가에 투자하거나 사
업을 확장하려고 할 때 그 곳의 실정과 정치경제적 상황, 투자에 관한 법률
등에 대해 정보를 얻고 교류할 수 있는 장이기도 하다. 즉 PBD는 각 나라의
조직, 동포들의 경험과 정보와 동포애가 만나는 장소라고 할 수 있다.

  제럴드 존은 PBD가 해외 인도인과 인도 모국과의 관계 개선을 위한
이벤트이며 다양한 직업과 분야에서 전문가들인 해외 인도인들이 자신
의 경험과 기술 분야를 인도 모국에 전해주고 또 해외의 인도인들끼리
자기 나라의 정보를 보내고 자신의 경험을 전해주고 사업이나 투자를
위해 중요한 정보를 교류하는 장(場)으로 보고 있다. 즉 그는 네트워크
구축과 정보교류의 장으로서 PBD의 의미를 두고 있으며 그 역시 그러
한 기회를 충분히 활용하고자 하는 의도가 보인다.

  또 한편으로 PBD 이벤트에 참가한 인도 현지 기업인과의 인터뷰 내
용에 의하면 보다 더 실용적이며 경제적인 목표에 의해 참가한 것임을
알 수 있었다.[12] 이들은 호텔과 여행사를 경영하고 있으며 부동산업도
겸하고 있었다. 주로 투자자들을 유치해서 주택을 건설하고 임대한 몫을
각각 배분하는 일을 하고 있었다. 그들은 이런 투자자들과의 계약이 1년
에 평균 70~80건에 이르는데, 처음 PBD 이벤트에 참여해서 40건의 계약
을 할 수 있었다고 한다. 그들은 앞으로도 계속 이러한 이벤트에 참여할
것이라고 한다. 또한 PBD 이벤트에 관한 그들의 견해는 다음과 같다.

---

12) 필자는 두 명과 함께 인터뷰를 했는데 인터뷰 대상자 중의 한명인 Amit Jain은
    Sheetal Group of Companies의 사장이며 Yogesh Johri는 이 회사의 총지배인(CEO)
    이다.

PBD는 인도에서 성공한 사람들과 성공한 해외 인도인들과의 성공사례를 발표하고 성공전략과 정보를 교류하는 장소라고 생각한다. 해외 인도인들은 다른 나라에서 성공적으로 정착했고 그들은 돈도 많이 벌었고 그러면서 그들은 여전히 그들의 뿌리를 찾고 이를 유지하기를 바라는 마음에서 이 이벤트에 참석하는 것 같다. 인도 현지의 사람들은 투자할 사람들이 필요하며 그들의 자본을 우리는 안전하게 보관하면서 이익을 배분하고자 한다. PBD 이벤트는 해외 인도인에게 있어서나 인도의 현지인에게 있어서 매우 중요한 행사라고 생각한다. 그들의 성공사례를 바탕으로 사업을 추진할 수 있는 지혜와 정보를 얻을 수 있으며 그들이 성공할 수 있었던 비결과 방법들을 배울 수 있게 된다.

인터뷰 결과, 그들에게 PBD는 자금이 넉넉한 투자가들을 물색하고 사업을 추진할 수 있는 지혜와 정보를 얻으며, 앞으로 사업을 확장할 수 있는 중요한 네트워크 구축을 위한 장으로서 여겨지는 것 같다. 요컨대, PBD 이벤트는 인도 정부에게는 해외 인도인들의 모국에의 기여를 호소하는 장이며, 해외 인도인들에게는 자신의 기원과 소속감을 찾고자 하는 정서적 만족뿐만 아니라 인도 모국, 그리고 해외 인도인들 간의 네트워크 구축을 위한 장이며, 인도 현지 기업인들에게는 유용한 정보와 네트워크 구축을 위한 장으로서 자리매김하는 것 같다.

Ⅳ. 결 론

인도가 외환위기를 겪게 되고 이와 아울러 해외거주 인도인의 외화유출 사태까지 빚어지면서 인도의 경제위기는 더욱 악화되었다. 이러한 사태를 경험하면서 인도 정부는 단순히 경제적인 유인책만으로는 인도 경제발전을 위한 인도인 디아스포라의 참여를 끌어내기가 부족하다는 것을 인식하면서 문화적, 정서적 유대를 조직하기 위한 방안을 고심하기 시작했다. 예를 들면 세계 각국에 위치한 인도인 디아스포라 공동체에 힌디어, 타밀어, 텔루구어 교사들을 파견하여 이들과의 연계를 강화시키기도 하고, 인도의 문화, 언어, 의상, 음악, 종교의식에 포함된 민요와 종교에 기초한 민담, 동화, 영화, 인도 고유의 축제 등의 문화프로그램 및 문화콘텐츠를 조직하여 인도인 디아스포라 공동체에 전파하기도 한다. 해외 인도인들이 인도 모국의 발전에 기여할 수 있도록 경제적 유대만이 아니라 사회적·문화적 유대를 구축하는데 적극적인 노력을 기울일 뿐만 아니라 다양한 영역에서 활동하는 인도인 디아스포라들과 인도 모국, 그리고 인도인 디아스포라들간의 문화적, 사회적 연계를 이루는 중심적인 창구(platform)가 되는 역할을 담당하고자 하여 이러한 노력들이 대표적으로 가시화된 것이 Pravasi Bharatiya Divas(PBD: 해외 인도인의 날) 이벤트의 개최였던 것으로 보인다.

이러한 경향은 현대사회의 대두되는 추세와도 연관성을 가진다. 즉 국가 간의 경계뿐만 아니라 영역간의 경계도 붕괴하고, 특히 문화의 경제화, 경제의 문화화를 통해 '경제적 행위의 문화적 침식'(Jameson, 1984), '경제문화'(Elwert, 1984) 현상이 두드러지게 나타나며 더 나아가 경험, 체험, 감성, 정서, 향수 등을 조직해서 상품화하는 문화산업이 각광받는 산업으로 등장하는 추세이다(Appadurai, 2004). 따라서 PBD 이벤트 역시도 향수, 기원에의 회귀, 소속감, 애국심 등을 문화적으로 압축시켜 과거와 현대를 연결하는 의사소통자(Sahlins, 1974; Douglas and Isherwood, 1980; Leiss, 1983)로서 기능하는 한편, 문화적 기호로 작용하는 상품의 기능 혹은 경제적인 영역으로 연결시키는 매개자의 역할을 담당하는 것으로 보여진다. 즉 문화적 외피를 두른 경제적인 사업이자 인도 경제성장의 전략의 일환인 것이다. 이는 문화적 이벤트와 정서적 유대

에 호소하는 문화적 외피에도 불구하고 여전히 인도 정부의 주된 관심
은 경제적 투자 유치에 있었으며 PBD행사에 참가한 사람들 역시도 경
제적 관심이나 이와 관련된 정보 중심의 관심에 집중되어 있는 것으로
보인다.13) 그래서 보다 다양하고 많은 해외 인도인들이 참여할 수 있는
동포애적 축전은 아직 요원한 것으로 보이며 또한 경제적 유인전략으로
서의 PBD 이벤트의 효과도 좀 더 지켜봐야할 것으로 보인다.

<참고 문헌>

권기철. 1998. "독립 후 인도의 경제발전 전략". 『인도연구』 제3권.
남영우 · 이희연 · 최재헌. 2000. 『경제 · 금융 · 도시의 세계화』. 다락방.
정동현. 2001. "인도의 외환위기와 경제개혁". 『국제지역문제연구』 제19권
　　제2호.
Appadurai, A. 2004. 차원현, 채호석, 배개화 [공] 옮김. 『고삐 풀린 현대성』.
　　현실문화연구.

---

13) 2007년에는 연설자와 관계자들을 빼고 참가한 사람들이 880명이며 그 중 인
　도에서 온 사람들은 164명이다. 해외에서 참가한 사람들의 직업 분포를 살펴
　보면 사업가 및 경영인, 자영업자들은 446명(인도는 64명), 엔지니어는 24명(인
　도는 7명), 사무원 및 관료는 78명(인도는 49명), 교사 및 학자는 70명(인도는
　9명), 건축가 및 예술가는 3명(인도는 1명), 학생은 17명(인도는 11명), 법률가
　는 11명(인도는 1명), 투자 관련 자문가(컨설턴트)는 30명(인도는 11명), 회계사
　는 6명(인도는 2명), 언론인은 5명(인도는 3명), 의사는 15명(인도는 2명),
　GOPIO와 NGO 등의 사회사업가들은 11명(인도는 3명)이었고 그 외는 직업을
　기록하지 않아서 알 수 없는 사람들이다. 이를 통해 사업과 관련된 사람들이
　가장 많이 참여한 것을 알 수 있었다.

Deleuze, G. & Guattari, F. 2003. 김재인 옮김. 『천 개의 고원: 자본주의와 분열증』 2. 새물결.

Douglas, M. and Isherwood, B. 1980. *The World of Goods*. Harmondsworth Penguine.

Ghosh, A. 1992. *India in transition: Economic policy options*. Division of A. H. Wheeler & Co. Ltd., Allahabad.

Jameson, F. 1984. "Postmodernism and the consumer society". in H. Foster(ed.), *Postmodern Culture*. London: Pluto Press.

Joshi, V. and Little, M. D. 1994. *India: Macroeconomics and political economy 1964-1991*. Delhi: Oxford University Press.

Leiss, W. 1983. "The Icons of the marketplace". *Theory, Culture & Society*. 1(3).

Prakash, B. A. 2006. *Economic growth and structural change of India during the post reform period, Indian economy -The post reform scenario-*. New Delhi: Rajan, K. Serials Publications.

Rakesh M & Vandana, A. 1991. *Paper No.1 Studies in Industrial Development*, Government of India.

Sahlins, M. 1974. *Stone Age Economics*. London: Tavistock.

Satyanarayana, J. 1996. *The new industrial policy and its impact on Indian industrial economy*. Hyderabad: Bookslinks Corporation.

Economic Survey, 1990-2006.

MOIA. 2007. Compendium on policies, incentives and investment opportunities for overseas Indians.

MOIA. 2007. Handbook for overseas Indians.

MOIA. 2007. Pravasi Bharatiya-Connecting India with its diaspora-, Volume 2. issue No. 1.

http://www.mha.nic.in/oci/chart.pdf

http://indiabudget.nic.in/es1991-92_A/2%20The%20Payments%20Crisis.pdf

http://indiandiaspora.nic.in/diasporapdf/part1-est.pdf

http://indiabudget.nic.in/es2005-06/chapt2006/chap62.pdf

http://indiabudget.nic.in/es2005-06/chapt2006/chap612.pdf

http://indiabudget.nic.in/es2005-06/chapt2006/chap613.pdf

http://indiandiaspora.nic.in/diasporapdf/chapter10

http://indiandiaspora.nic.in/diasporapdf/chapter13

http://indiandiaspora.nic.in/diasporapdf/chapter29.pdf

http://www.pbd2007.org/sponsors.htm

http://indiandiaspora.nic.in/diasporapdf/part1-exe.pdf

http://www.moia.gov.in/shared/linkimages/128.doc

http://indiandiaspora.nic.in/contents.htm

(http://indiandiaspora.nic.in/diasporapdf/chapter28.pdf)

(http://www.moia.gov.in/shared/linkimages/126.doc)

http://indiandiaspora.nic.in/diasporapdf/part1-ack.pdf

http://indiandiaspora.nic.in/diasporapdf/chapter25.pdf

제2장
1947년 분단과 델리 정착
파키스탄 난민의 정체성 변화

이 광 수*

Ⅰ. 들어가면서

이 글은 '파키스탄 난민'의 정체성을 역사적 맥락에서 밝히고자 하는 데 그 목적이 있다. 여기에서 연구 대상인 '파키스탄 난민'이라 함은 '서 (西)파키스탄의 네 주에서 태어나 종교가 힌두 혹은 시크라는 이유로 1947년을 전후로 하는 시기에 강제적으로 인도로 이주 정착한 난민을 가리킨다. 인류사에서 가장 거대한 규모의 인구 교환인 인도-파키스탄

---

* 부산외국어대학교 러시아-인도 통상학부 교수.

분단은 1947년 8월을 전후로 한 몇 개월 만에 1,200만이나 되는 사람들을 새로 만들어진 국민국가 인도와 동과 서로 구성된 파키스탄으로 이동시켰다. 난민들 가운데 대부분인 약 1,000만 명이 서쪽 국경을 넘었는데, 그들은 유일한 분단 주인 펀잡(Punjab) 주를 넘어, 무슬림은 서쪽의 파키스탄을 찾아 갔고, 힌두와 시크는 동쪽의 인도로 왔다. 따라서 이 글에서 말하는 난민은 원칙적으로는 파키스탄 네 주 출신의 난민을 가리키지만 때에 따라 특별한 언급을 하지 않는 경우에는 펀자비(Punjabi 펀잡 사람)와 의미가 같을 수도 있다는 점을 밝혀 둔다. 이 글은 그들 가운데 분단 이전부터 이미 독자적 정체성을 유지해 왔던 시크를 제외한 힌두를 대상으로 삼았다.

난민이란 '인종, 종교, 국적, 정치적 견해 등으로 인해 박해 받을 것을 두려워하여 자신의 나라 밖에 피난처를 구하는 사람'이다. 따라서 엄밀하게는 1947년 8월 15일 이전에는 난민이 존재할 수가 없다. 그것은 8월 15일 이전에 지금의 인도와 파키스탄은 한 나라였고 따라서 분단과 관련하여 발생한 이주는 국내 이주로 간주할 수밖에 없기 때문이다. 또 분단 이후 강제적으로 이주한 사람들에 대해서도 난민이라 부르는 것이 합당치 않을 수도 있다. 그것은 인도-파키스탄 분단은 정부가 서로 합의해서 이루어진 것이고 그에 따라 서로 이주를 시키기로 합의하였기 때문에 난민이라 부를 수 없기 때문이다. 이러한 주장은 제헌 의회 의원이었던 시따라마이아(B.Pattabhi Sitaramayya) 등에 의해 제기되었고 따라서 이후부터 공식적으로는 그들을 쁘라와시(pravasi) 즉 이산민(displaced person)으로 분류하였다. 하지만 이주 발생 시기부터 과정에 이르기까지의 기간 동안 그들이 겪은 재산 몰수와 폭력으로 인한 희생 등의 맥락에서 볼 때 실제적으로는 난민(refugee)의 성격이 분명하고 따라서 비법적인 용어로는 모두 난민으로 다루어졌다. 이 글에서는 비법적이지만 역사적 맥락에서 분명한 의미를 지니는 난민을 적합한 용어로 사용하기로 한다.

일반적으로 난민은 단일한 경험과 특성을 가진 집단이라고 생각하는 경향이 많다. 그러나 이 글에서 다루는 파키스탄 출신 난민은 비록 유사한 경험을 가지고는 있었지만 출발 당시 서로 다른 사회 경제적 배경을 가지고 있었고, 주류 사회와의 이질감이 그리 크지 않았기 때문에 하나의 집단적 정체성을 가지고 있지는 않았다. 그리고 파키스탄 난민은 출발지와 정착지가 단절되고 정착지에서 동향 사람들과의 결속을 중시하는 집단이라는 점에서 그리고 이주 후 일정 기간 동안 주류 사회와 구분되어 살아 왔다는 점에서는 보다 분명한 주변성을 가지고 있었을 것이란 점에서 분명히 디아스포라의 성격을 가지고 있었다. 하지만 현재를 기준으로 볼 때 그들은 정치·경제 등과 관련한 집단의 사회 형태, 귀환·소속·유대감 등과 관련된 의식, 정체성과 혼종성 사이에서의 문화 생산의 방식[1] 등에서 전형적인 디아스포라의 모습을 보이지 않고 있다.

그렇다면 그들은 디아스포라의 주변성을 언제까지 가지고 있었으며 언제 그리고 무엇을 계기로 하여 그 주변성이 변화하여 지금의 상태로 와 있는가? 이것이 이 글이 풀어야 할 가장 중요한 문제이다. 결국 이 글은 델리에 정착한 난민들은 시기적으로 어떤 성격의 정체성을 가지고 있었으며 그 형성과 변화의 요인은 무엇인지, 특히 그 가운데서 언제까지 난민으로서의 정체성을 유지하였고 언제부터 그 정체성이 사라졌는지, 난민의 정체성이 사라졌다면 어떤 정체성이 그것을 대체하였는지 등에 대한 연구이다.

---

1) 디아스포라가 갖는 특성에 대해서 보다 자세한 것은 Vertovec 1997을 참조 바람.

난민에 대한 연구는 정치적으로 민감한 사안이다. 그러다 보니 인도 아대륙의 경우 분단에 관한 연구의 일환으로 난민에 대한 연구는 지금까지 거대 담론으로서의 정치학적 연구가 주를 이루었지만, 최근 들어 개인의 경험을 바탕으로 한 기억을 토대로 한 연구가 활발하게 전개되고 있다(Butalia 1998; Pandey 2001; Mehdi 2003; Kaur 2007). 정치학적 분석은 난민을 하나의 범주로 취급하고, 정체불명이거나 불확실한 통계와 자료를 사회과학적으로 환원함으로써 난민의 다양한 경험과 시간에 따른 변화에 소홀하였다는 점이 제기되어 왔다. 사실, 난민은 분단과 강제적 이주 그리고 그 과정에서 폭력이라는 공통의 유사한 경험을 가지지만 자신들이 원래부터 소유하던 각각의 서로 다른 사회 문화적 배경과 새로이 접하게 된 사회 문화적 환경이 서로 다르면서 서로 이질적인 집단으로 자리 잡는다. 게다가 그들은 새로 정착한 장소에서 어떠한 사회적 경험을 하느냐에 따라 다른 정체성을 가질 수 있고 그것이 집단적으로 특정한 성격을 형성할 수도 있다. 그러한 맥락에서 과연 '한 번 난민은 영원히 난민이다'(Mehdi: 85)라는 명제는 어디까지 유효할 수 있는가가 중요한 명제로 떠오를 수밖에 없게 된다. 따라서 이 연구는 문헌 자료를 토대로 한 역사학적 분석과 난민들의 개인적 경험을 토대로 한 기억을 심층 면접을 통해 확보하는 질적 방법을 병행하여 분석하고 있다는 점에서 심층 면접을 통한 질적 연구 방법은 필수적이다. 이러한 맥락에서 이 연구는 2007년 1월 델리의 각 지역에 흩어져 있는 여러 종류의 난민 1세대와의 심층 면접을 수행하였다. 심층 면접을 통해 수집한 자료는 그들의 생애사와 관련된 것으로 기록에서 무시되거나 유실된 역사를 보충하는 자료로 활용하였다.

Ⅱ. 네루 정부의 난민 정착 정책

델리의 인구는 1941년부터 1951년 사이의 10년 동안에 그 인구가 가장 많이 증가하였음을 알 수 있는데, 뉴델리가 건설된 이후 꾸준하게 증가된 인구는 40%에서 50%대를 유지하고 있지만 1941년부터 1951년 사이의 10년 동안에만 무려 90%나 증가하였다. 이는 분단 과정에서 발생한 난민들이 델리로 대거 유입된 결과로 볼 수 있다. 그들이 델리를 정착지로 택한 것은 델리가 일자리를 찾는 데 가장 적합하다고 보았기 때문이었다(Rao & Desai: 119). 사실, 델리 시의 경계가 불분명하고 난민의 지위를 규정짓는 것 또한 쉽지 않은 일이기 때문에 당시 파키스탄으로부터 이주해 온 힌두와 시크 난민의 수를 정확하게 산출하기는 어렵지만, 한 일간지에 의하면 1947년 8월 분단 시점에 델리로 이주해 온 난민의 수는 15만에 이르렀고(The Statesman 23 August 1947), 1948년 1월까지 델리로 이주한 난민 가운데 편잡 출신만 40만에 이른다고 하거나(The Times 21 January 1948), 분단 시기에 난민으로 유입된 힌두와 시크가 49만 5천이고 파키스탄으로 빠져나간 무슬림의 수는 32만 9천이라고(Rao and Desai: 56) 하니 그 규모를 대개 짐작할 수 있을 것이다. 또 다른 연구에 의하면, 1951년의 1,744,072명의 인구 가운데 난민은 470,386명이고 이는 전체의 32.7%를 차지한다(Datta: 288).

대부분의 난민은 처음부터 델리로 바로 이주한 것은 아니었다. 그들은 주로 여러 곳을 전전한 후 동부 편잡이나 우타르 프라데시에 우선 정착하였다가 결국 델리로 이주 정착하였다. 그들이 델리를 최종 목적지로 삼은 것은 델리가 가지고 있던 도시로서의 복합적 성격이 가장 중요한 역할을 하였을 것으로 보인다. 델리는 1930년대 이후 북부 인도 최

고의 대도시로 성장하여 상당수의 난민들에게는 자신들이 의지할 수 있
는 친인척이 있다는 점이 우선적으로 고려되었고, 친인척을 가지고 있
지 않은 경우에는 델리가 수도로서 가장 적절한 난민 보호 정책을 제공
하였고 다른 도시에 비해 일자리는 많으나 지역적 정체성은 약해 외지
인이 섞여 살기에 적합하였다는 점이 고려되었을 것으로 보인다.

<표 1> 1931년부터 1981년 사이의 델리 인구 변화표

연도	인구	10년간 변화	10년간 변화율
1931	636,246	+147,794	+30.26
1941	917,939	+281,693	+44.30
1951	1,744,072	+826,133	+90.00
1961	2,658,612	+914,540	+52.44
1971	4,065,698	+1,407,086	+52.92
1981	6,220,406	+2,154,708	+52.99

출처: 1931, 1941, 1951, 1961, 1971년도 Census of India

델리로 이주해 온 난민들은 학교, 사원, 공원, 역이나 철로 주변, 영제
국 시대의 병영, 모든 종류의 도로와 같이 공간이 확보되는 곳이라면 모
든 곳에 분산되었다. 그러면서 중세 유적지인 뿌라나 낄라(Purana Quila)
가 첫 정착촌으로 세워졌다. 당시 델리로서는 경제적 혹은 행정적 혹은
그 외 모든 물리적인 여건이나 체제로 볼 때 그것은 도저히 감당할 수
없는 상태였다. 주택, 상하수도, 쓰레기 처리, 교통 등과 관련하여 식민
지 상태를 갓 벗어난 인도 정부와 델리의 입장에서는 미증유의 난민 유
입 사태를 받아들을 준비가 전혀 되어 있지 않았다. 하지만 이 사태를
해결하기 위해 네루 정부는 난민들의 안전한 정착과 갱생을 위한 목적
으로 1947년 9월 6일 중앙 부처에 정착부(Ministry of Rehabilitation)를 독
립적으로 설치하였다. 그 결과 킹스웨이(Kingsway), 까롤 바그(Karol Bagh),

샤흐다라(Shahdara)의 세 곳에 난민촌을 세워 그들을 수용하였고 그들에게 옷과 음식을 비롯한 기초 생필품을 지급하였다.

난민촌에 임시 정착을 시키는 과정에서 정부는 이곳에서 파키스탄으로 이주해 간 이주민들이 두고 간 집과 재산의 현황 그리고 파키스탄에서 이곳으로 이주해 온 이주민들의 집과 재산의 현황을 조사하고 그 규모가 서로 비슷한 것을 골라 배분해 주는 정책을 우선 실시하였다. 하지만 실제로는 비정부 기구로서 난민들의 정착을 도와주는 일을 맡았던 국가자원봉사단(Rashtriya Swayamsevak Sangh)에 의해 자의적으로 처리되는 경우가 허다하였다. 그래서 많은 난민들은 자신들의 이데올로기와 관계없이 국가자원봉사단에 회원 가입을 한 경우가 많았다.[2] 그리고 이에 해당하지 않은 난민들에게는 델리 시 곳곳에 정착 가옥을 건설하여 제공하였다. 이러한 정착 정책으로 말미암아 1950년 말까지 약 19만 명의 난민이 무슬림이 버리고 간 가옥에 그리고 약 10만 명의 난민이 새로 지어진 가옥에 정착하게 되었다(Delhi Census Handbook, 1951: LXIV). 실제로 통계에 의하면 무슬림이 버리고 간 가옥의 수는 102,000개였으나 그 가운데 공식적으로 배분된 것은 2,593개에 지나지 않았고 나머지는 모두 불법적으로 배분되었다(Annual Report Sept. 1947-Aug. 1948: 20).

네루 정부의 난민을 위한 교육 정책 또한 주목할 만하다. 1951년 센서스에 의하면 정부는 난민들을 위해 1개의 전문대학, 13개의 고등학교, 12개의 중학교, 15개의 초등학교를 지었고 이 학교에 입학한 모든 난민

---

2) 2007년 2월 5일 샤르마(S.P.Sharma)씨와의 인터뷰. 샤르마 씨는 분단이 있기 5일 전에 가족 가운데 혼자서 물탄에서 출발하여 암리차르(Amritsar), 잘란다르(Jhallandar)를 거쳐 델리에 정착하였는데, 바로 킹스웨이 난민촌에 수용되었다. 그는 여기에서 여러 난민들과 어울릴 수 있었는데, 국가자원봉사단에 입회하면 상당한 도움을 받을 수 있음을 알고 입회하였다.

출신 학생들에게는 실제적으로 무상 교육을 받을 수 있는 만큼의 장학 혜택이 주어졌다. 또 펀잡대학교(University of Punjab)에 연계된 대학을 만들어 학사와 석사 과정을 난민 출신 학생들에게 형식적인 비용으로 제공하였고 파키스탄으로 떠난 무슬림 기술 인력을 보충하기 위한 목적으로 직업 전수 학교도 곳곳에 여러 개를 세워 운영하였다.

정착을 위한 긴급 자금 또한 폭넓게 주어졌다. 통계에 의하면 정부는 1948년 8월부터 1년 간 난민을 위한 긴급 구호 자금으로 4,262,075루피를 사용하도록 재가 받았고 그 가운데 2,431,150루피가 집행되었다. 이를 자세히 살펴보면, 175명의 자영업자에게 257,000루피, 17명의 개업 의사와 약사에게 28,200루피, 소규모 기업 개시 자금으로 23,500루피, 80명의 여성 인력에게 재봉틀 구입을 위해 20,250루피가 분배되었다. 그리고 단독 형태의 사업 자금으로 개인당 50,000루피를, 주식회사에게는 10만 루피를 대출하는 제도를 시행하였고, 필요한 사람들에게 500루피 한도 내에서 첫 해에는 무이자에 둘째 해부터는 연리 3.5%로 분할 납부가 쉬운 도시형 소규모 대출 제도도 만들어 시행하였다. 그리고 파키스탄 거주 당시의 직업을 폭넓게 조사하여 개인 사업이 아닌 공무에 해당한 일을 한 사람들에게는 그에 상응할 수 있는 직장을 중앙 정부나 델리 시정부에서 할당해 주었다. 이 경우 파키스탄으로 떠난 무슬림들이 비운 일자리가 우선적으로 고려되었다.

난민들은 처음부터 델리로 집결한 것은 아니었다. 그들은 펀잡, 우타르 프라데시, 라자스탄 등의 여러 곳으로 찾아가 정착을 시도했으나 많은 곳에서 주민들과 갈등을 빚었다. 주로 집을 빌려주는 것에서 인색하다거나, 사업을 하는 부분에서 심한 견제와 조롱을 당하는 것이 보통이었다. 결국, 난민들은 대도시이자 새 국가의 수도인 델리로 모여들게 되었고3) 이로 인해 델리는 난민의 최종 집결지로 자리 잡았다.

난민 인구가 폭발적으로 늘어나면서 주택이 크게 부족하였고, 이에 정부에서는 "1가구 1지붕"의 슬로건을 걸고 대규모의 주택 단지를 델리 주변에 개발하였다. 시 외곽으로는 파리다바드(Faridabad)를 개발하고 시 내부로는 남부, 서부 그리고 동부가 크게 개발되었다. 이때 개발된 주택 지구로는 서부의 라메쉬 나가르(Ramesh Nagar), 띨락 나가르(Tilak Nagar), 모띠 나가르(Moti Nagar), 빠뗄 나가르(Patel Nagar) 등이 있고 남부로는 라즈빠뜨 나가르(Lajpat Nagar), 장뿌라(Jangpura), 말위야 나가르(Malviya Nagar) 등이 있으며 동부로는 기따 콜로니(Geeta Colony), 간디 나가르(Gandhi Nagar), 끄리슈나 나가르(Krishna Nagar) 등이 있다. 이렇게 조성된 택지는 파키스탄에 두고 빼앗긴 재산에 대한 보상책으로 난민들에게 불하해주었다. 뿐만 아니라 사로즈니 나가르(Sarojni Nagar), 칸 마켓(Khan Market), 라즈빠뜨 라이 마켓(Lajpat Rai Market), 잔빠뜨(Janpath), 센트랄 마켓(Central Market)과 같은 상업 지구도 조성되어 난민들에게 명목 금액만으로 임대해주었다.

Ⅲ. 난민과 힌두 사이의 초기 정체성

정부의 난민 정착 지원 정책이 비교적 성공적으로 이루어지면서 델리로 이주해 온 난민들은 델리 현지 사회로부터 상당한 환영을 받았고, 큰 충돌은 일으키지 않은 채 통합된 것으로 평가받지만, 일반적으로 알려

3) 2007년 2월 1일 아로라(Radha Krishna Arora) 씨와의 인터뷰. 아로라 씨는 피난 당시 17세였는데 북서변경주에서 펀잡으로 이동, 일시적으로 거주하였다가 종교 공동체 폭동이 심해지면서 1948년 1월 걸어서 국경을 넘었다. 처음에는 인도르(Indore)에 정착하려 하였으나, 주민들과의 갈등이 불거지면서 단신으로 델리로 이동했다.

진 바와는 달리 난민들은 그 과정에서 상당한 고통과 어려움에 시달렸던 것이 사실이다.[4] 그리고 그것을 극복해 나가는 과정에서 다양한 지역이나 문화적 특성과는 다른 성격의 행동을 하였을 수 있고, 이로 인해 결국 그들 스스로나 외부인들에 의해 자신들이 규정지어지는 정체성으로 만들어지는 결과를 가져 왔다. 그들에게 주어진 정체성 가운데 가장 우선적인 것은 저돌적이고 계산적이라는 것이다. 대체적으로 그들에 대해 델리 현지인들은 근면함, 불굴의 의지, 자존심, 남성다움 등의 긍정적 평가를 주로 내렸다.

난민들은 출발 당시 강한 힌두 정체성을 가지고 있었다. 이는 분단과 그 과정에서 발생한 살인, 방화, 강간, 부녀자 납치, 재산 강탈 등과 같은 일련의 폭력과 강제적 이주가 종교를 기준으로 하여 발생한 것이었기 때문에 정착 당시 '힌두'라는 종교를 기준으로 하여 다수의 정체성 안에 안전하게 편입하는 것을 가장 우선적인 생존의 조건으로 삼았기 때문이다.[5] 그리고 그들을 받아들이는 델리 사람들도 그들을 무슬림에 의해 고향에서 쫓겨 난 '우리' 힌두로 인식하였다. 이는 당시의 정황상 개인이 속한 종교 공동체가 개인과 집단에 관한 정체성의 제1원천으로

---

4) 피조사자 가운데 공무원이나 교사와 같이 정부에서 마련한 직업에 할당되어 직업을 얻어 일하는 경우에는 델리 주민과의 갈등을 말한 경우는 없다. 하지만 상업 종사자는 상당한 갈등이 있었음을 말하고 있는 것 또한 엄연한 사실이다.

5) 난민의 이동에는 항상 폭력과 영양 결핍이나 전염병이 발생했고 이로 인해 죽은 자의 수는 정확하게 산출할 수 없다. 당시 영국 측은 20만, 인도 측은 200만 그리고 요즘엔 일반적으로 100만 정도로 추산하고 있다. 그런데 사실 살인보다 더 민족적 감정을 자극한 것은 여성들에 대한 성범죄였다(사실은 무슬림에 의해서만 당한 게 아니고, 같은 힌두 남성에 의해 당하기도 했지만). 7만5천 명이나 되는 '우리의' 힌두 여성이 납치되어 강간당한 사실은 더욱 반무슬림과 힌두주의의 분위기를 강화시켰다. 더 자세한 것은 Butalia, 175-245를 참조하기 바람.

작용하였기 때문이다. 당시 파키스탄에서 오는 난민에 대해 델리 시민
들이 외쳤던 구호는 "우리 힌두가 편잡6)에서 오고 있으니, 가서 그들을
따뜻하게 돕고, 마음을 열어 그들을 맞이하자!"(Kaur 2007: 217)였던 것
을 보면, 그들은 압도적으로 외부에 의해 힌두로 인식되었음을 알 수 있
다. 그들의 정체성이 힌두라는 사실은 자연스럽게 '무슬림에 의한 피해
자'로 인식되었는데 이는 그들이 실제 반무슬림적 태도를 가졌는지 여
부와 무관하였다.

하지만 그들은, 당시 일반적으로 알려진 것과 같이, 힌두주의자는 아
닌 것으로 보인다. 사실 난민으로 이주한 그들을 조사해보면 그들은 반
드시 '힌두주의'라는 종교를 기반으로 하는 이데올로기적 동기에 기반
해 있었던 것은 아니었다. 사실 피난의 동기는 널리 알려진 것처럼, 힌
두주의에 기반을 하는 새로운 국가 건설에 동참하는 것이 아니라 종교
공동체적 폭력 사태를 잠깐 피하는 것이었다. 많은 경우에 국가자원봉
사단의 회원인 것은 사실이었으나 그것이 곧 반무슬림이나 힌두 근본주
의자를 의미하는 것은 아니었다.7) 국가자원봉사단과의 연계 또한 편자
비로서의 자부심의 소산이라고 보는 것이 더 합리적일 것이다. 그것은

---

6) 그렇다고 해서 난민이 모두 편자비로 알려진 것은 아니다. 인터뷰 중 아로라
   씨의 경우 자신은 북서변경주의 힌두 빠탄(Pathan)족으로서의 정체성을 가장
   우선시한다고 했고, 이러한 현상은 델리 북부에 1980년대 이후 건설된 데라왈
   나가르(Derawal Nagar)에 관한 까우르(Kaur)의 연구에서 잘 드러난다. 보다 자
   세한 것은 Ravinder Kaur 2005를 참조 바람.

7) 2007년 1월 30일 구글라니(H.C.Gughlani)씨와의 인터뷰. 구글라니 씨는 물탄에
   서 분단을 맞았으나 사태가 곧 잠잠해지겠거니 하고 생각하면서 한 동안 고
   향을 떠나는 것을 거부하고 움직이지 않았다. 그러다가 인도에서 일군의 무
   슬림이 그곳으로 오자 급히 피신하였으나 여전히 곧 고향으로 돌아올 수 있
   을 것으로 생각하고 돈과 귀중품을 마당에 숨기고 몸만 피하였다. 1947년 9월
   16일 라자스탄의 조드뿌르(Jodhpur)에 도착한 후에도 곧 돌아갈 수 있으려니
   생각하여 난민촌에 들어가지 않았다.

아리야 사마즈(Arya Samaj)나 국가자원봉사단이 주창하는 이데올로기와
관계없이 많은 사람들은 민족 운동을 주도하는 펀잡 문화로서의 자부심
으로 그것을 이해하였고, 회원 여부와 관계없이 네루 정부의 세속주의
를 지지하였기 때문이다.8)

  델리에 정착한 난민들은 처음에는 주로 자신들에 대한 외부자의 판단
을 기준으로 자기 정체성을 형성해갔다. 그 가운데 우선은 정부의 행정
절차에 의한 분류였다. 초기에는 공동으로 겪는 피난 생활에서의 어려
움, 고향을 떠나 이주해 온 외지인으로서의 동질 의식, 정부의 정착 정
책의 수혜 대상, 같은 난민끼리의 통혼 등을 통해 하나의 '난민' 정체성
을 형성해 나갔다. 하지만 동일한 난민이라 해서 하나의 범주 안에 포함
할 수 없는 다양한 범주가 존재하였고 특히 그 가운데에서는 이른바 상
류층 출신들은 '난민'이라는 범주화를 의식적으로 거부하였다. 그들의
대부분은 난민촌에도 정착하지도 않았고, 자신이 피난 올 때 가져 온 재
산 여부와 관계없이 정부로부터 어떠한 지원도 받지 않았다.9) 그러면서
이와 동시에 정부의 비호와 현지 주민과의 접촉 및 경쟁을 하는 과정에
서 하나의 '난민'으로서 일시적인 정체성을 형성하였다고 볼 수 있지만
그들에 대한 주류 사회의 적대적 환경은 지속되지 않았고 따라서 난민

---

8) 2007년 1월 30일 구글라니(H.C.Gughlani)씨, 차브라(M.L.Chhabra)씨와의 인터뷰.
   차브라 씨는 펀잡의 미란왈리(Miranwali) 출신으로 구글라니씨와 비슷하게 분
   단 직후 임시적인 것으로 생각하고 피난길에 올랐다. 두 사람 모두 정착 과정
   에서 국가자원봉사단의 도움을 받지 않았고, 자신이 힌두주의자라고 생각해
   본 적도 없었으며, 아직까지도 세속주의 정부의 지지자라고 한다.
9) 2007년 2월 8일 더뜨(V.P.Dutt)씨와의 인터뷰. 더뜨씨는 시알꼬뜨(Sialkot) 출신
   으로 당시 북부 인도 최고 교육의 도시인 라호르에서 석사 학위를 마치고 강
   의를 하는 도중 분단을 맞았다. 그는 비행기를 타고 델리로 왔고, 미국 유학
   후 델리대학교 교수 및 부총장까지 지냈다. 그는 단 한 번도 스스로를 난민이
   라 생각지 않는다고 했다.

으로서의 정체성이 지속되지는 않았다.

'난민'은 타자에 의해 부정적인 의미를 부여받은 용어이므로 초기부터 난민들 스스로 이 용어로서 자신들을 범주화 하는 것에 대해 큰 거부 반응을 보였다. 여기에는 사회적으로 난민을 의미하는 힌디어와 펀자비어로 쓰이는 '샤르나르티'(sharnarthi)가 남에게(의지할 만 한 곳과 같은) 도움을 구하는 사람 즉, 구걸하는 자의 의미를 내포하고 있었기 때문에 난민들이 이 어휘를 통해 사회적 범주화하는 하는 것을 거부한 것이다.10) 하지만 난민이라는 범주가 완전히 사라진 것은 난민촌의 소개로 인해 행정상 분류가 더 이상 필요치 않게 되면서인 것으로 보인다. 난민의 대부분은 초기에는 난민촌을 기반으로 하면서 경제적으로 생존하기 위해서 정부에서 지급하는 정착금과 정착을 위한 의복, 음식 등 생필품을 지급받기 위해서 어쩔 수 없이 샤르나르티 즉 난민으로서 불리는 것을 용인하였으나 그러한 물질적 필요성이 소멸되어가면서 곧바로 '난민' 정체성 또한 소멸되어 간 것이다. 정착은 1965년에 정부가 구호정착부(Ministry of Relief and Rehabilitation)를 내무부(Ministry of Home Affairs)

---

10) 2007년 2월 10일 히로 타꾸르(Hiro Thakur)씨와의 인터뷰. 타꾸르씨는 신드(Sindh) 주 하이데라바드(Hyderabad) 출신으로 분단 후 1948년 2월 배를 타고 인도로 이주해 왔다. 파키스탄 정부가 돈은 물론이고 생필품 하나 가지고 가지 못하게 하는 바람에 아무 것도 지니지 못한 채 완전히 빈털터리로 피난 왔다. 그는 델리에 정착한 후 샤르나르티로 불리는 것이 가장 싫었다고 한다. 그것은 본인이 파키스탄에서 상당한 규모의 비즈니스를 하는 사람이었고 그로 인한 자존심 때문이라고 했다. 그는 길거리에서 당과(mithai), 냉차(kulfi) 등을 팔면서 연명했는데 단 한 번도 남에게 거저 돈을 받은 적은 없었다고 했다. 타꾸르씨는 델리 사람들이 1960년대까지 난민을 샤르나르티라고 불렀지만 그 이후는 뿌르샤르티(pursharthi) 즉 능력 있는 사람이라고 부르기 시작했고, 이제는 빠르마르티(parmarthi) 즉 남에게 도움을 주는 사람이라고 부른다는 사실에 매우 자부심을 가지고 있다고 했다.

로 통합한 것을 계기로 하여 완료되었다. 이로서 더 이상의 '난민'은 존재하지 않고 이전의 대상자 모두 내부 시민의 일환으로 정착되었다. 법적으로나 사회적으로 이산민(pravasi, 혹은 displaced person)이나 난민이라는 용어가 사용되지 않은 것은 이즈음이었다.

하지만 난민들은 자신이 처한 사회 경제적 지위와 관계없이 정착 초기부터 동향인 중심으로 집단거주하였고, 특히 이 과정에서 난민끼리의 통혼을 통해 초기의 집단 정체성을 형성해갔다. 하지만 난민끼리의 통혼은 피난 과정이 불안함에 따라 딸을 빨리 결혼시켜야 한다는 부모의 뜻과 맞아 일시적으로 일어난 현상일 뿐이었고, 그들이 델리 사회에 통합된 이후는 뚜렷이 약화되었으니, 그 자리에는 카스트 내혼이 확고하게 자리 잡았다. 파키스탄 출신 난민들은 자신들의 정체성을 구성하는 문화적 요소로서 언어나 음식은 일정 부분 유지하였으나 그것이 특별히 델리 주민의 언어나 음식과 구별되는 정도는 아니었다. 그들만을 위한 특정 공간이 지속적으로 유지되지 않고 그에 따라 그러한 문화의 구별이 장소적으로 나타나지 않은데다가 주로 펀자비가 대거 이주하여 델리를 압도함으로써 델리 토착 문화가 펀잡화하는 현상이 발생했기 때문이다. 게다가 펀자비가 소수로 그치는 게 아니고 막강한 경제력을 차지하는 델리의 주도적 집단이 되었기 때문에 펀잡 문화가 따로 구별되어 유지되는 현상이 나타나지 않은 것이다. 여기에 현지 주민들이 난민들을 소외한 것이 적었기 때문이다. 이는 난민들로 하여금 델리지역 사회에 대해 긍정적이고 호감을 많이 갖도록 만들었으며 이로 인해 빠른 시일 내에 통합이 이루어진 것이다.

Ⅳ. 경제적 주도권 확보와 편자비 신화

델리가 대도시로 성장을 하게 된 가장 결정적인 계기는 1947년 분단 시기에 서파키스탄으로부터 유입된 풍부한 노동력과 자본의 유입이었다(Bopegamage: 55). 이는 곧 델리가 대도시로 성장을 하게 된 과정에서 파키스탄 출신 난민들이 경제적 주도권을 확립하였다는 것을 입증하는 것이 된다. 정착을 이룬 1970년대 이후 델리의 경제 사회적 주도권을 다투는 과정에서, 난민(특히 다수가 이주해 들어오면서 지역성을 강하게 표출해 낸 편자비) 델리 주민과의 차이를 상당히 드러났다. 델리 주민은 스스로를 점잖고, 온순하며, 물질에 대한 집착이 적은 반면에 편자비는 저돌적이고, 적극적이며, 물질 집착적인 것으로 보였다. 여기에 그들이 난민으로서 가진 집단적이고 공동체적인 성격이 더해지면서 델리 주민에게는 그들에 대해 상당한 차이를 느낄 수밖에 없었다. 그 과정에서 편자비는 전체적으로 토착 주민을 착취하는 자로, 잔머리 잘 굴리고, 거칠고, 돈의 노예인 사람으로(Keller: 252) 폄하되면서 사회 갈등의 원천으로 평가되기도 했지만 전체적으로 큰 갈등은 나타나지 않았다. 반면에 편자비가 경제적으로도 권력을 장악하면서[11] 편자비는 기업가적 자질을 가지고 있고, 여러 가지 재주가 많으며, 통이 크고, 용감하고 진취적이라는 긍정적인 평가를 스스로 만들어 갔고, 대도시 성장 과정에서 물질 권력을 장악한 그들이 만든 정체성은 나머지 델리 사람들 대부분은

---

11) 1961년 통계에 의하면 델리의 상업 시설은 14,000개에 달하는데 그 가운데 73% 정도가 시내─사다르(Sadar)─빠하르간즈(Paharganj)─까롤 바그지역에 몰려 있는데, 이 지역은 난민들이 집중적으로 몰려 있는 곳이다. 참조. Datta, 300-301.

부인하지 않았다. 그런데 더욱 흥미로운 것은 펀자비가 육체적으로도 델리 주민들보다 훨씬 우월하다는 평가를 스스로 하고 있었다는 것이다. 분단 때 인도-파키스탄 국경을 건너오면서 델리에서 파키스탄으로 건너 간 무슬림을 보고 펀자비는 힌두든 무슬림이든 모두 남성은 기골이 장대하고 여성은 피부가 희고 아름다운 반면 델리 사람은 힌두는 무슬림이든 간에 모두 왜소하고 소심하다는 것이다(Kaur 2007: 239). 지금까지 신화로서 상당한 대중적 영향력을 가지고 있는 이 이야기는 펀자비가 힌두로서의 정체성을 갖는 초기를 지나 사회 경제적으로 권력을 장악한 이후 펀자비로서의 정체성을 갖는 모습을 잘 보여주고 있다. 여기에서 펀자비에게는 종교보다는 지역이 자기 정체성의 근원으로서 중요한 역할을 하고 있음을 알 수 있다. 이러한 펀자비로서의 정체성의 확립은 1980년대 시크 문제와 결부되면서 매우 미묘한 정체성의 분화를 나타내게 된다.

난민과 델리 주민 사이에 문화적으로나 종족적으로 뚜렷이 구분되는 종족 정체성의 차이가 존재하지 않았다는 사실 또한 특기할 만하다. 즉, 다종족, 다문화의 인도 사회에서 문화나 종족으로 인한 차별이 전혀 존재하지 않은 것은 아니지만 적어도 델리라는 곳은 지역을 중심으로 하는 정체성을 강하게 가지고 있지 않았고, 그 지리적 위치가 서부와 북부 그리고 갠지스-야무나 도압 지역이 만나는 통합 지대로서의 역할이 강하였으며 특히 1920년대 이후 인도의 민족 운동의 중심지로서의 전국의 여러 문화를 통합하는 역할을 하였기 때문에 다른 어느 곳보다도 그 통합력이 강하게 작용하였다. 아래는 분단 당시 난민을 델리 주민들이 어떻게 받아들였는지를 잘 보여주는 널리 회자되는 이야기 하나다.

어느 날 나이 어린 난민 소년 하나가 시장에 있는 큰 설탕가게 주인에게
가서 설탕 두 포대만 외상으로 주시면 저녁때까지 갚겠노라고 부탁을 했다.
주인은 이 불쌍한 소년을 조금이라도 도와 줄 요량으로 그러마고 해 두 포대
를 포대 당 15루피에 주었다. 소년은 그 가게 앞에서 가게에서 파는 것과 동
일한 가격으로 설탕을 팔았고 저녁 때 30루피를 그 주인에게 갚았다. 그리고
똑같은 일이 다음날 이후 계속되었다. 주인은 이 일을 이상하게 여겨 왜 똑
같은 가격으로, 이익 한 푼도 안 남기고 파는 일을 하느냐고 물었더니 소년
이 말하기를 "설탕을 팔고 나면 그 포대가 남습니다. 포대 하나가 2루피 나
가니 그만큼의 이득을 보는 겁니다"라고 했고, 이에 주인은 그 소년의 근면
함과 적극성에 반했고, 그 소년은 나중에 큰 기업가가 되었다.

이 이야기는 그 사실 여부에 관계없이 델리 사람들이 오랫동안 사실
로 믿고 있는데 상당 부분 신화로서의 역할을 하고 있다. 그 서사적 구
조의 축은 델리 사람들이 갖는 '관용성'과 편잡 사람들이 갖는 '근면성'
그리고 그 둘의 조화로운 '통합성'에 있다. 하지만 사실은 꼭 그런 것만
은 아니니, 그 대표적인 예를 동일한 역사적 공간에서 델리 사람들이 파
키스탄으로 떠나지 않고 남은 무슬림에게 취한 태도로 인해서이다. 분
단 당시 델리에서 약 2만에서 2만5천 명의 무슬림이 살해된 사실은[12]
델리가 난민과 화합하는 자세를 취한 것이 델리 특유의 관용성 때문은
아니라는 사실을 입증해주고 있다. 결국 난민의 안정적 정착이라는 결
과적 관용성은 수도로서의 위치 속에서 네루 정부의 최대 과제인 국가
건설의 과업 속에서 '국민'으로서의 정체성의 확보라는 명제 속에서 이
해해야 할 문제인 것이다.

델리에서 난민이 안정 속에서 정착을 이룬 현상은 힌두 다수 지역이
지만 콜카타(Kolkata)로 이주해 온 벵갈 사람들의 경우나 파키스탄의 카

---

12) 델리 시민들의 무슬림에 대한 차별과 폭력에 대해서는 Pandey(2001: 128-134)
를 참조하기 바람.

라치(Karachi), 하이데라바드(Hyderabad) 등의 신드로 이주해 간 무슬림의
경우와는 판이하게 달랐다. 콜카타나 신드 지역은 벵갈이나 신드 지역
이 가지고 있는 독특한 사회 문화적 정체성을 강하게 가지고 있기 때문
에 이주민이 쉽게 통합하기 어려웠다. 특히 카라치, 하이데라바드 등의
신드 지역에서는 1958년 군부 쿠데타로 집권한 아유브 칸(Ayub Khan)
세력이 자신들의 권력을 강화하는 차원에서 이주민을 탄압하고 봉건적
이고 부족적인 세력을 키움으로서(Hassan: 67) 결국 파키스탄으로 이주
한 인도 출신 무슬림들은 통합을 이루지 못하고 우세한 인구수에도 불
구하고(Godbole: 210)[13] 사회에서 마치 아웃 카스트나 이등 시민과 같은
처지로 격리되었다. 결국 그들은 1980년대의 지아 울 하크(Zia-ul-Haq)
군부 독재 이래로 난민 민족 운동(Muhajir[14] Quami Movement)을 전개하
면서 수차례의 유혈 폭력 사태가 터졌고, 이것은 지금도 종족성을 기반
으로 하는 권력 투쟁의 최전선에 있다.

　하지만 펀자비가 난민이나 힌두로서의 정체성보다는 펀자비로서의
정체성을 적극적으로 가질 수 있게 된 것은 우선적으로 인도 정부의 통
합을 기반으로 하는 국가 건설의 정책 때문이었다. 이는 탈식민 국가 건
설의 시기에 가장 필요한 것은 국민 정체성이었고, 이 시기가 분단과 정
체성의 이격이 발생하면서 난민이 이주해 오는 시기와 일치하였기 때문
에 종교를 기준으로 하는 정체성보다는 통합의 대상이 되는 지역이 정
체성의 기준으로 유도된 것이다. 이에 난민들은 긴 시간이 흐르기 전에
힌두로서의 종족 정체성보다는 펀자비로서 국민으로 자리 잡게 된 것이

---

13) 1951년도에 카라치에서는 신드 주민은 14%, 이주민은 58%였고 하이데라바드
　에서는 전체 인구의 66%가 이주민이었다.
14) 원래는 뜻이 '이주민'이었으나 지금은 '파키스탄으로 이주해 간 무슬림 이주
　민'을 지칭하는 용어가 되었다.

다. 여기에 초기 난민들은 반이슬람이라는 정치적 분위기 아래 힌두와 시크 사이에 특별한 구별 없이 모두 '힌두'의 범주로 환영을 받았다는 사실 또한 힌두 정체성이 오랫동안 지속되지 않은 이유로 작용하였다.

V. 1984년 시크 대학살과 정체성의 변화

한 연구자의 조사에 의하면, 현재 시점에, 편잡 출신 난민들 가운데 64.8%가 스스로를 '인도인'으로의 정체성을 우선적으로 가지고 있고 16.5%가 편자비로서 정체성을 우선 가지고 있으며 13.2%는 힌두로서의 정체성을 우선적으로 가지고 있다(Kaur 2007: 221). 이는 일반적으로 널리 알려진 편잡 출신 난민들이 갖는 정체성은 편자비로서의 정체성이나 힌두로서의 우선적 정체성이 객관적 사실에 기반하고 있지 않는다는 것을 보여준다.

초기 난민 정착 시기와는 달리 그들의 정체성이 종교나 지역으로서보다 국민으로서 확고하게 자리 잡은 것은 1980년대 시크의 분리주의 운동이 격화되면서 발생한 소위 편잡 문제와 관련이 있다. 편잡에서 이주해 온 시크는 칼리스탄(Khalistan)을 주창함으로써 인도 국민임을 거부하였고, 뿐만 아니라 인도를 힌두의 나라로 인식하면서 힌두와 적대 관계를 만들었다. 이로 인해 같은 편자비 안에서 시크 편자비와 힌두 편자비라는 종교를 기준으로 하는 정체성이 강화되었다. 힌두-무슬림 갈등과는 달리 당시 인도 정부가 국민국가인 인도의 주권과 영토를 위협하는 집단으로 시크 집단을 주변화 시켰던 정치적 상황은 '시크교'와 '편자비'이라는 근원적 요인들과 시너지 효과를 냄으로써 보다 선명한 형식의 시크 종족성이 등장하도록 하였다(김경학: 156). 이러한 정치적 과정이 진행되면서 편잡 출신 힌두들은 자신들이 편자비라는 정체성을 밝히기를 매우 곤혹스러워 할 수밖에 없었다. 이는 편잡 출신 힌두 난민들이 적어도 공적 공간에서는 편잡어를 사용하는 것을 꺼려했다는 사실을 통해 알 수 있다.15) 1984년 델리에서의 시크 학살 사태 과정을 통해 이러한 현상은 더욱 두드러지는데, 그들은 자신들의 모어인 편잡어보다는 국가 언어이면서 힌두를 표상하는 이미지를 가지고 있는 힌디를 선호하게 되고, 이것이 정체성의 변화에 중요한 계기를 제공하였다. 그리고 여기에 그 동안 영국 식민기를 거치고 난민으로서의 델리 정착 과정을 통해 형성된 용감하고 근면한 남성적인 이미지가 1984년 학살을 통해 비참한 패배자로서의 이미지로 전락하면서 사회적 약자 내지는 소외자로서 정체성이 형성되었기(Lal: 315-322) 때문에 그 상황을 회피하고 싶었기 때문이었다. 결국 그들은, 적어도 공적 공간에서는, 스스로를 편자비라기보다는 인도인이라고 간주하는 것을 우선한 것이다.

많은 편자비 힌두들이 난민으로서 이주를 시작할 당시 가지고 있었던 아리야 사마즈 혹은 국가자원봉사단과의 유대감은 반시크 분리주의의 차원에서 더욱 강화되었다. 결국 불과 한 세대 전에만 해도 난민으로서 동일한 편자비들의 정체성을 가지면서 델리에 정착한 그들은 한 세대의 정치적인 소용돌이 속에서 두 개의 종족 집단으로 분리되기에 이른 것이다. 이러한 현상은 특정한 정치적 현상으로 인한 정체성의 일시적 변화로 볼 수 있는데, 유독 델리에 거주하는 편자비들에게 강하게 나타나는데, 이를 사회적 강요에 의한 정체성 변화라 부를 수 있을 것이다.

편자비들의 정체성 변화가 1970년대 정치적 상황과 관련을 맺고 있다는 것은 동일한 난민이지만 신디(Sindhi 신드 사람)에게는 이러한 정체성의 변동이 나타나지 않는다는 사실을 통해서 입증할 수 있다. 신드 출신

---

15) 2007년 1월 30일 차브라(M.L.Chabra)씨와의 인터뷰.

난민은 여전히 '힌두'나 '인도인'의 정체성을 가지고 있으며 여전히 자신을 규정하는 제1의 정체성은 신디이다.16) 이는 펀자비의 경우와는 달리 신디의 정체성이 인도인의 정체성과 충돌하지 않기 때문인 것으로 보인다. 동시에 신디의 경우에는 최근 발생한 인더스 문명의 기원에 관한 힌두 우파들의 준동에 상당한 영향을 받아17) 인더스 문명의 기원 출신으로서의 자부심을 크게 가지고 있고 이를 통해 힌두주의에 편향된 정체성을 매우 강하게 가지고 있다. 이는 결국 넓은 의미에서의 힌두-인도인 정체성과 상응하는 것이기 때문에 펀자비의 경우와 같은 충돌 현상이 생기지 않은 것이다.

분단 후 난민들은 정착을 거치면서 집단적으로 정치 조직화를 시도하면서 정체성의 정치를 시도해 본 적은 없다. 그들은 난민으로서 사회주의 계열의 정부로부터 상당한 혜택을 받았기 때문에 회의당을 지지하는 경우도 있었지만 전체적으로 오랫동안 민족주의 계열의 정당[인도국민당(Bharatya Janata Party)과 그 전신들]을 지지하는 경향을 보인 것은 분명한 사실이다. 그것은 분단 이전 주로 펀잡에서부터 아리야 사마즈 이래로 힌두 민족주의의 영향을 많이 받았거나, 분단 과정에서 이슬람에 대한 반감으로부터 인한 경우가 많았다(Jafferelot: 182). 그렇지만 보다 중요한 이유는 회의당이 사회주의형 경제 정책을 추진한 반면, 민족주의 계열의 정당은 자본주의형 경제 정책을 추진하였고, 난민의 다수 집단은 파키스탄에서 도시 출신이 압도적으로 많았기 때문에(Rao & Desai:

---

16) 2007년 2월 10일 히로 타꾸르(Hiro Thakur)씨와의 인터뷰
17) 인더스 강이 현재 파키스탄에 위치해 있다는 사실로 인해 인도가 세계 고대 문명 발상지라는 자부심에 상처를 입게 되자 원래의 인더스 문명은 지금은 사라지고 없지만, 현 인도의 국경 내에 있는 사라스와띠(Saraswati) 강에서 기원하였다는 극우 힌두주의자들의 이론. 보다 자세한 것은 이광수, "아리야인 인도 기원설과 힌두민족주의" 『역사비평』 61집. 2002.11 참조 바람.

111) 자연스럽게 친자본주의 정당을 지지한 것이다. 따라서 그들 정치 행태는 상당 부분 경제적 시장 논리에 의한 것이었고, '난민' 혹은 '힌두'를 기반으로 하는 종교 공동체적 정치 성향을 보이지는 않았다. 이는 파키스탄 출신 난민들은 한 때는 정착 사회의 주변 집단으로 남아 있었지만, 주류 사회에 동화하여 '귀환의 신화'조차도 가지지 않은 채 고향으로 돌아가는 것을 포기한 집단이고 나아가 정착지인 인도의 국민으로서 정체성을 가지고 살기를 선호하고 있다는 사실과 연결되어 있다.18) 이는 인도의 경우에는 두 개의 국가가 분리 독립하였고 그 상태가 지금도 진행 중이라는 현재의 정치적 사실과 관련을 가지고 있다.19)

VI. 나가면서

1947년 분단을 전후로 하여 발생한 파키스탄 난민은 현재로서는 인도 내에서 특별한 사회적 정치적 문화적 의미를 가지고 있지 않다. 그들은 대부분의 델리 시민과 다를 바 없는 일상을 살아가고 있다. 차라리 그 안에서 델리가 펀잡 문화에 점령되다시피 하였으니 펀잡 출신을 주로 한 파키스탄 힌두 난민은 분단 이후 델리 사회에 완전 용해되었다.

---

18) 2007년 1월부터 4주 동안 실시한 인터뷰에서 14명의 1세대들 모두 기회가 되면 고향 방문을 하고 싶(다거나 이미 했)지만, 두 나라가 통합한다거나, 그곳으로 돌아가고 싶은 마음은 전혀 없다고 했다.

19) 이와는 달리 한국의 경우에는 월남인 연결망과 동향 조직을 가지고 있으며 대부분은 아니지만, 일부는 흡수 통일의 주도 세력으로 활동하고자 하고 있는 것이 사실이다(김귀옥 1999: 348-357). 한국의 경우는 여전히 헌법상 북한이 한국의 영토 내에 속하고, 북한 정부를 국가가 아닌 불법 단체로 인식하고 있기 때문이다.

그렇지만 이렇게 되기에는 그 동안 상당한 정체성의 변화를 겪었으니, 그들은 60년의 시간 동안 크게 난민, 힌두, 펀자비(혹은 신디 등 지역성을 중심으로 하는 정체성) 그리고 인도인이라는 네 가지의 정체성이 복합적으로 형성되었다. 네 가지의 정체성이 정치·경제·사회적 위치의 변화 그리고 시간의 흐름에 따라 복합적으로 달리 표현되지만, 초기에는 외부에 의해 난민과 힌두로 인식되다가, 델리 시민으로 정착이 완료되어 가던 1960년대 이후부터는 '펀자비'와 같은 각 지역을 우선으로 하는 정체성으로 표현되다가 1980년대 이후로는 시크와 차별화 짓는 맥락 속에서 인도인으로서의 국민적 정체성이 강하게 형성되고 있다.

난민들이 1947년부터 정착하여 안정된 생활을 하는 데는 20년 동안 그들은 한 편으로는 새로운 정착지로서 델리라는 새로운 장소가 존재의 근원이 되었고 또 다른 편으로는 파키스탄에 있는 고향이 근원으로서 망각의 존재가 되었다. 존재지로서의 장소 교체는 난민에게 정체성의 변화를 가져다 준 중요한 계기가 되었다. 정체성 변화의 최종 귀착지는 피난 당시 가졌던 귀향 의사의 포기였다. 그들은 돌아가야 하는 존재로서의 고향을 가지고 있는 것이 아니라 추억의 대상으로서 한 번 쯤은 가보고 싶은 고향으로서의 의식을 가지고 있을 뿐이다.[20] 그 사이에서 파키스탄은 조국도 모국도 아닌 존재가 되었고, 실체로서나 상상으로서나 더 이상 뿌리나 귀환의 대상으로 존재하지 않았다. 이는 그들이 새로운 장소에서 수적으로나 물질적으로나 문화적으로 지배적 집단으로 성장하였고, 따라서 인도와 파키스탄의 적대 관계가 더 이상 디아스포라

---

20) 실제로 인도와 파키스탄의 정치적 상황이 호전되면서 경제적 여건이 마련된 사람들의 상당수는 이미 자신의 고향을 방문한 적이 있거나 앞으로 할 의사를 가지고 있다. 이러한 내용은 현지 조사 중 인터뷰 대상자 모두에게 나타나는 공통적인 현상이다.

를 구성하는 식민 지배나 인종 차별과 같은 '일상의 삶을 구속하는 요
인'(서경식: 166)으로 작용하지 못했기 때문이었다.

<참고 문헌>

김경학. 2005. "시크 종족성의 성격: 원초주의와 상황주의의 통합적 접근"
　　『종족과 민족: 그 단일과 보편의 신화를 넘어서』. 서울: 민음사.
　　155-180.

김귀옥. 1999. 『월남인의 생활 경험과 정체성: 밑으로부터의 월남인 연구』.
　　서울: 서울대학교출판부.

서경식(임성모, 이규수 옮김). 2006. 『난민과 국민 사이』. 서울: 돌베개.

이광수. 2002. "아리야인 인도기원설과 힌두민족주의" 『역사비평』 61집.
　　321-341.

Bhutalia, Urvasi. 1998. *The Other Side of Silence: Voices from the Partition of India*. New
　　Delhi: Penguin.

Bopegamage, A., 1957. *Delhi: A Study in Urban Sociology*. Bombay: University of
　　Bombay.

Datta, V. N., 1986. 'Panjabi Refugees and the Urban Development of Greater
　　Delhi,' in R.E. Frykenberg(ed.), *Delhi Through the Ages: Selected Essays in
　　Urban History, Culture and Society*. Delhi: Oxford University Press. 287-305.

Godbole, Madhav. 2006. *The Holocaust of Indian Partition: An Inquest*. New Delhi:
　　Rupa.

Hassan, Amtul. 2006. *Impact of Partition: Refugees in Pakistan. Struggle for Empowerment
　　and State's Response*. Delhi: Manohar.

Jaffrelot, Christopher. 2000. The Hindu Nationalist Movement in Delhi: from

'Locals' to 'Refugees-and towards Peripheral Groups' in Veronique Dupont, Emma Tarlo, Denis Vidal(eds.) *Delhi. Urban Space and Human Destinies*. 181-203.

Kaur, Ravinder. 2005. 'Claiming Community Through Narratives: Punjabi Refugees in Delhi,' in *The Idea of Delhi*(Mumbai: Marg Publications). 54-68.

Kaur, Ravinder. 2007. *Since 1947: Partition Narratives among Punjabi Migrants of Delhi*. New Delhi: Oxford University Press.

Keller, Stephen. 1975. *Uprooting and Social Change*. Delhi: Manohar Publisher.

Lal, Chaman. 1999. 'The Image of Punjabi Community in Hindi Literature: Post 1984 Scenario', in Pritam Singh, Shinder Singh Thandi(eds.) *Punjabi Identity in a Global Context*. Delhi: Oxford University Press.

Mehdi, Syed Sikander. 2003. 'Refugee Memory in India and Pakistan', in Deschaumes, Ghislaine Glasson & Iveković(eds.) *Divided Countries, Separated Cities: The Modern Legacy of Partition*. 85-95.

Pandey, Gyanendra. 2001. *Remembering Partition: Violence, Nationalism and History in India*. Delhi: Cambridge University Press.

Randhawa, M. 1954. *Out of Ashes: An Account of the Rehabilitation of Refugees from West Pakistan in Rural Areas of East Punjab*. Chandigarh: Punjab Public Relations Department.

Rao, U. B. 1967. *The Story of Rehabilitation*. New Delhi: Publication Divisions, Ministry of Information and Broadcasting.

Rao, V. K. R. V. and Desai, P. B. 1965. *Greater Delhi: A Study in Urbanization 1940-1957*. New Delhi: Planning Commission of India.

Singh, V. B. 2000. 'Political Profile of Delhi and Support Bases of Parties: An Analysis', in Veronique Dupont, Emma Tarlo, Denis Vidal(eds.) 205-225.

Vertovec, Steven. 2000. *The Hindu Diaspora: Comparative Patterns*. London and New York: Routledge.

제3장
국제이주와 편자비의 '이주문화'

김 경 학*

Ⅰ. 들어가는 말

전통적으로 이주(migration)에 관한 연구들은 이주를 모국에서 정착국으로 사람과 문화가 이동하는 현상으로 전제하였다. 따라서 대부분의 이주연구는 이주자의 모국보다는 이주를 수용한 국가의 입장에서 이주자의 정착 국가에 대한 동화, 갈등, 조화 등을 주요 주제로 삼았다. 그러나 1980년대 말 무렵부터 초국가적 시각(transnational perspective)에서 수행된 이주 연구들은 이주자가 국민국가의 영토를 벗어나 모국과의 다양한 관계를 유지하고 있는 점을 강조하기 시작했다. 인도인의 국제 이

* 전남대학교 인류학과 부교수.

주의 역사에서 영국 제국주의시기에 카리브해와 남태평양 일대로 이주하여 모국과의 관계가 거의 단절되었던 인도인 계약노동자(indentured laborers)를 제외한다면, 사실상 인도인 해외 이주자 역시 모국과의 관계를 유지해 왔다고 볼 수 있다. 다만 20세기 중반 이후 교통과 통신수단의 획기적인 발달로 이주자와 모국과의 네트워크의 빈도와 밀도가 급격히 향상되었음은 이론의 여지가 없다(Kearny 1995, Portes et al. 1995, Smith and Gurnaizo, 1998, Vertovec and Cohen, 1999).

인도인을 중심으로 한 남아시아인의 19~20세기 국제이주와 관련된 대부분의 연구들은 이주지에서 남아시아인의 현지 적응, 원주민과의 사회적 관계, 남아시아인 공동체의 형성 등을 종교, 카스트, 가족과 혼인이라는 사회·문화적 요인과 연결 지어 논의해 왔다(Jain, 1993). 그러나 1990년대 중반 이후 남아시아인에 대한 이주관련 연구들은 국민국가의 경계를 뛰어넘어 이주자와 모국과의 다양한 초국가적 네트워크의 연결에 주목하고 있다(Ballard 2003, Gardner & Grillo 2002, Lessinger 2003, Mand 2002, Mooney 2006, Voigt-Graf 2004, Walton-Roberts 2001).

일반적으로 이주연구는 이주 국가와 이주자 당사자를 연구의 주요 대상으로 삼는다. 초국가적 시각이 비록 모국과 이주자 간 네트워크의 내용과 성격을 강조하고 있지만, 이들 연구에서도 국제이주를 발생시킨 이주자 모국의 환경, 이주과정, 모국에 끼치는 영향에 대한 관심은 여전히 뒷전으로 밀려 있다. 그러나 국제이주의 사회·문화적 의미를 포괄적이고 체계적으로 규명하기 위해서는 이주 수용국가 뿐 아니라 이주자 모국의 지역사회와 개인들에 대한 이야기가 상세히 기술되어야 한다.[1]

---

1) 이를 위해 마커스와 피셔(Marcus and Fisher 1986)가 제시한 '다중적−지역의 현장연구'(multi-sites field research) 방법에 따라 해외 이주한 인도인 사회 뿐 아니라 모국 사회를 함께 현지 조사하는 연구가 시도되고 있다(Walton-Roberts 2001).

그간의 이주 수용국가 중심적인 연구들을 비판적인 시각으로 바라보는 일부 학자들은 주요 이주 수용국가들, 예컨대 북미와 유럽 등이 주로 북반구에 위치해 있음을 부각시켜, 이주연구에 '선진국 중심적'인 경향이 있었음을 지적하고 있다(Gardner & Osella 2003: xi).

더욱이 21세기 들어 더욱 강화되는 이주자와 모국 간의 초국가적 관계를 적절히 이해하기 위해서는 이주자의 이주 과정과 이주로 인해 야기되는 모국 사회의 사회·문화적 변화에 주목할 필요가 있다. 캔달과 메시(Kandal and Massey 2002)에 의해 널리 사용된 바 있는 '이주문화'(culture of migration)라는 개념은 이주가 모국에 끼친 영향을 파악하는데 매우 유용하다. 특히 이 개념은 이주 발생국의 다수의 사람들을 국제이주 하도록 만드는 사회·문화적 분위기를 연구하는데 유용하게 이용될 수 있다. 캔달과 메시는 주로 이주를 발생시키는 경제적 요인과 이주 네트워크를 분석하는데 이 개념을 이용하고 있지만, 이주로 인한 가족과 혼인에 대한 전통적 개념의 변화, 가치관과 사회구조의 변화 등 포괄적인 주제들도 '이주문화'라는 개념을 통해 분석될 수 있을 것이다.

인도사회의 이주연구에서 명시적으로 '이주문화'라는 개념을 이용한 연구는 소수에 불과하다. 그러나 이 개념을 굳이 사용하지는 않았지만 헬벡(Helweg 1979)과 같은 연구자는 영국거주 편잡 출신 시크 연구에서 국제이주가 편잡과 그곳 사람들의 삶에 끼친 영향을 규명한 바 있기 때문에, 그의 연구는 '이주문화'에 관련된 선행연구의 하나로 간주될 수 있을 것이다. 또한 국제이주로 인해 남아시아 지역의 사회적 분화가 일어나고, 송금이 지역사회의 지위구조를 변화시키는 양상을 다룬 일부 기존 연구들(Gardner 1995, Ghosh 1992, Kurien 2002, Osella and Osella 2004)도 마찬가지로 이와 같은 주제에 대한 논의에 포함된다.[2]

---

2) 국내 학계에서 해외 남아시아인 사회를 다룬 연구들은 소수에 불과하며, 더

'이주문화' 개념을 구체적으로 적용하여 인도사회를 분석한 최초의 연구는 알리(Ali, S. 2007)의 하이데라바드(Hyderabad)의 무슬림 커뮤니티에 대한 연구일 것이다. 알리는 모국에서 쉽게 취업될 수 있지만 국제이주 하기는 어려운 상황 하에서, 왜 전문가 집단과 비숙련 노동자 집단이 미국과 사우디아라비아로 이주하고자 그토록 노력하고 있는가를 '이주문화'라는 개념을 이용하여 분석하고 있다.

사실 '이주문화'의 개념은 미국으로의 이주를 열망하는 멕시코 사회를 분석하는데 유용하게 사용되어 왔다. 예컨대 라우스와 스미스 연구(Rouse 1995, Smith 2006)는 '이주문화' 개념을 이용해 미국행 국제이주를 열망하는 멕시코 사회와 이들의 사회적 행위들을 분석하고 있다. 또한 캔달과 메시(2002)의 연구와 코헨(Cohen, J. 2004)의 연구 역시 '이주문화' 개념을 이용하여 멕시코인의 미국행 이주가 이들에게는 일종의 일상생활 경험의 부분이 되어버린 멕시코 사회의 문화적 분위기를 체계적으로 분석하고 있다.

본 연구는 국제이주가 모국에 남아 있는 개인, 가족, 지역사회에 끼치는 영향을 규명하기 위해, 국제이주와 관련하여 인도 편잡 지방에서 표출되는 다양한 사회·문화적 표현(socio-cultural expression)과 사회적 행위들을 '이주문화'라는 개념을 동원하여 분석하고 있다. 본 연구가 수행된 편잡주 도압(Doab)3) 지역의 잘란다르(Jalandhar) 군의 '치마 카란'(Chemma Kalan) 마을과 마을 사람들은 이주 열병에 지독히 걸려 있다. 본 연구는

나아가 해외 남아시아인이 모국사회에 끼친 영향에 대한 연구에는 박정석(2007)의 연구가 있다.
3) 편잡의 서트레즈(Sutlej)강 이남 지역은 '말와'(Malwa)로, 서트레즈강과 라비(Ravi)강 사이 지역은 '도압'(Doab)으로, 도압 북쪽으로부터 파키스탄 방향은 '마자'(Maajha)로 불린다. 도압지역은 루디아나, 잘란다르 군에 해당하는데, 해외 이주민의 많은 수가 이 지역 출신이다.

다음과 같은 구체적 사회·문화적 양상들을 강조하거나 규명하고자 한다.4) 첫째, 편잡 지역의 '이주문화'의 형성이 편잡의 '식민주의와 이주'라는 독특한 역사적 경험 및 국제 경제적 환경과 밀접히 연결되어 있음을 강조한다. 둘째, 편잡 지방 사람들의 국제이주 열망의 지속성을 송금 경제와 지위 경쟁이라는 요인을 중심으로 설명한다. 셋째, 국제이주가 가져온 여성 중심 가족 형태와 이주전략으로서의 혼인의 성격을 밝힐 것이다. 넷째, 국제이주의 현상을 더욱 일상적으로 만들고 있는 초국가적 연결의 강화에 대해 설명할 것이다.

II. '이주문화'와 편자비의 국제이주

1. '이주문화'

캔달과 메시(2002)는 미국에 이주한 멕시코인들에 대한 연구에서 '이주문화'의 개념을 포괄적으로 설명한 바 있다. 이들은 국제이주가 특정 커뮤니티에 지배적으로 자리 잡아가면 해당 커뮤니티의 가치와 문화적 개념은 미래의 이주 가능성을 높이는 방향으로 변화되는 경향이 있음을

---

4) 본 연구는 2007년 1월에 편잡 지방에 체류하며 수행되었다. 인터뷰를 한 대상은 총 31명인데, 이는 자트 시크(Jat Sikh) 15명, 람가리아 시크(Ramgharia) 4명, 브라만 3명, 나이 2명, 라비다스(Ravidas) 4명, 발미키(Valmiki) 3명으로 구성된다. 인터뷰를 특별히 이주자가 많은 가구만을 선별하여 행하지 않았음에도 불구하고, 인터뷰에 응한 대부분의 가족은 해외에 가족원의 일부(증조부를 공유한 친족 구성원을 포함하여)를 두고 있었다. 인터뷰 대상의 선정은 초기에 소개받은 인터뷰 대상이 다른 대상을 소개해 주는 방식으로 연구 기간이 늘어나면서 대상자도 증가되어 가는 일종의 '눈덩이 굴리기 표본조사'(snowballing sampling) 방식이 사용되었다.

강조하였다. 이주가 사람들의 행위 목록 속에 깊이 각인되어감에 따라 이주와 관련된 가치들이 커뮤니티의 주요 가치 중의 일부로 자리 잡게 된다. 일단 '이주문화'가 형성되면 국제이주는 해당 커뮤니티의 젊은 남성들, 경우에 따라 여성들에게 일종의 통과의례로 자리 잡는다. 따라서 국제이주를 통해 자신의 지위향상을 위해 노력해보지 않는 젊은이들은 게으르고, 진취적이지 못할 뿐 아니라, 바람직스럽지 못한 사람으로 간주되기 쉽다. 일반적으로 문화가 해당 커뮤니티의 핵심적 가치를 표현하는 상징이라면 '이주문화'가 팽배해 있는 지역에서는 이주하거나, 또는 이주자를 한 명이라도 두고 있는 가족은 '정상적인' 가족으로 인정받게 된다.

한편 알리(2007)는 이주와 이주자를 환대하는 생각, 실천, 문화적 장치를 '이주문화'라고 조작적으로 정의하고서, '이주문화'에는 이주와 관련된 신념, 의욕, 상징, 신화, 교육, 찬양 등이 포함된다고 한다. '이주문화'가 팽배해 있는 사회에서는 우선 해외에 친인척을 두고 있는 사람들이 이주를 실행하도록 크게 동기화된다. 그러나 국제이주가 일상적으로 일어나는 환경에서는 해외에 친인척이 없는 사람들까지도 기회를 만들어 이주하도록 자극하는 문화적 풍토, 즉 '이주문화'가 팽배해 있기 십상이다. 즉 '이주문화'가 일반화 되어 있는 사회적 환경에서는 해외에 기존 네트워크를 갖고 있는가의 여부에 상관없이 사람들을 국제이주 하도록 자극하는 문화적 풍토가 발견된다.

'이주문화'가 확산되어 있는 사회에서는 이주자의 사회적 지위는 비이주자보다 높이 평가되는 경향이 있다. 따라서 이주는 혼인 시장(marriage market)에서 자신의 가치와 지위를 높일 수 있는 가장 빠른 방법이 된다. 예컨대 씨앙(Xiang 2001)의 연구는 '이주문화'가 팽배해 있는 인도 안드라 프라데시(Andra Pradesh) 주에서 해외에 거주하는 안드라 프라데시 출신 IT 남성 기술자와 혼인하려는 신부 측은 거액의 신부지참금을 준비해야 한다. 신부지참금 액수는 신랑감인 해외 IT기술자가 머무르고 있는 국가들에 따라 차등이 있는데, 예컨대 미국, 영국, 호주, 동남아 순으로 고액의 지참금이 요구된다. 씨앙의 연구가 보여주듯이 '이주문화'로 인해 나타나는 다양한 사회·문화적 양상들의 규명을 위해서는 이주를 보내는 모국과 이주가 결정되는 과정 등 다양한 이주 관련 양상들에 대한 현지조사를 통한 상세한 기술(記述)이 요구된다.

2. 편잡의 이주사와 '이주문화'

사실 '이주문화'가 편잡 지방에 자리 잡은 역사는 인도의 어떤 다른 지역보다 깊다. 편잡 지방의 '이주문화'의 기원은 영국 식민주의와 동기간 내에 발생되었던 이주의 상호작용 산물로 볼 수 있다. 편잡 지방은 1849년 영국 식민통치하에 들어갔다. 영국식민지기 동안 편자비의 눈을 해외로 돌리게 한 계기는 소위 '캐널 컬러니'(Canal Colonies)의 조성과 자트 시크의 영국 군대 입대였다. 영국 식민당국은 농산물 생산량 증대를 위해 인구밀도가 낮은 황무지였던 편잡의 서부지대에 수로를 설치해 개관시킨 후 편잡의 중부지역 사람들을 이주시켰다. 영국식민지 당국은 토지는 비옥하지만 전체 토지 규모에 비해 인구밀도가 크게 높았던 중부지대의 잘란다르, 호시아르푸르(Hoshiarpur), 루디아나(Ludhiana), 구르다스푸르(Gurdaspur), 암리차르(Amritsar) 군의 농민들을 막 개간된 서부지방으로 이주시켰다. 당시 서부의 농지를 불하받은 대부분의 농민들은 영국 식민당국으로부터 가장 부지런한 경작자로 인식된 자트 시크들이었다. 자트 시크 외에 영국 군대에 일정 기간 복무한 사람들도 개간된 일부 농지를 연금의 형태로 받을 수 있었다. 캐널 컬러니에서의 생산량의 증대와 농지와 생산물 가격의 상승으로 자트 시크 농가들의 일부 가족원은 국제이주에 필요한 운임을 감당할 수 있게 되었다.[5]

영국 식민당국은 소위 '세포이'(용병)에 의해 주동된 '1857년 대 폭동' 진압 때 보여준 자트 시크의 용맹성에 인상받아 시크를 '군인에 어울리는 종족'(martial races)으로 인식하게 되었다. 1858년부터 제 1차 세계대전 기간 동안 인도 육군에 복무했던 시크의 수는 급증하였으며, 이들 대부분은 농촌출신 자트 시크였다. 시크 연대 소속 자트 시크들은 영국군 주둔지였던 극동지역, 아프리카, 유럽 등에 배치되었으며, 군복무 기간의 종료와 함께 일부는 현지의 경찰이나 경호 분야의 취업으로 현지에 정착하였다. 1897년 빅토리아 여왕 즉위 60주년 기념퍼레이드에 영국군 소속 시크 군인들 일부는 행사 후 퇴역한 후 캐나다 밴쿠버에 잔류하여 노동일을 시작하였다. 한편 귀국한 퇴역 군인들은 캐널 컬러니의 농지를 보상으로 받았지만, 이 가운데 일부는 홍콩, 싱가포르, 말레이시아, 북미, 영국 등으로 다시 이주를 하였다.

캐널 컬러니 조성과 영국군 입대라는 역사적 사건들은 편잡 지방의 자트 시크를 중심으로 한 국내외 대규모 이주를 발생시켰다. 그러나 당시 해외 이주를 선택한 자트 시크들은 가난한 사람이 아닌 '먹고 살만한' 농부들이었다(Lessinger 1995). 당시 이주자의 새로운 세계에 대한 도전과 호기심도 있었겠지만, 이주자 대부분은 가난 극복보다는 이주를 통해 더 많은 농지를 구입하고 새로운 주택을 건축함으로써 가족의 명예, 즉 '이자트'(izzat)를 드높이고자 이주하였다(McLeod 1986).

---

5) 20세기 초에 캘커타에서 홍콩까지의 운임은 200루피였고 그곳에서 밴쿠버까지는 당시 가격으로 2에이커의 농지가격이었다. 따라서 당시 해외로 가족원을 보낸 자트 시크 농민들은 먹고 사는데 어려움이 없는 중농이거나, 최소한 운임을 마련해 주기 위해 저당할 농지를 소유한 자영농이었다(Tatla 2004: 48).

대장장이 로하르(Lohar)와 목수 타르칸(Tarkhan)을 '람가리아 시크'라 부르는데, 이들은 영국 식민지기에 케냐와 우간다 등의 동아프리카 지역의 계약노동자로 이주하였다. 이들은 케냐의 몸바사(Mombasa)와 우간다의 캄팔라(Kampala)를 연결하는 철도부설 작업에 투입되었으며, 계약기간 만료 후 대부분이 현지의 도시 지역에 정착하였다.

영국 식민지기에 발생한 대규모 펀자비의 국제이주는 펀잡, 특히 도압 지역 농촌에 '이주문화'의 초기 형태를 조성하였다. 이미 펀잡 중부에서 캐널 컬러니로의 국내 이주와 영국군대 입대와 함께 해외 주둔 경험은 당시 도압지역 사람들의 이주 지향적인 태도 형성에 큰 영향을 주었다.

1947년 독립 이후 영국의 전후 경제 호황이 시작되면서 펀자비를 포함한 남아시아 사람들은 영국으로 대거 이주하였다. 영국은 노동력의 부족으로 그때까지 유색인종들에게 허용되지 않았던 직종의 문호를 개방하였다. 이러한 소식이 펀잡의 친족과 마을 동료들에게 전해지면서 영국으로의 대규모 펀자비 입국이 시작되었다. 펀자비가 가장 열악한 환경에서 노동하였음에도 불구하고 이들은 인도보다 월등히 많은 임금을 영국에서 받을 수 있었다(Ballard 2003). 밀려오는 아시아인들의 입국을 제한하기 위한 '취업허가'(work permit) 제도가 1962년 도입되었으나 이들의 유입을 막을 수는 없었다. 1965년 취업허가제가 중지되자 홀로 있는 남편과의 재결합을 위해 영국으로 떠나는 시크 부인과 자녀가 속출하였다.6) 한편 1980년대부터 이태리, 스페인, 포르투갈, 그리스 등의

---

6) 또 한번의 시크의 대규모의 이주는 1960년대와 70년대에 발생하였다. 영국 식민지였던 동아프리카 국가들이 그곳의 인도인을 강제로 추방시키면서 야기된 이주로서 당시 영국으로 이주한 사람들의 대부분은 식민지기 동안 아프리카에 정착한 람가리아 시크들이었다. 이들 가운데 일부는 영국에 도착한 후 다시 북미로 이주를 떠나기도 하였다.

남부 유럽인들이 영국 등 서유럽으로 이주하자 노동력 송출국가였던 이들 국가들은 1980년대 말부터 1990년대 중반까지 동유럽, 북아프리카, 아시아로부터 농산물 추수와 거리 청소 등 단순 노무직에 종사할 인력의 입국을 허락하였다(Castes & Davidson 2000: 56-57). 이 기간 동안 일부 펀자비들이 남부 유럽으로 이주하여 정착하거나 영국 또는 북미로 재이주를 하였다. 이상 살펴본 것처럼 식민지시기 종료 후 변화된 국제 노동 시장의 환경은 펀잡 지방의 '이주문화'를 더욱 강화시켰으며, 당시 이주의 꿈을 한번쯤 마음에 품어보지 않은 젊은이가 없을 정도였다(Ballard 1994).

3. 치마 카란 마을의 배경

치마 카란(Cheema Kalan)은 인도 펀잡 주의 잘란다르 군에 속하며 치마 카란이 속해 있는 누르메할(Nurmehal) 면 소재지는 루디아나와 잘란다르 군 소재지로부터 각각 약 32km 떨어진 중간 지점에 위치해 있다. 잘란다르와 루디아나 군의 모든 지방 국도변 마을들에는 2~3층의 신흥 호화주택들이 세워져 있다.

치마 카란의 마을명 가운데 '치마'는 치마(Cheema)라는 자트 시크 씨족명에서 유래 하였고, '카란'은 '크다'를 의미하는 접미사이다.[7) 치마 카란과 옆 마을인 '치마 쿠르드'(Cheema Khurd)는 약 300년 전에 치마 성씨의 자트 시크 입향조(入鄕祖)에 의해 마을이 조성되었다고 전해진다. 2007년 1월 현재 치마 카란은 전체 363가구이며, 인구는 약 2,000명

---

7) 치마 카란과 경계를 접하고 있는 '치마 쿠르드' 마을도 치마 자트 시크가 지배적이다. 이 두 마을의 경계에 위치한 공립고등학교는 두 마을이 공동으로 토지를 희사하여 건립되었다.

으로 추정되고 있다.[8] 자트 시크는 약 217가구로 전체 마을 가구 수의 약 60%를 차지하고 있는 다수집단이다. 불가촉천민인 발미키와 라비다스는 마을 전체 109가구로 약 전체의 30%를 구성하고 있는데, 이 가운데 발미키는 80가구(전체 22%),[9] 라비다스는 29가구(전체 8%)이다. 다수 집단에 속하는 자트 시크와 힌두 불가촉천민을 제외한 전체 가구의 약 10%에 해당하는데 35가구는 15가구의 힌두 브라만, 6가구의 시크 로하르, 8가구의 시크 타르칸, 4가구의 힌두 나이(Nai), 2가구의 힌두 체르(Cher)로 구성된다. 촌장에 따르면 다수 집단인 전체 자트 시크 217가구 가운데 해외에 나가 있는 사람들을 제외하면 마을에 거주하는 자트 시크의 수는 크게 감소한다고 한다. 마을의 농지세 징수를 보조하는 소위 '남바르다르'(Nambardar)직을 맡고 있는 체탄 싱(Chetan Singh, 남 68) 자트 시크에 따르면 마을 전체 농지 규모는 약 700에이커이고, 이 가운데 약 90%는 자트 시크 소유이다. 4~5명의 소규모 토지 소유 불가촉천민과 일부 브라만, 타르칸 등 비 불가촉천민이 남은 10%를 소유하고 있다.

치마 카란의 취락구조는 마을 중심가에 자트 시크가 밀집 거주하고 있고, 이 구역을 마을 주요 도로인 순환도로(ring road)가 에워싸고 있다. 불가촉천민 발미키와 라비다스 구역은 순환도로 밖 양 끝에 위치해 있어 마을의 중심지와 약간 떨어져 있다. 그러나 자트 시크의 가구 수 증가와 일부 이주자의 호화주택이 마을 외곽지대에 신축되면서 불가촉천민의 지리적 고립성은 점점 약화되고 있다. 사실 불가촉천민의 주택의

---

8) 촌장은 마을 내에 해외나 인도 도시지역으로의 유동인구가 많아서 정확한 인구 통계를 갖는 것은 거의 불가능하다고 주장한다. 따라서 2,000여 명은 대략적인 마을 인구수이다.

9) 2001년 인도 센서스에 따르면 펀잡 주의 전체 인구 가운데 약 30%가 불가촉천민에 속하며, 이들의 약 80%가 농촌지역에 거주한다(Puri 2003: 2693).

크기와 높이는 대체로 작고 낮으며, 구역 전체에 집들이 오밀조밀 몰려 있을 뿐 아니라 거리의 폭도 매우 좁아 전체적인 삶의 환경이 매우 열악하다.

치마 카란 사람들의 주요 생계활동은 농업으로 밀과 사탕수수가 주요 작물이다. 전통적으로 자트 시크는 전형적인 자영농이었다. 1970년대 말부터 마을로 해외 현금이 들어오기 시작하면서 트랙터와 이앙기 등 농기계를 구입한 소수의 농가는 자신의 농지와 해외로 이주한 친인척의 농지를 소작으로 경작하는 등 농사의 규모를 키워갔다. 자트 시크가 고용한 전통적 농업 노동자는 불가촉천민이었다. 그러나 인도의 전통적 경제관계였던 소위 '자즈마니체계'(jajmani system)가 붕괴되기 시작한 것은 1960년대 말부터 마을 내 불가촉천민들이 토지 소유주인 자트 시크의 지배로부터 벗어나면서 동시에 더 높은 임금을 받을 수 있는 마을 밖에 노동을 팔기 시작했기 때문이다.10) 마을 불가촉천민을 대체하여 농업노동력을 제공한 사람들은 편잡 인근 주들인 우타르 프라데시(Uttar Pradesh), 비하르(Bihar) 출신의 계절노동자들이다. 1970년대부터 편잡 지방으로 이주하기 시작한 이들 계절노동자들은 고향에서 일자리 잡기 어렵고, 편잡의 임금 수준이 고향보다 훨씬 높기 때문에 편잡으로 유입하여 왔다(Gill 2004: 181-184).11)

---

10) 편잡의 불가촉천민이 자트 시크와의 전통적 경제관계를 해체하고 동시에 자트 시크와의 농업관계를 벗어나려는 움직임은 편잡 전반에 걸쳐 나타나는 현상이다(Jodhka 2004).

11) 2007년 1월 조사 당시 마을에 약 50명의 비하르 출신 농업임금노동자가 있었으며, 이들은 자트 시크 농가의 사탕수수를 수확하거나 물소 키우는 일을 하고 있었다.

Ⅲ. 편잡 지방의 '이주문화'의 현주소

치마 카란은 역사적으로 편잡 내부 이주와 국제 이주가 대규모로 발생되어 왔던 도압 지역의 잘란다르 군[12]에 속하며, 이 지역에는 일찍이 '이주문화'가 자리 잡고 있었다. '이주문화'는 국제이주를 일상의 한 부분으로 여기게 하고 개인, 가족, 지역 공동체를 위해 국제이주를 한 번쯤은 시도해볼만한 것으로 여기는 사고와 행위를 형성하는데 일정 부분 영향을 주었다.

1. 왜 국제이주는 계속되는가 : 송금 경제와 지위경쟁

실제로는 이주할 가능성이 매우 낮음에도 불구하고 치마 카란의 많은 사람들이 국제이주를 열망하고 있는 이유는 무엇인가. 무엇보다도 해외에서 가져올 수 있는 경제적 부가 국내의 것보다 상대적으로 너무 크기 때문이다. 마을 내에서 경제적으로 윤택하게 사는 이주자 가정, 특히 호화주택을 소유한 집안은 소규모 자영농과 토지 없는 불가촉천민에게 이주의 욕망을 강하게 치밀게 하는 자극제임에 틀림이 없다.

1930년대 말 미국에 정착한 자트 시크인 다르와나 싱(Darwana Singh, 사망)이 1969년에 고향에 건축한 인도식 2층 대형 주택이 해외에서 유입된 자금으로 건축된 최초의 호화 주택이었다. 그 이후 마을에 해외 송

---

12) 잘란다르군 농촌 사람들은 이주하고자 하는 대상 국가를 '바레 데시'(bare deshi)와 '초타 데시'(chota deshi)로 나누어 부르고 있다. 영국과 유럽 및 북미 지역 국가는 '큰 나라'를 의미하는 '바레 데시'로 두바이와 바레인 등 중동 국가는 '작은 나라'를 뜻하는 '초타 데시'로 불린다.

금으로 건축된 주택 수가 점차 늘어가기 시작했다. 대략 1980년대 말부터 서양식 호화주택 건축 붐이 일어나기 시작하여 2007년 1월 현재 30채의 호화주택이 있으며, 브라만 1채, 발미키 2채, 체르 1채를 제외한 이들 주택의 소유주는 모두 자트 시크들이다.

대체로 호화주택에는 최소 3~4개의 수세식 화장실과 현대식 부엌 등이 완비되었으며, 특히 일부 자트 시크 주택에는 고급 가구와 최신 가전제품13)이 구비되어 있다. 그러나 대부분의 호화주택은 년 중 이용되는 2~3개월을 제외하고 늘 잠겨있다. 마을의 중심가에 지어진 5채의 체탄 싱의 영국거주 사촌형제들의 호화주택 역시 1년에 2~3개월을 제외하고 늘 잠겨있는데, 이들의 자물쇠는 마을 내 체탄 싱이 보관하고 있다.14)

대부분의 호화주택을 소유한 해외 거주 자트 시크들은 1950대와 1960년대에 영국으로 건너가 노동자로 이주생활을 시작하였지만 현재는 안정된 생활을 하고 있다. 앞서 언급된 체탄 싱 사촌형제들 역시 1950대 중반과 1960년대 초에 영국으로 건너가 공장 노동자 생활을 하였지만 현재는 영국에 소규모 잡화점을 운영하고 있다. 또한 마을에 호화주택을 소유한 수크데브 싱의 사촌 형 발데브 싱(Baldev Singh, 남 65세) 역시 1950년대 중반에 영국에서 노동자로 이주생활을 시작하였지만 현재는

---

13) 영국에 거주하는 수크데브 싱(Shukdev Singh, 남 59)의 사촌 형인 발데브 싱 집은 응접실, 안방, 부엌 등이 고급 가구로 꾸며져 있으며, 요즘 부유한 인도인들이 즐겨 구매하는 LG전자와 삼성전자의 TV, 냉장고, 전자렌지, 에어컨 등이 구비되어 있다. 그러나 이 호화주택은 년 중 2~3개월만 사용된다.

14) 연구자가 묵었던 자트 시크 구르다와르 싱의 집은 영국의 동생과 캐나다의 아버지가 공동으로 비용을 대서 4년 전에 신축되었는데, 5개의 수세식 화장실과 현대식 부엌시설이 설계되어 있어 편리한 3층 서양식 주택이다. 그러나 이 집은 구르다와르 싱 부부와 두 딸이 년 중 계속 사용한다는 점에서 다른 호화주택과 다르다.

봉제업에 성공한 기업가[15]가 되었다. 이들 사례처럼 마을 내에 호화주
택을 소유한 사람들은 비교적 이주 역사가 깊은 자트 시크들이다.

그러나 이주자 가족원을 두고 있는 소수의 불가촉천민 가정도 호화주
택에 살고 있다. 2명의 발미키의 2층 호화주택은 주변의 동료 카스트의
초라한 집들과 큰 대조를 이룬다. 부부와 손자만 살고 있는 부타 람
(Bhuta Ram, 남 60세)[16] 발미키의 2층 집은 영국에 있는 동생들과 15년
전에 브로커를 통해 이태리로 간 2명의 아들이 보내 준 현금으로 지어
졌다. 2004년 당시 건축비용은 200만 루피(한화 약 5천만 원)였다. 2~3
년에 한번씩 마을을 방문하는 영국의 동생들과 이태리 아들의 송금으로
부타 람은 2006년 봄부터 마을에서 DVD, CD, 오디오 카세트 대여업 그
리고 시외 겸 국제전화를 걸 수 있는 전화 사업을 시작하였다. 또 다른
발미키인 찬드 람(Chand Ram, 남 65세)의[17] 2층집은 12년 전에 1층이 그
리고 2001년에 2층이 완공되었으며, 총 공사비용은 약 300만 루피(한화
로 약 7천5백만 원)였다. 가옥 건축비용은 영국에 있는 큰 아들이 보내
왔으며, 현재도 큰 아들이 매월 100파운드를 찬드 람 부부의 용돈으로
송금하고 있다.

위의 사례들처럼 해외 송금으로 호화주택을 신축하지 않았더라도 기

---

15) 발데브 싱은 1967년부터 치마 카란과 그 이웃 마을에 약 43에이커의 농지를
　　구입하였고 2000년에는 치마 카란에 호화주택을 지었다.
16) 1960년대 초에 싱가포르에서 노동일을 하던 부타 람의 아버지는 영국에 정착
　　한 뒤 1966년에 어머니와 두 명의 남동생을 영국으로 초청하였다. 당시 자신
　　은 나이가 초과되어 이주를 못했다.
17) 찬드 람의 큰 아들은 1980년에 브로커를 통해 영국으로 이주하여 공장 노동자
　　로 이주생활을 시작하여, 시민권자인 인도 여성을 만나 혼인하였다. 둘째 아
　　들은 10년 전에 관광비자로 영국에 입국하여 불법체류하다 시민권자 여성을
　　만나 혼인하였다.

존 주택을 부분 개량한 마을 사람들의 수는 적지 않으며, 그 대부분은 자트 시크지만 불가촉천민도 포함되어 있다. 자트 시크인 룰리아 싱(Rulia Singh, 남 65세)은 영국에 살고 있는 아들과 딸의 송금으로 기존 집터에 지붕을 개량하고 서양식 화장실과 부엌을 설치하였다. 마두(Madhu, 남 35세) 발미키는 두바이에 있는 2명의 남동생 송금으로 기존 집을 개조하여 서양식 부엌과 욕조 등을 설치하였다. 3가구의 라비다스도 두바이에서 송금된 돈으로 현재 기존 집을 개량중이다.

한편 마을에는 호화주택이 신축 도중에 공사에 필요한 자금이 부족해 중단되어 있는 곳도 있다. 대개 이들 집 주인은 브로커를 통해 해외에 나가 단순 노무자로 일하면서 집으로 송금하지만, 한꺼번에 집을 완공할 만큼 목돈을 모을 수 없어서 해외에서 일을 더 해야 하는 사람들이다. 예컨대 마을에 2에이커의 농지를 소유한 아슈와니(Ashuwani, 남 47세) 브라만의 3층 주택공사는 해외 송금을 기다리며 중단되어 있다. 아슈와니 남동생 차란(Charan, 38세)은 10년 전에 브로커를 통해 두바이에 노동자로 가서 형 아슈와니에게 송금하였다. 송금된 동생의 돈으로 2002년부터 현재 공사 중인 아슈와니의 3층 가옥의 건축이 시작되었다. 결혼 전에 사우디아라비아에서 일한 경험이 있던 아슈와니는 가옥 완공을 서두르기 위해 3년 반 전에 브로커를 통해 영국에 입국하여 공장노동자로 일하며 부인에게 송금하고 있다. 아슈와니의 경우처럼 부인과 자녀를 고향에 두고서 영국, 북미, 중동으로 남성 단독으로 나가 가족과 생이별을 길게는 10년 이상 하는 경우도 있다. 이런 유형의 이주자가 끊임없이 발생하는 이유는 국제이주를 통해 자신과 가족의 경제적 성공과 지위 상승을 단시일 내에 성취하고자 하는 시도가 격려되는 사회적 분위기 때문이다.

그러나 1950~1960년대와는 달리 비숙련자의 국제이주가 현실적으로 거의 불가능한데도 펀잡 농촌 남성들이 이주의 꿈을 놓지 않고 있는 데는 해외와 펀잡의 노동 임금의 격차가 크기 때문이다. 그 격차는 최소 5배에서 최고 8~10배 정도로 매우 크다. 농지가 거의 없는 불가촉천민은 물론이고, 농가 당 평균 약 3에이커에 불과한 치마 카란의 농업규모에서 소수의 부농[18]을 제외하면 농사에 종사하여 국제 이주한 가족이 이룬 경제적 도약을 성취하기란 거의 불가능하다. 특히 토지를 소유하지 못한 대부분의 불가촉천민에게 열악한 경제형편에서 벗어날 수 있는 유일한 길은 해외 이주노동 기회를 잡는 것이다.

그러나 특정 기술이 없는 농촌 사람이 국제이주를 할 수 있는 길은 '운 좋게' 관광 비자를 받아 불법 체류하는 행운을 제외하면 전문 이주 브로커를 통해 해외로 나가는 수밖에 없다. 대개 브로커 사무실은 잘란다르와 루디아나 등 대도시와 암리차르와 델리 등 국제공항이 있는 근처에 있다. 브로커를 통해 아랍 국가를 가기 위해서는 대략 7~8만 루피(한화로 약 170~200만 원) 그리고 유럽과 북미를 위해서는 80~90만 루피(2천 만~2천2백만 원)의 현금이 필요하다. 농촌사람들에게 이주경비 마련하는 일은 쉽지 않다. 그나마 결합가족(joint family) 구성원으로부터 돈을 빌리거나 사채업자에게 저당 잡힐 농지를 소유한 자트 시크는 브로커를 통해서라도 국제이주를 시도해 볼 수 있지만, 경제력 없는 불가촉천민에게는 거의 힘든 일이다.

자트 시크 우탈 싱(Utal Singh, 남 35세)은 동생과 공동 소유한 4에이커 농지로는 잘 살 수 있는 길이 요원하여 영국으로의 불법이주를 마음먹

---

18) 치마 카란의 가장 큰 농부는 수크데브 싱 형제들로 4명의 형제가 32에이커를 공동소유·경작하고 있다. 특히 이들은 각종 농기계를 완비하고 있어 국제 이주한 사촌 형제 발데브 싱의 43에이커와 마을 출신 자트 시크의 40에이커 농지를 소작으로 경영하고 있어 대농으로 분류된다. 수크데브 싱 형제 외에 3~4명의 자트 시크 대농이 해외 이주자의 농지를 소작 경영하고 있다.

었다. 그는 농지의 일부를 저당하여 만든 70만 루피를 들여 1997년 여름에 영국에 입국하여 건설 노동현장에서 막 노동자 생활을 5년 동안 했다. 부인과 아이들은 미혼인 동생과 부모님이 돌봐주었다. 5년 동안 영국에서 어렵게 번 돈으로 저당 잡힌 빚을 청산하였고, 남은 돈으로 집을 개량하였으며, 현재 타고 다니는 승용차와 모터사이클 그리고 물소 5마리를 구입할 수 있었다. 3년 전에는 남동생이 자신과 똑같은 경로를 통해 영국에 가 현재 건설현장에서 일하고 있다.

브로커를 통해 국제이주를 도모하는 경우 불가촉천민처럼 현금 동원력이 낮은 경우 이주 대상 국가는 소위 '초타 데시'인 중동 국가가 되기 쉽다. 불가촉천민 구르다스(Gurdas, 남 29세) 발미키는 2000년부터 치마 카란에서 이발소를 경영하고 있다. 그는 1992년부터 7년 동안 아랍에미리트 아부다비에서 단순 노무직으로 일한 바 있다. 그는 당시 5만 5천 루피 브로커 수수료와 항공료 1만 5천 루피를 합친 총 7만 루피를 부담하고 아부다비에 갔다. 그는 아부다비를 가기 위해 마을의 친척들과 사채업자로부터 돈을 빌렸기 때문에, 일을 시작한 3년 동안 고향으로 송금한 돈은 채무를 갚는데 들어갔다. 아부다비에서 벌어온 돈으로 집을 개량하고 이발소를 개업하였다. 그러나 이발소 경영으로는 큰 돈벌기 힘들다는 결론에 도달하여 그는 다시 중동에 나갈 계획을 세우고 있다. 그에 표현에 따르면 "마을에서 목돈을 모으기는 거의 절망적이기 때문"이다.

치마 카란에 팽배해 있는 국제이주 열풍은 마을의 공적 역할을 수행하고 있는 일부 사람들조차 자신의 역할을 쉽게 포기하고 국제이주 하도록 한다. 이러한 역할 포기에 대해 마을 사람들의 비난보다는 이해해주는 분위기가 지배적이다. 실제로 마을 촌장과 마을의 중앙 구르드와라 사제, 즉 그란티(Granthi)가 각각 자신들의 역할을 버리고 영국과 필리핀으로 국제이주 하였다. 그러나 이들의 행동에 대한 마을 사람들의 반응은 거의 부정적이지 않았다. 구르드와라 사제였던 자트 시크 프리탐 싱(Pritam Singh, 남 45세)은 2005년에 필리핀 마닐라에 거주하는 친척이 초청하여 마닐라에서 봉제업에 종사하고 있다. 그의 부인과 자녀는 마을에서 거주하고 있다. 사실 그는 브로커를 통해 중동에 가고 싶었으나 돈이 없어 이주지로서 거의 매력이 없는 필리핀으로 일단 나가 있다. 그의 부인의 이야기로는 그가 필리핀에서 싱가포르나 다른 동남아 국가로 재차 이주할 계획을 세우고 있다한다.

전임 촌장이었던 길바르트 체르(Gilvart Cher, 남 48세)는 현재 영국에 있다. 나이가 많아 영국으로 이주하지 못했던 그는 영국에 동생들과 부모가 살고 있다. 2006년 초에 가족들을 방문하기 위해 관광 비자로 영국에 나간 그는 현지에서 불법체류하면서 마을로 돌아오지 않는다. 현 촌장 왈반트 싱(Walvant Singh, 남 49세)은 전임 촌장시절에 8명의 촌락위원들 중 한 명이었는데 현재는 촌장 대리직을 수행하고 있다.

현 촌장이 전임 촌장을 비난하지 않는 데에는 그만한 이유가 있었다. 자신도 그와 유사한 이주를 한 경험이 있고, 현재 그의 다른 형제들 모두가 외국에 불법체류하고 있기 때문이다. 사실 현 촌장인 왈반트 싱은 5형제 중 맏인데, 1989년에 영국에 나가 10년 동안 불법체류 한 바 있다. 부인과 자녀를 치마 카란에 두고서, 그는 10년 동안 가족과 생이별한 바 있었다. 현재 4명의 남동생들은 브로커를 통해 영국과 두바이에 2명씩 나가 있으며 이들의 부인과 아이들은 치마 카란에 살고 있다.[19]

그러나 브로커를 통해 해외로 나가는 일에는 늘 위험이 수반된다.[20]

---

19) 촌장은 연구자에게 자신의 이모 아들이 한국에서 노동자로 있다면서 자신을 한국의 이주 노동자로 갈 수 있도록 도와달라고 요청하였다. 자신은 다시 나가서 일하고 싶다고 말하면서, 자신의 아이들이 외국 시민권자와 혼인하면 좋겠다는 소망을 덧붙였다.

20) 국제이주는 국제적인 산업이 되었으며, 이 산업에는 합법적인 브로커들이 노

라메쉬 랄(Ramesh Lal, 남 56세) 브라만은 결혼 후 브로커에게 비싼 돈을
주고 8년 동안 두바이에서 일해 번 목돈으로 현재 살고 있는 준수한 집
을 소유하였다. 지난해에 아들이 브로커를 통해 두바이로 가려 했는데
당시 컨테이너를 이용해 유럽으로 가는 불법 이민자 50여 명이 컨테이
너 속에서 질식사한 사건이 해외 언론에 보도되자 아들을 보내지 않기
로 마음먹었다. 생명의 위험과 브로커에게 사기당할 수 있는 위험에도
불구하고 브로커를 통한 불법적 이주가 지속되는 배경에는 잘 살아보려
는 욕망과 경제적 성공으로 가족의 사회적 지위를 올려보겠다는 지위
상향욕구 및 집안 간 경쟁의식이 자리 잡고 있다.

　사실 영국과 북미에 거주하는 치마 카란 출신 자트 시크 이주민의 대
부분은 단순 노동자로 이주생활을 시작했으며, 현재도 상당수가 이러한
직종에 근무한다. 또한 1980년대 후반부터 북미지역, 그리스・이태리・
네덜란드 등의 유럽지역, 중동지역으로 이주한 사람들의 많은 수가 현
지에서 단순 노무직에 종사한다. 이들은 현지의 사회・경제적 구조에서
가장 낮은 계층에 속하기 때문에 이들에게 있어서 지위 보상에 대한 욕

동자와 일자리를 연결해 주고 있다. 목적지에 아는 사람이 없어서 개인적으로
해외에서 일자리를 얻어야 하는 사람들은 브로커를 통할 수밖에 없다. 브로커
는 일자리를 찾아 줄 뿐만 아니라 교통편과 숙박도 알선해 주고 여권, 비자,
노동허가 등에 관련된 사항도 대행해 준다. 노동력 수입국에서는 브로커를 이
용하지 않으려 하지만 노동자들은 브로커에게 수수료를 내고 일자리와 필요
한 서류를 구비하고자 한다. 합법적인 브로커의 경우에도 위령 회사를 만들어
이주를 알선하는 일을 하기도 한다. 불법적인 방법을 이용하는 불법 브로커들
은 밀입국을 알선해주고 있다. 이들은 사람들을 트럭에 숨기기도 하고 서류를
위조하기도 하며, 이민 당국에 뇌물을 주기도 한다. 밀입국 알선자는 자기가
원해서 온 고객에게 서비스를 제공하는 사람으로 이주민이나 망명 신청자들
을 그들이 원하는 나라에 보내주는 무허가 여행사쯤이라 생각하면 된다(피터
스토커, 2004).

구는 그 무엇보다도 높다.

따라서 마을 내에서 호화주택을 경쟁적으로 신축하는 자트 시크의 소비행위에는 개인과 가족의 명예 및 지위를 높이고자 하는 경쟁심이 밑바탕에 깔려있다고 볼 수 있다. 자트 시크에 대한 연구(Pettigrew 1975)는 경쟁행위가 자트 시크들에게서 공통으로 발견되는 사회적 행위의 한 특성임을 밝히고 있다. 실제로 치마 카란의 호화저택 대다수 소유주인 자트 시크들이 영국에서 높고 넓은 전원주택을 소유하기란 거의 상상하기 어렵다. 또한 영국 현지에서 고급 주택과 고급 승용차를 소유한다 치더라도, 이것이 고향에서만큼 그들에게 지위 상승의 느낌을 줄 수 없다. 그러나 이들은 경쟁적으로 더 호화스런 주택을 고향에서 소유하게 되면 비록 2~3개월이라는 짧은 체류기간이지만 해외에서 충족치 못한 세속적인 성공의 느낌을 고향에서나마 만끽할 수 있다.

1957년에 7살의 나이에 아버지를 따라 영국에 이주한 모한 싱(Mohan Singh, 남 57세)은 고향에 호화주택을 건축하는 자트 시크의 행위를 '고향에 대한 애정의 표현' 또는 '자신이 태어난 곳을 기억하기 위한 노력'으로 설명하고자 한다. 그러나 그는 경쟁적으로 호화주택을 짓는 자트 시크의 행위를 일종의 경쟁행위임을 인정하고 있다. 물론 집안 간의 경쟁행위가 자트 시크들에게만 일어나는 것은 아니다. 앞서 언급한 바 있는 중동에 두 아들이 보내 준 현금으로 집을 개조한 마두 발미키 어머니가 "자신의 집도 머지않아 부타 람 발미키(2층 집을 소유한) 집보다 더 높고 좋은 집을 소유하게 될 것이다"라고 호언장담 하는 데에서도 알 수 있듯이, 카스트를 불문하고 치마 카란에 팽배해 있는 국제이주로 나타나는 과시적 소비와 지위경쟁 행위는 이 지역에서 국제이주가 지속되는 이유를 부분적으로 설명해 주고 있다.

2. 결합가족과 '여성 역할 가중적인 가구'의 등장

일반적으로 인도는 남성 지배적인 사회이다. 특히 치마 카란과 같은 농촌지역에서는 남성 혈연을 토대로 구성되는 '지역 혈통 집단'(local lineage group)이 남성 지배적인 사회구조를 유지하고 있다. 따라서 혼인을 통해 남성 집단으로 유입된 여성들은 직접적으로는 남편의 결합가족 구성원, 간접적으로는 남편의 지역 혈통 집단 구성원들의 통제를 받게 된다. 결합가족의 중요 사안 예컨대 자녀의 교육과 혼인, 농작물의 선택과 생산방식의 결정권은 권위와 책무를 지닌 남성 구성원들에게 있다. 이런 구조 속에서의 여성에게는 자녀 양육과 생산 활동의 보조라는 남성의 부차적인 역할이 기대된다.

19세기 말부터 도입지역에는 국내외 이주가 전혀 낯설지 않았다. 특히 국제이주로 인한 가구의 남성 가장의 장기적인 공백은 '여성 역할 가중적인 가구'(matri-weighted households)를 등장시켰고, 이를 비정상적으로 여기지 않는 사회적 분위기가 점차 조성되어 왔다. 이런 형태의 가구 속에서는 자녀 교육, 생산 방식, 자산의 투자 등 주요 사안을 해외의 남편 또는 마을 내 남편의 결합가족 구성원과의 협의를 통해 부인 스스로가 결정해야 했다.[21]

영국식민지시기에 인도의 시크 연대 군인으로 영국군 해외 주둔지에 나가 있던 시크 남성들 그리고 영국과 북미 등으로 이주 노동자로 갔던 남편들을 그리워하고 원망하면서, 가족 내에서 자신의 역할의 무거움을

---

21) 이런 형태의 가구는 남편의 사망이나 이혼 등으로 여성이 법적 가장이 됨으로써 더 이상 남성 가장과의 관계가 지속되지 않는 '여성 가장 가구'(female-headed households)와는 구분이 된다(Naveed-I-Rahat 1990: 13-14).

느꼈던 당시 여성들, 특히 자트 시크 부인들은 아래와 같은 자신들의 애환과 남편에 대한 원망을 민요로 표현하였다(Tatler 2004: 57).

> "여기 갓 시집온 신부들이 모여 앉아 남편들을 해외로 데리고 간 영국 왕을 저주하오. 오 주인이시여! 우리를 너무 오랫동안 기다리게 하면 당신은 전쟁에서 질게 뻔하오."

> "12년 동안 해외에서 헤매는 당신 도대체 무슨 행운을 찾았소? 돌아오는 길에 얼마나 많은 것을 가져오려 하시는 것이오? 해외에서 당신이 잃은 세월을 보상할 수 있을 만큼이오?"

1950년대부터 불어 닥친 국제이주 붐을 타고 영국으로 이주한 편잡 남성들은 부인과 자녀를 고향에 두고 홀로 이주하여 영국에서 남자들끼리 함께 어우러져 살았다. 1960년대 후반부터 시작된 가족재결합 프로그램으로 부인과 자녀가 영국의 남편에게 합류하기 이전까지, 편잡의 부인들은 남편의 송금으로 자녀를 포함한 결합가족원의 생계를 책임져야 했다(Ballard 1994). 사실 편잡에서 결합가족의 존재는 남성 구성원들의 국제이주에 매우 유익하게 기여하여 왔다. 결합가족원의 도움으로 국제이주를 한 편자비 남성들의 송금의 혜택은 당연히 결합가족원 전체에게 돌아가야 했다. 국제이주 기간 동안 홀로 된 아내에 대한 결합가족 구성원의 보살핌이 있었기 때문에, 남성들은 마음 놓고 해외 생활을 할 수 있다. 심지어 홀로 남아 있는 부인의 행동거지가 결합가족원에 의해 통제되는 일도 있었다.22)

---

22) 갓 결혼한 후 8개월 만에 남편이 영국의 건설 현장에서 일하러 간 치마 카란의 발비르 싱(Balvir Singh, 남 24)의 부인은 남편이 없는 동안 손위 동서인 바하두르 싱(Bahadur Singh, 남 30)의 부인이 어려운 일에 상담도 해주고 '바깥바람'을 쐬기 위해 자신과 함께 면소재지 장터를 다녀오기도 한다. 한편 파키스탄

2007년 1월 현재 브로커를 통해 나가거나 운 좋게 관광 비자를 받아 출국 한 후 현지에서 불법체류하고 있는 마을 남성들의 수를 정확히 파악하기 어렵지만 그 수는 적지 않다고 한다. 그만큼 남편과 생이별하여 마을에서 홀로 지내는 여성들도 많다는 말이다. 남편이 해외에서 심지어 20여 년 이상을 가족과 떨어져 살고 있는 경우도 있는데 바잔 싱 (Bajan Singh, 남 56) 자트 시크의 가족이 이에 해당한다. 1985년에 브로커를 통해 중동 바레인에 이주한 바잔 싱은 현재 운전기사로 일하고 있다. 바레인에 간 7년 만에 고향을 첫 방문한 후 줄곧 2~4년 정도 간격으로 펀잡을 방문하고 있다. 친정 식구들의 중매를 통해 세 번째 딸 혼사 이야기를 시작한 바잔 싱 부인은 바잔 싱과의 수차례 전화통화를 통해 혼사를 결정하였다. 남편의 송금으로 세 딸을 출가시킨 장본인도 바잔 싱 부인인 셈인데, 자녀들 혼사에 지출된 금액만도 약 120만 루피(한화 약 3천만 원)나 된다. 현재 살고 있는 2층집도 남편의 송금으로 기존 집을 개량한 것이다. 딸들의 혼사, 집의 개량 등 돈의 지출이 걸린 문제는 늘 남편과 상의하였지만, 그나마 전화상으로 수월하게 상의할 수 있게 된 것은 통신 수단이 획기적으로 발전한 지난 5~6년 전부터였다.

바잔 싱처럼 20여 년은 아니더라도 부인과 자녀와 생이별하며 상당 기간의 해외생활을 하고 있는 남편들 때문에 치마 카란 부인들의 역할은 무거워져 갔다. 앞서 언급된 현 마을 촌장 왈반트 싱의 4명의 남동생 부인들은 사안에 따라 협력하면서 자신들에게 직면한 문제들을 해결해 나가고 있다. 이주로 인해 잠정적으로 남편이 없는 상황에 익숙한 마을

에 속한 펀자비 마을들에서는 남편의 국제이주 동안 고향에 남아 있는 결합 가족원들에 의한 통제 때문에 여성의 삶을 속박하는 베일인 파르다(pardah) 착용 관습이 새롭게 생기거나(Naveed-I-Rahat 1990), 훨씬 더 강화되었다(Lefevre 1990).

사람들은 전통적으로 남성 영역이라 여겨진 사안에 부인이 관여하는 것을 자연스럽게 생각하고 있다. 브라만 아슈와니가 영국에 체류하고 있기 때문에 5년째 진행 중인 그의 가옥 신축 공사에서 영국에서 목돈 올 때마다 남편의 자문을 받아가며 아슈와니의 부인이 공사의 일부를 진행시키기도 한다.

남성 가장 없는 가족들의 상시 존재와 이로 인한 부인의 과중한 역할 증대가 치마 카란에 지속되는 이유는 무엇인가. 무엇보다도 국제이주가 가져다줄 수 있는 과시적 소비행위와 지위의 상향 이동에 대한 남성 가장들의 강박관념 때문일 것이다. 해외 이주가 가져다주는 물질적 풍요를 늘 주변에서 보기 때문에, 심지어 결합가족원과 부인들이 남편들을 국제이주 하도록 설득하거나 압박을 가하는 일도 적지 않다.

펀잡 지역의 국제이주 당사자는 남성이다. 그러나 드물긴 하지만 국제이주의 기회가 여성에게 오는 경우도 있다. 이때 펀잡에 남은 남성은 여성의 역할을 기꺼이 감당하게 되는데, 이런 일은 국제이주가 일상화되어 있는 분위기에서는 크게 '흉잡힐' 일은 아니다. 자트 시크인 손 싱(Son Singh, 남 58세)의 부인은 약 15년 전 펀잡의 한 지방지의 보모 구인 광고를 보고 브로커를 통해 합법적 절차에 따라 미국에 국제이주 하였다. 미국 뉴저지에 사는 펀잡 출신 의사부부가 자녀에게 펀잡의 언어와 문화를 가르치기 위해 인도 펀잡 출신의 보모를 구하고 있었다. 아버지로부터 물려받은 5에이커의 농지에 5명의 형제가 생계를 이어가는 힘든 경제형편을 고려하여, 손 싱은 부인을 미국에 보낼 수밖에 없었다. 손 싱 부인은 미국에서 7년 동안 보모로 일한 뒤 그린카드를 발급받았고, 이주 11년째 되는 해에 그녀의 남편과 자녀를 미국으로 초청하였다. 현재 모든 가족이 미국 영주권자가 되었으며, 남편은 공장에서 그리고 부인은 야채 가게에서 각각 일하면서 손싱 가족은 안정된 이민 생활을 하고 있다.

인도를 포함한 남아시아 지역의 많은 나라에서는 이주 때문에 확대가족이 유지된다고 주장하는 학자(피터 스토커2004: 154-5)도 있다. 부인 없이 지내는 10년 동안 자녀 양육과 집안 살림을 책임져야 했던 손 싱이 큰 탈 없이 지낼 수 있었던 것은 고향의 결합가족원들의 도움이 있었기 때문이다. 장기간 남편 없는 가정이 유지될 수 있는 것 또한 남편의 결합가족원의 도움과 통제가 있기 때문임을 알 수 있다.

3. 최상의 국제이주 전략 : 초국가적 중매혼인

해외 거주 펀자비와 인도 펀자비 간의 친족관계와 '초국가적 중매혼인'(transnational arranged marriage)은 가족 구성원의 추가적인 해외 이주를 최대화하려는 유효한 사회·문화적 자원으로 활용되어 왔다. 특히 해외 거주 자트 시크는 경제적 여건이 허용되고 고향에 있는 친족원이 이주를 희망한다면 '가족재결합'(family reunification) 이민 프로그램23)을 이용하여 결합가족을 정착국에 부활시키는 일에 최선을 다 해 왔다 (Walton-Roberts 2003).24) 사실 자트 시크가 펀잡과 해외 정착국 간의 경

---

23) '캐나다 시민권과 이민국'(the Canadian Ministry of Citizenship and Immigration)은 이민 범주를 이분화 시키고 있는데, 한 가지는 사업이민이나 숙련공을 위한 포인트제도(point-based system)가 있고 다른 한 가지는 가족범주 스폰서(family class sponsorship)가 있다. 특히 후자는 가족 재결합을 우선시하고 있는데 영주권자의 배우자, 부모, 자녀(미혼으로 취학연령에 있는 자녀), 그리고 일부는 형제를 시민권자가 후원하면 이민을 원하는 사람의 직업, 부의 정도, 언어 능력 또는 직업의향에 관계없이 입국을 허용하는 제도이다. 사실 캐나다 정부의 입장에서는 포인트 제도를 통한 이민을 권장하지만 캐나다로 입국하는 펀자비 시크를 포함한 대부분의 인도인들은 가족재결합을 이용하고 있다.

계를 넘나들며 가족방문, 송금, 혼인중매 등의 사회·문화적, 경제적 행
위를 하게한 핵심적 동인은 가족과 친족원에 대한 의무와 정서적 유대
였다(Mooney, N. 2006).

특히 자트 시크는 가족의 자존심, 명예, 지위를 중요시하기 때문에 결
합가족의 유지를 이상적으로 생각한다.[25] 결합가족 구조 속에서 사촌형
제들은 친 형제자매처럼 그리고 형제의 자녀는 친 자녀처럼 취급된다.
먼저 외국에 나가 정착한 결합가족 구성원은 중매혼인을 통해 다른 가
족원의 이민의 꿈을 실현시켜 준다. 이 일은 가족원으로서 해야 할 의무
이자 일종의 호혜적인 것이다. 특히 이주를 갈망하는 인도 농촌 출신 미
숙련 자트 시크에게 '가족재결합'과 '초국가적 중매혼인'은 개인과 결합
가족의 물질적 풍요와 지위 상승을 위한 열망을 담아내는 유일한 통로
가 된다.

흔히 국제이주는 남성이 주도권을 잡는, 즉 지극히 '남성적' 현상으로
이해하지만 이는 정형화된 남성 중심적 시각이다(Brettel 2003). 예컨대

---

24) 완톤-로버츠는 펀잡과 캐나다 시크에 대한 현지조사에서 결합가족원 대부분
   이 해외로 이주해 펀잡에 살고 있지 않거나, 결합가족원 전체가 캐나다로 이
   주한 연구대상을 경험하였다(Walton-Roberts, 2003). 필자 역시 2006년 1~2월에
   걸친 밴쿠버의 시크 커뮤니티 조사에서 결합가족원 전체가 캐나다의 3층 가
   옥에서 함께 사는 사례에 대해 인터뷰한 적이 있다.
25) 시크 가치의 대부분은 자트 시크의 가치이며, 자트는 자신들이 시크 가운데
   가장 상위 집단이라고 주장한다. 1960년대 말의 녹색혁명은 자트 자영농 계급
   의 경제적 정치적 위상을 더욱 높이는 계기가 되었다. 게다가 자트 시크가
   1962년 시크 최고기관인 시로마니 아칼리 달(Shiromani Akali Dal)의 지도력을
   장악함으로써 이들의 하위 카스트들에 대한 지배력은 더욱 강력해졌다. 자트
   시크는 시크 인구의 전체 약 60% 이상을 차지하는데, 이들은 힌두의 카스트
   체계상으로는 슈드라에 속하지만 브라만의 사회적 지위를 무시하는 경향이
   있다(Indera Pal Singh 1977).

영국으로 이주한 펀자비의 경우 비록 남성이 먼저 영국으로 이주하고 후일 부인을 초청하였지만, 이주 생활과정 속에서 모국의 남성 구성원을 지속적으로 이주시킬 수 있는 것은 여성의 혼인을 통한 국제이주 때문이다. 사실 이민 수용국가의 이민 정책의 변화에 구애받지 않고 이주를 안정적으로 지속시켜 온 것은 여성의 국제 혼인을 통해서였다(Ballard 1990).

　다음의 치마 카란의 구르다와르 싱 집안의 혼인 이야기를 통해 알 수 있듯이 여성은 친족의무, 혼인전략, 가족재결합이라는 일련의 사회·문화적 실천행위들을 통해 가족 연쇄이주과정의 핵심적인 역할을 하고 있다. 캐나다 밴쿠버에 살고 있는 우팔 싱(Uppal Singh, 남 60세) 형은 구르다와르 싱의 이모부이다. 그는 구르다와르 싱의 누이를 10년 전에 캐나다의 자트 시크와 중매결혼시킨 당사자이다. 캐나다에 정착한 구르다와르 싱의 누이는 2002년에 펀잡에 살던 부모를 가족재결합 프로그램으로 모셔갔다. 구르다와르 싱에게는 두 딸이 있는데, 그의 여동생과 우팔 싱이 캐나다의 자트 시크 남성과 혼인시키려 계획하고 있다. 큰 딸 라만(Rahman, 18세)은 루디아나에 있는 대학에 재학 중이며, 늘 캐나다로의 국제혼인을 통하여 이민 가기를 학수고대하고 있으며, 이러한 기대가 현실로 이뤄질 것이라는 확신에 차 있다. 고등학교 1학년인 라만의 동생 사만(Sahman, 여 16세)도 같은 절차를 통해 캐나다로 이주할 것이다. 결국 두 딸이 캐나다로 시집가면 구르다와르 싱 부부는 가족재결합 프로그램을 이용해 손쉽게 캐나다로 이주할 수 있게 된다. 맏딸인 라만은 캐나다로 이주하여 큰 돈을 번 뒤 고향에 가장 호화로운 주택을 건축하여 집안의 명예를 높이고 싶어 한다. 캐나다를 동경하는 라만은 학교 등·하교 길을 제외하고 집밖으로 나가지 않는다. 마을의 온갖 것들이 비위생적이고 더럽게 느껴져 문밖출입을 삼가고 있다.

브로커를 통해 국제이주의 경험이 있는 사람들과 해외에 먼 친족원이라도 있는 사람들은 자녀를 국제 혼인시켜 자신들도 국제 이주할 수 있다는 가능성을 믿고 있다. 이들은 자녀들이 외국의 시민권자와 혼인할 수 있도록 해외 친인척에게 중매를 부탁한다. 혼인 당사자와 가족의 연쇄이주의 길을 열어주는 해외 시민권자와의 혼인에서 해외 시민권자 집안의 우위적 지위가 통상 인정된다. 해외 거주 펀자비와의 혼인은 가끔 광고를 통해서도 이루어진다. 일부 해외 이주 펀자비는 자녀의 혼인 대상자를 물색하기 위해 펀잡 지방 신문에 "잘 생긴 전문직 자트 시크 캐나다 시민권자 남성으로 가정과 전통을 지향하는 미모의 자트 시크 여성을 원함"이란 내용의 광고를 낸다. 이런 광고에서 '캐나다 시민권자'라는 대목이 국제이주를 기다리는 펀잡인에게 가장 매력적인 문구이다. 펀잡 여성이 시민권자 남성과 혼인하는 경우 남성의 직업에 따라 신부지참금이 요구되기도 한다. 그러나 일반적으로 단순 노무직에 근무하는 해외 신랑감은 신부지참금을 요구하지는 않으나 신부 집안은 사돈에게 줄 각종 폐물과 전자제품 구입비를 신랑 측에 건네는 것이 일반적이다.[26]

친인척의 중매를 통해서든 광고를 통해서든 펀잡에 거주하는 사람들은 미래의 가족연쇄이주 가능성을 바라보며 해외 시민권자와의 혼인을 추구하고 있다. 이러한 펀잡 사회의 분위기로 인해 전통적인 기준으로 볼 때 꺼리거나 금기시되는 혼인 대상과의 혼사도 마다하지 않는 경우가 있다. 예컨대 현재 캐나다에 5명의 가족원이 살고 있는 브라만 루리야 람(Ruriya Ram, 남 65세)은 1970년대에 캐나다로 시집 간 친여동생의

---

26) 해외 자트 시크와 혼인하는 인도 신부의 경우 캐나다에서 신혼살림 할 때 유용하지도 않을 물건 준비가 필수적이지 않을뿐더러 심지어 국제적 환율을 고려할 때 큰 돈 되지 않는 신부지참금도 초국가적 혼인에서는 요구되지 않는 경우도 적지 않다(Mooney 2006).

아들에게 자신의 둘째 딸을 혼인시키는 소위 사촌혼(cousin marriage)27)을 강행하였다. 펀자비 결혼 전통에 어긋나는 혼사 덕분에 그의 모든 가족원이 캐나다로 이주 할 수 있었다. 또한 구르지트 싱(Gurjit Singh, 남 32)은 12년 전에 브로커를 통해 뉴질랜드로 나가 불법 체류 신분에서 5년 전에 영주권을 획득하였다. 가족재결합 프로그램으로 부모가 뉴질랜드로 초청되었으며, 2007년 1월에 구르지트 싱은 그의 세 번째 혼인을 하였다. 잘란다르 군의 다른 마을의 자트 시크인 구르지트 싱의 장인은 사윗감의 두 번의 이혼경력에도 딸의 혼사를 강행하였다. 딸이 향후에 자신을 비롯한 다른 가족원을 뉴질랜드로 부를 수 있기 때문이다.

　구르지트 싱처럼 재외 인도인(Non-Resident Indians, 이하 NRIs)은 혼인식에서 '과시적 소비'(conspicuous consumption)를 보임으로써 집안의 지위 상승을 드러낼 수 있다. 고향 사람들 입장에서도 NRIs의 혼인은 의례히 '사치스런' 결혼 예식을 기대하고 있다. 구르지트 싱의 혼인식은 치마칼란의 면소재지인 누르메할에서 승용차로 약 40분 걸리는 파그와라(Phagwara)읍 소재지에 있는 'Amar Palace'라는 야외 결혼식장에서 있었다. 약 4시간 이상 진행되는 혼인 예식에 따른 부대 행사에는 방글라(Bangla) 댄스28) 공연 등이 준비되었다. 또한 채식과 육식의 기호에 따라 별도로 준비된 뷔페, 쉴 새 없이 공급되는 맥주, 탄산음료, 홍차 등 먹고 마실 것이 풍성하고 다양하게 준비되어 있기 때문에 구르지트 싱의 혼인식은 NRIs 혼인식의 전형적인 과시적 소비가 분명하게 드러났다.

---

27) 사촌혼은 인도 남부에서는 허용이 되지만 북부 인도에서는 철저히 금기시 되는 혼인관습이다.

28) 원래 펀잡의 농부들의 춤으로 시작되었지만 현재는 펀잡을 포함한 전 인도 뿐 아니라 해외 인도인에게 유행하는 대중적인 춤으로 성장되었다. 동작이 거칠고 단순하며 빠른 비트에 맞춰 몸을 흔드는 방글라 댄스는 인도 영화에 자주 등장하고, 음악 또한 상업용으로 제작되어 판매에 홍행을 거두고 있다.

구르지트 싱의 혼인식에 쓰인 경비는 한화로 약 3천만 원을 넘는 것
으로 추정되었으며, 이 경비는 신랑과 신부 양가에서 함께 부담하였다.
구르지트 싱의 혼인처럼 NRIs의 혼인은 현란한 공연과 풍성한 음식대접
을 통해 NRIs와의 혼인은 성공한 혼인이며, 또한 NRIs는 자수성가하여
지위상승을 한 당사자임을 시위해야 한다. 1990년대부터 펀잡의 도압
지역에는 공연과 야외 뷔페 등이 딸린 '리조트'라는 이름의 혼인산업이
성업 중이다.29)

4. 국제이주의 일상화를 촉진하는 초국가적 연결30)

국제이주자 집단은 초국가적 연결을 통해 모국에 남아 있는 가족과
공동체에 대해 경제·정치적, 사회·문화적 영향을 주고 있다. 매스 미
디어 매체 기술과31) 인터넷과 통신 기술 그리고 보다 편리하고 신속하

---

29) 해외 펀자비들이 고향에 끼치는 영향은 펀잡 주의 결혼산업의 흥행과 결혼에
   따른 의복, 폐물을 위한 금은방의 증가 및 호황과 밀접히 관련된다(Thandi
   2006).

30) 바쉬와 동료 학자들(Basch *et al* 1994)은 초국가주의(transnationalism)를 이주자들
   이 모국과 정착국의 양쪽을 연결하는 다양한 사회적 관계를 형성하고 유지하
   는 과정으로 정의하고 있다. 초국가주의라 명명된 과정들은 오늘날 많은 이주
   자들이 지리적, 문화적, 정치적 경계를 넘나들며 '사회적 장'(social fields)을 만
   들고 있음을 강조하고 있다. 포르테스(Portes 1997)는 이주자와 모국에 남아 있
   는 사람들이 사회·문화적, 정치·경제적 관계를 국가적 경계를 넘나들면서
   밀도 있게 유지하고 있음을 강조하고 있다.

31) 예컨대 국제 이주한 펀자비 공동체가 펀자비 문화를 유지할 수 있는 데는 오
   디오 및 비디오 카세트와 DVD 같은 기술문명의 발달이 있었기 때문이다. 영
   국 런던 사우쓰올(Southall)의 시크 가족에 대한 연구(Gillepsie 1995)는 비록 시크
   젊은 세대들이 부모 세대와는 달리 미국이나 영국 등 서구에서 만들어진 영화
   를 즐겨보는 경향이 발견되지만, 대부분 시크들이 소장한 50~100여 개의 비

게 된 교통수단의 발달로 해외 인도인 이주자는 모국과의 유대를 예전
보다 훨씬 더 효율적으로 지속할 수 있게 되었다.

전화 기술의 발달과 사용료의 저렴화는 해외 이주자를 모국 가족들과
큰 부담을 느끼지 않고서 실시간으로 연결해 주는데 큰 기여를 하였다.
1990년대 중반부터 치마 카란에 개인 전화회선의 보급이 확대되면서 현
재 전체 가구의 약 50%가 개인 전화회선을 보유하고 있다.[32] 마을 내에
시외 및 국제 전화 통화가 가능한 5곳의 유료 전화사업자가 있기 때문
에 마을 사람들이 해외 거주 가족에게 국제 통화하는데 거의 어려움이
없다. 또한 2000년도부터 인도의 이동통신 시장의 확대에 따라 이동통
신 단말기를 보유하고 있는 사람들, 특히 자트 시크들을 마을 내에서 어
렵지 않게 발견할 수 있다.[33]

한편 해외 거주 펀자비들은 현지에서 상상할 수 없을 만큼 저렴한
'전화 카드'(phone card)를 이용하여 마을의 가족과 통화하는 일이 일상
화되어 있다. 폰 카드 이용료는 캐나다에서 인도로 분당 10센트에 불과
할 만큼 저렴해졌다. 이처럼 저렴해진 국제전화비는 지구화되는 기술력
의 대표적인 사례로서 해외 이주민과 펀잡의 가족원 간의 물리적 거리
를 압축해 줌으로써 소위 '거리의 종말'(the death of distance)을 가져왔다
(Cairncross 1997). 유선 및 이동 통신의 발달로 인한 국제전화 사용의 급

디오테입 가운데 약 70%이상이 인도 영화라고 밝히고 있다. 영상물 외에도 해
외 현지의 인쇄매체, 라디오 방송국, 디아스포라 인터넷 사이트 등의 운영은
해외 인도인과 모국을 사회·문화적으로 연결해 주는데 큰 역할을 하고 있다.
32) 1990년대 정보화혁명과 맞물려 인도 통신사업은 급속도로 발전해 가고 있으
며 2000년에 전화 서비스가 33명에 한 대 꼴로 신장했으며, 인도가 세계에서
9번째로 큰 텔레커뮤니케이션 망을 보유한 국가가 되었다(라윤도 2005: 161).
33) 1997년부터 시작된 인도의 이동통신의 보급은 2007년 말에 약 2억2천만 명을
상회할 것으로 예상할 만큼 그 보급 속도가 빠르다(신승용 2007).

증과 가격의 저렴화는 모국의 가족과 해외 이주자를 연결해 주는 소위
사회적 접착제(social glue) 역할을 하고 있다(Vertovec 2004).

　통신수단 뿐 아니라 신속, 편리, 저렴해진 국제 항공은 이주자의 모국
방문과 이주를 희망하는 사람들의 해외 진출을 손쉽게 하였다. 델리나
뭄바이 같은 인도의 대표적인 국제공항을 경우하지 않더라도 펀잡 지역
의 소규모 국제공항을 통해서도 영국, 북미, 중동으로의 해외여행이 가
능하게 되었다. 해외와 펀잡의 국제공항을 직접 연결하는 항공편이 꾸
준히 신설되거나 증편되고 있다. 해외 시크의 대다수가 거주하는 영국
과 북미지역을 연결하는 직항노선, 예컨대 펀잡의 암리차르 국제공항과
캐나다의 밴쿠버(Vancouver) 및 영국의 버밍험(Birmingham)을 직항 운항
하는 노선들이 개설됨으로써 펀잡을 방문하는 해외 펀자비들에게 큰 편
리함을 제공한다.34)

　편리해진 교통수단을 이용해 해외 펀자비들이 고향을 매년 또는 격년
으로 자주 방문하는 이유는 고향에 있는 농지 및 주택의 유지 및 관리
그리고 결혼식 참석을 위해서이다. 해외 펀자비가 고향에 가옥을 신·
개축하는 사례는 늘어가지만, 허름한 집일지라도 허물거나 파는 일은
거의 없다.35) 해외 이주자는 친인척의 결혼식 참여와 가족단위 휴가를

---

34) 암리차르 국제공항에서 해외로 향하는 국제선은 아직 크게 다양하지 않다. 따
　　라서 아직도 많은 해외 펀자비들은 델리 공항으로 입국한다. 이들을 위해
　　11~3월 사이에 델리 공항에서 도압지역의 파그와라, 잘란다르, 루디아나를 운
　　행하는 리무진버스가 정기적으로 운행된다. 델리에서 펀잡행 기차와 버스를
　　다시 갈아타야하는 번거로움을 줄여줌으로써 해외 정착지와 고향의 거리감을
　　없애줄 뿐 아니라 펀잡 지역의 운송사업 발전에도 기여하고 있다.
35) 예외적으로 치마 카란에서 해외 송금으로 지어진 최초의 2층집인 다르와나
　　싱의 집은 본인이 사망하자 미국에 거주하는 그의 아들 아무리크 싱(Amurik
　　Singh)이 2006년 7월에 누르메할 면소재지 사람에게 농지와 함께 판매하고 미
　　국으로 돌아간 일이 있었다. 아무리크 싱은 어린 시절 미국에 이주했기 때문

보내기 위해 고향을 방문한다. 예컨대 우팔 싱은[36] 2006년 12월에 부인과 처제 부부 그리고 장모님과 함께 결혼식 참여와 인도 남부지역 관광을 위해 인도에 왔다. 이들은 밴쿠버를 출발하여 암리차르 공항에 입국하여 2년 동안 비어 놓았던 자신의 집이 청소되는 동안 조카뻘 되는 구르다와르 싱 집에서 3일간 신세를 졌다. 우팔 싱은 파그와라 읍내의 렌트카 센터에서 승용차와 기사를 렌트한 후 부인의 친구 아들 결혼식에 참석차 찬디가르(Chandigarh)를 방문하였다. 우팔 싱 일행은 남부 인도 관광을 위해 뱅갈로르, 코치, 칸냐쿠마리, 트리반드룸을 방문하였다. 마지막으로 치마 카란의 구르지트 싱의 혼인식에 참석한 후 밴쿠버로 돌아갔다.

　해외 이주자의 방문이 일상화 되고 있고 해외 이주를 바람직하게 여기는 편잡에서는 해외 이주자의 우월성이 인정되고,[37] 잠시 방문한 젊은 세대들의 특유한 헤어스타일과 복장, 마을과 읍 소재지에서 소란스럽게 오토바이를 타는 행태 등은 마을의 젊은이들에게 영향을 주고 있다. 또한 해외 이주자가 소비하는 일상용품 또한 편잡의 것보다 세련되고 유용하다는 인식이 마을 내에 팽배해 있다. 해외에 거주한 시크들이

에 고향에 대한 정서가 아버지와는 크게 달랐다. 돌볼 사람도 없는 집과 농지는 관리하기에 짐이 된다는 이유 때문에 판매하였다고 전한다. 가드나와 슈쿠르(Gardner & Shukur 1994)는 그들의 연구에서 고향의 토지소유 등 재산 관리에 대해 영국 거주 인도인의 세대간 차이를 보여주고 있다.

36) 필자는 2006년 1~2월 캐나다 밴쿠버 시크 커뮤니티 현지 조사 시 우팔 싱을 인터뷰한 바 있었는데, 2007년 1월 겨울 편잡의 치마 카란에서 우연히 그를 다시 만나게 되었다. 필자는 해외 인도인과 모국과의 유대가 지속되는 현장을 목격하였고, 초국가적인 시대적 성격을 피부로 느낄 수 있었다.

37) 앞서 언급한 현지조사 기간 참여관찰 했던 파그와라 결혼식장에 참석한 해외 이주자와 그들의 자녀들은 영어를 구사하고 식장을 몰려다니며 자신감 넘치는 제스처를 하고 있었다.

고향을 방문하는 11~2월 사이에 치마 카란에는 해외 거주 친지들이 선물로 가져온 해외 용품들이 풍성하다. 이들 선물들은 주로 의류나 펀잡에서 쉽게 구할 수 없는 생필품과 소모품들이다. 예컨대 구르다와르 싱의 영국에 사는 남동생과 캐나다에 사는 여동생이 겨울철 휴가를 보내기 위해 고향을 방문할 때면 그들은 화장품 등을 선물로 가져오곤 한다. 해외 물품을 사용해본 구드다와르 싱과 그의 부인은 델리나 찬디가르처럼 대도시를 방문할 때면 해외 친지들이 가져왔던 것과 유사한 브랜드를 찾는 습관이 생겼다.38) 해외 이주자의 과시적 소비와 해외 소비상품의 마을 유입은 이주를 시도하는 사람들의 이주 욕망을 자극시키는 요인의 한 가지로 작용한다. 특히 해외 이주 노동을 하는 가족원이 잠시 귀국할 때 가져오는 의복, TV, 스테레오, 주방용품 등은 펀잡의 이주하지 못한 이웃들로 하여금 이주 욕구와 시샘을 불러일으킨다.

무엇보다도 초국가적 연결이 가장 드러나는 영역은 이주자의 마을 공동체에 대한 대규모의 송금이다. 많은 개발도상국들의 경우에서 알 수 있듯 이주자의 국내 송금액은 수출액과 거의 상응할 정도로 모국의 경제에 차지하는 비중과 역할이 지대하다.39) 이주자가 보내는 현금은 가족뿐 아니라 지역 공동체의 상수도 시설, 사원, 스포츠 시설 등의 인프라 구축을 통해 지역사회 발전을 촉진시키고 종종 사회적 변혁의 원천

---

38) 읍내 이발소에서 면도를 해오던 구르다와르 싱은 고향을 방문한 영국의 동생이 선물한 전동 면도기를 사용하기 시작하면서 이제는 자동면도기가 아니면 불편함을 느끼기 시작했다고 한다. 선물 받은 면도기가 고장 나자 델리에 가서 인도산 전동면도기를 구입하여 현재 사용하고 있다.

39) 세계은행의 통계에 따르면 2005년 한 해 동안 해외 인도인의 국내 송금액은 미화 220억 불로 2001년 130억 불에 비해 크게 늘었다. 여기에 가족, 친지 등을 통한 비공식적 송금을 포함하면 송금액은 공식 통계치의 두 배는 될 것이라고 주장한다(Thandi 2006).

이 되기도 한다.

해외에 거주하는 치마 카란 출신 시크들은 해외 사원모임을 통해 또는 비공식적 모임을 통해 후원회를 조직하여 마을에 지속적으로 현금을 기부하여 왔다. 특히 영국과 북미에 거주하는 자트 시크들은 학교, 보육원, 마을 보건소, 화장터, 시크 구르드와라, 마을 도로의 신·개축과 보수를 위해 수십만 루피부터 수천 루피에 이르는 크고 작은 액수를 마을에 지속적으로 기부하여 왔다. 예컨대 1954년 영국으로 이주한 자트 시크 다르바라 싱(Darbara Singh, 남자 81세)은 영국에서 생활기반을 잡기 시작한 1970년대 말부터 마을을 위해 크고 작은 기부를 꾸준히 해왔다. 그는 2006년 80세 되는 생일에도 축하하기 위해 모인 자트 시크들로부터 모금한 15만 루피(한화 약 3백7십5만 원)를 마을 학교발전을 위해 기부하였다[40].

지난 20여 년 동안 '학부모교사연합회'(PTA)의 위원장과 학교후원회의 마을 지부장을 맡고 있는 체탄 싱은 학교 후원금 모금에 자트 시크의 경쟁심을 자극하여 많은 액수를 모금하였다. 주로 겨울철에 고향을 방문하는 해외 자트 시크들에게 기부자의 명판부착과 감사패 전달 장면을 담은 사진을 보여주면서 새로운 후원자가 될 것을 부탁하였다. 학교 발전을 위한 기부금은 학교 '후원위원회'(committee of patron)의 이름으로 현재 70만 루피(한화 약 1천7백5십만 원)가 적립되어 있으며 여기서 발생하는 이자로 장학금을 지급하고 있다. 학교 후원 외에도 마을의 시크 사원의 개보수, 마을 도로, 화장터, 보건소 등의 시설 확충과 개선을 위한 후원금은 마을 전반적인 삶의 질을 개선하는 인프라 구축을 가져

---

40) 마을 학교에는 학교 발전을 위해 기부한 해외 이주자들의 성명과 가족사항 및 기부 내용이 담긴 수십 개의 명판(名板)들이 학교장실과 복도 벽에 부착되어 있는데, 여기에 여러 개의 다르바라 싱의 명판이 부착되어 있었다.

왔다. 이처럼 해외 거주 자트 시크가 중심이 된 마을 후원은 지역공동체의 인프라 구축 및 삶의 질을 향상시켜주는 데 기여함으로써 고향과의 초국가적 연계를 지속시키고 있다.

Ⅳ. 맺음말

본 연구는 역사적으로 이주가 일상화되어 있는 편잡, 특히 도압 지역 사람들의 사회·문화적 삶에 국제이주가 어떤 영향을 주고 있는가를 밝히는데 그 목적이 있다. 이를 위해 본 연구는 '이주문화'라는 개념을 동원하여 치마 카란 사람들의 이주과정, 송금의 소비행위, 이주전략과 이주로 인한 특정한 가족과 혼인유형의 등장, 일상생활의 변화 등을 기술하고 설명하였다. 캔달과 메시(2002)의 주장처럼 치마 카란의 국제이주는 마을 사람들의 이주 지향적 가치와 태도의 형성에 중요한 영향을 끼쳐왔다. 치마 카란의 '이주문화'의 특성은 마을에서 일감을 찾지 않고 브로커를 통해 해외이주를 기다리는 태도, 가족과 오랜 기간 생이별하는 일과 이로 인해 발생하는 '여성 역할 가중적인 가구'의 등장, 초국가적 중매혼인의 추구, 공동체의 공적 역할 포기 등을 당연한 것으로 인식하는 태도에서 분명하게 드러나고 있다.

하지만 치마 카란 사람들의 '이주문화'의 성격은 자생력(self-sustaining power)을 갖고서 독자적으로 생성·지속·운영되는 것은 아니다. 사실 치마 카란 사람들의 국제이주에 대한 적합한 이해는 이들이 놓여 있었던 역사적인 환경과 국제적 정치·경제구조라는 거시적인 측면과 이러한 환경과 구조 속에서 이주 당사자가 지닌 이주 여건과 전략이라는 미시적인 측면이 함께 고려될 때 가능하다.

따라서 본 연구의 전반부의 내용은 주로 거시적인 구조적 환경, 즉 편 잡 지방의 국제이주를 발생시킨 영국식민지기 동안의 경제적 변화(캐널 컬러니 조성), 정치적 결정(시크 연대창설과 해외배치), 국제노동시장 환 경의 변화(영국과 유럽의 단순 노동자의 적극 영입) 등 역사적이고 정 치・경제적 요인들에 대한 설명으로 구성되었다. 그리고 후반부에는 이 러한 거시적 구조 속에서 이루어지는 이주 당사자들의 국제 이주 지향 적인 각종 사회・문화적 실천들(예컨대 친족과 혼인의 전략적 이용, 브 로커를 이용한 불법 이주와 불법체류 등)을 검토하기 위한 '이주문화' 개념을 적극 활용하여 이해하고자 하였다.

편잡의 국제이주는 인도와 같은 개발도상국가의 선진국에 대한 높은 경제적 의존도와 불균등한 노동과 임금환경으로 인해 인도의 편잡지방 에서 주로 영국과 북미 및 중동국가들로 국제이주의 흐름이 지속되어 왔다는 사실과 밀접히 연결되어 있다. 그러나 이들의 구조적 요인들로 인해 발생된 국제이주 흐름을 강화시키고, 국제이주가 나름대로의 지속 성을 가지게 됨으로써 나타나는 다양한 사회・문화적 양상들에 대한 이 해는 '이주문화'라는 개념적 장치를 통해 가능하였다. 특히 편잡지방의 '이주문화'는 국제이주를 당연시하고, 이주자를 우월하게 대해주고, 이 주자의 생활양식을 모방하고자 하고, 다양한 인생행로의 선택들 가운데 에서 국제이주를 실천에 옮기게 하는 오랜 기간 동안 편잡 지방에 확산 되어 왔던 편잡 사람들의 이주 지향적인 사고와 태도를 이해하는데 매 우 중요한 개념틀이 될 수 있다.

한편 본 연구는 그간 상대적으로 소홀히 간주되었던 이주 송출국가, 이주자의 이주과정, 이주가 모국에 남아 있는 사람들에게 끼치는 다양 한 영향에 대한 이야기를 이주연구에서 좀 더 적극적으로 드러낼 필요 가 있음을 강조하였다. 본격적인 초국가적 시대를 맞이하여 해외 이주자와 모국에 남아 있는 사람들 간의 다양한 네트워크가 긴밀해지고 있다. 초국가적 중매혼인과 가족관계의 증가, 모국의 경제발전과 인프라 구축을 위한 해외 송금의 증가, '거리의 종말'과 '사회적 접착제' 역할을 하는 통신과 교통수단의 획기적 발전 등은 국제이주가 모국사회에 끼치는 영향을 증대시킬 수밖에 없는 외부적 환경이 된다. '이주문화'의 개념은 초국가적 연결이 가져온 모국 사회에 끼치는 사회·문화적, 정치·경제적 변화를 이해하기 위한 보조적 개념으로도 유용할 것으로 생각된다.

<참고 문헌>

라윤도. 2005. "인도의 미디어 혁명"『인도연구』. 10:2.
박정석. 2007. "케랄라의 귀환이주자: 이주과정과 소비행위를 중심으로"『인도연구』. 12:1.
신승용. 2007. "인도 이동통시시장 급팽창"『CHINDIA』. 포스코경영연구소.
Ali, S. 2007. "'Go West young Man': the culture of migration among Muslims in Hyderabad, India", *Journal of Ethnic and Migration Studies*. vol. 33:1. pp.37-58.
Ballard, R. 1990. "Migration and Kinship", C. Clarke Peach & S. Vertovec(eds.). *South Asian Overseas: Context and Communities*. Cambridge: Cambridge University Press.
Ballard, R. 1994. "Differentiation and Disjunction among the Sikhs". R. Ballard(ed.). *Desh Pardesh: the South Asian Presence in Britain*. Delhi: B.R. Publishing Corporation.

Ballard, R. 2003. "The South Asian Presence in Britain and its transnational connections", Bhiku Parekh et. al(eds.). *Culture and Economy in the Indian Diaspora*. London and New York: Routledge.

Basch, L. Glick Schiller, N. and Szanton Blanc, C. 1994. *National Unbound: Transnational Projects, Postcolonial Predicaments and Deterritorialized Nation-States*. Langhorne: Gordon and Breach.

Brettrell, C.B. 2003. *Anthropology and Migration: Essays on Transnationalism, Ethnicity, and Identity*. New York: Altamira Press.

Cairncross, F. 1997. *The death of distance*. London: Orion.

Castles, S. & Alastair Davidson. 2000. *Citizenship and Migration: globalization and the politics of belonging*. New York: Routledge.

Cohen, J. 2004. *The Culture of Migration in Southern Mexico*. Austin: University of Texas Press.

Gardner, K. 1995. *Global Migrants, Local lives: travel and Transformation in Rural Bangladesh*. Oxford: Clarendon Press.

Gardner, K. & Ralph Grillo. 2002. "Transnational households and ritual: An overview", *Global Networks*. 2:3. pp.179-190.

Gardner, K. & Filippo Osella. 2003. "An Introduction", Filippo Osella & Gardner, K.(eds.). *Migration, modernity and social transformation in South Asia*, New Delhi: Sage.

Gardner, K. & Abdus Shukur. 1994. "I'm Bengali, I'm Asian, and I'm Living Here: The changing identity of British Bengalis", R. Ballard(ed.). *Desh Pardesh: the South Asian Presence in Britain*. Delhi: B.R. Publishing Corporation.

Ghosh, A. 1992. *In An Antique Land*. London: Granta Books.

Gill, S.S. 2004. "Agricultural Development and Migratory Labour: A Case of Indian Punjab", Ian Talbot & Shinder Thandi(eds.). *People on the Move: Punjabi Colonial, and Post-Colonial Migration*. Oxford: Oxford University Press.

Gillespie, M. 1995. *Television, Ethnicity and Cultural Change.* London: Routledge.

Guarnizo & Smith, M. P. 1998. "The locations of transnationalism". M. P. Smith and L. E. Guarnizo(eds.) *Transnationalism from Below.* New Brunswick. NJ: Transaction Publishers.

Helweg, A. 1979. *Sikhs in England: The Development of A Migrnat Community.* Delhi: Oxford University Press.

Jain, R.K. 1993. *Indian Communities Abroad: Themes and Literature.* New Delhi: Manohar.

Jodhka, S.S. 2004. "Sikhism and the caste question: Dalits and their politics in contemporary Punjab", *Contributions to Indian Sociology.* 38(1&2). pp.165-192.

Kendal, W. & Massey, D. 2002. "The Culture of Migration: A Theoretical and Empirical Analysis", *Social Forces.* 80:3. pp.981-1004.

Kearny M. 1995. "The local and the global: the anthropology of globalization and transnationalism", *Annual Review of Anthropology.* 24.

Kurien, P. 2002. *Kaleidoscopic Ethnicity: International Migration and the Reconstruction of Community Identities in India.* New Bruswick, NJ: Rutgers University Press.

Lefevre, A. 1990. "International migration from two Pakistani villages with different forms of agriculture", *The Pakistan Development Review.* vol. 29:1.

Lessinger, J. 1995. *From the Ganges to the Hudson: Indian immigrants in New York City.* Boston: Allyn and Bacon.

Lessinger, J. 2003. "Indian immigrants in the United States: the emergence of a transnational population", *Culture and Economy in the Indian Diaspora.* London and New York: Routledge.

Mand, Kanwal. 2002. "Place, gender and power in transnational Sikh marriages", *Global Networks.* 2:3. pp.233-248.

Marcus, G.E. & Michael Fisher. 1986. *Anthropology as cultural Critique.* Chicago: University of Chicago.

McLeod, W.H. 1986. *Punjabis in New Zealand*. Amritsar: Guru Nanak University Press.

Mooney, N. 2006. "Aspiration, reunification and gender transformation in Jat Sikh marriages from India to Canada", *Global Networks*. 6:4. pp.389-403.

Naveed-I-Rahat. 1990. *Male Outmigration and Matri-Weighted Households: a case study of a Punjabi Village in Pakistan*. Delhi: HPC.

Osella, C. & Filippo Osella. 2004. "Migration and the commoditisation of ritual: sacrifice, spectacle and contestation in Kelala, India", Filippo Osella & Gardner, K.(eds.). *Migration, modernity and social transformation in South Asia*. New Delhi: Sage.

Pettigrew, J. 1975. *Robber nobleman: a study of the political system of the Sikh Jats*. London: RKP.

Portes, Alejandro. 1997. "Immigration theory for a new century: some problems and opportunities", *International Migration Review*. 31.

Portes, A. Guarnizo, L.E. and Landolt, P. 1995. "The study of transnationalism: pitfalls and promises of an emergent research field". *Ethnic and Racial Studies*. 22.

Puri, H.K. 2003. "Scheduled castes in Sikh Community: a historical perspective", *Economic and Political Weekly*. June: 2693-2701.

Rouse Roser. 1995. "Questions of identity, personhood and collectivity in the transnational migration to the US", *Critique of Anthropology*. 15(4).

Singh, Inder Pal. 1977. "Caste in a Sikh Village", in Harjinder Singh(ed.). *Caste among Non-Hindus in India*. Delhi: NPH.

Smith Michael P. & Guarnizo, Luis, E. 1998. "The Locations of Transnationalism" in M. P. Smith & L. E. Guarnizo(eds.). *Transnationalism From Below*, New Brunswick: Transaction Books.

Smith, R. C. 2006. *Mexican New York: transnational lives of new immigrants*. Los Angeles: University of California Press.

Stalker, P. 김보영 역. 2004. 『국제 이주』. 서울: 이소출판사.

Tatla, D.S. 2004. "Rural Roots of the Sikh Diaspora", Ian Talbot & Shinder Thandi(eds.). *People on the Move: Punjabi Colonial, and post-Colonial migration*. Oxford: Oxford University Press.

Thandhi, S.S. 2006. "Punjabi diaspora and homeland Relations", Seminar: *Re-imaging Punjab*. No. 567.

Vertovec, S. 2004. "cheap calls: the social glue of migrant transnationalism", *Global Networks*. 4(2).

Vertovec, S. & Cohen, R. 1999. "Introduction" in Vertovec, S. & Cohen, R.(eds.). *Migration, Diaspora and Transnationalism: Theory, Context, and Practice*. Oxford: Oxford University Press.

Voigt-Graf, C. 2004. "Towards a geography of transnational spaces: Indian transnational communities in Australia", *Global Networks*. 4:1. pp.25-49.

Walton-Roberts, M. 2001. "Returning, Remitting, Reshaping: Non-Resident Indians and the Transformation of Society and Space in Punjab, India", Research on immigration and integration in the Metropolis Working Paper Series.

Xiang, B. 2001. "structuration of indian information technology professionals' migration to Australia: an ethnographic study", *International Migration*. 39:5. pp.73-88.

제4장
해외송금에 의한 인도 농촌의 경관변화:
편잡 주 치마 카란 마을을 중심으로

조 정 규*

I. 들어가는 말

최근의 이주의 연구에서 국가의 경계를 넘어서 사회관계인 '초국가주의'의 중요성에 대한 관심이 급증하고 있다. 초국가주의에 대한 접근은 '광의'와 '협의'로 나누어서 고찰하고 있는데, '광의'는 전지구적 경제 재구조화와 국민국가의 초국가주의를, '협의'는 이주자 커뮤니티와 본래의 송출사회 안에서 사람과 장소간에 관계의 네트워크를 연구하는데 이 두 개가 별개라고 보는 견해(Basch et al. 1994; Itzigsohn et al. 1999)와

* 전남대학교 지리학과 강사.

서로 본질적이라고 인식(Gardner 1995; Ramji 2006; Salih 2001)하는 견해로 나뉘어 있다.

'광의'의 시각은 세계은행, IMF, WTO, G8국가의 정부, 초국가적 기업과 그들의 두뇌집단, 그리고 대부분의 경제학자들이 관심을 가지고 있다. 이러한 시각은 초국가주의를 자본주의 세계화로 보고 있다(Taylor, S. et al. 2007). '협의'의 초국가주의에 대한 연구에서 인도와 펀잡 지역에서는 해외의 이민과 송금을 통하여 인도의 사회개발 프로젝트간에 관계에 많은 관심을 가지고 있다(Ballard 2003; Thandi 2004; Walton Robert 2004; Taylor, S. et al. 2007). 이들은 현재의 인도의 초국가주의의 필수요소로 이주 네트워크에 의해 남아시아에서 많은 사람들에게 제공되는 사회 이동성을 향상시키기 위한 기회에 초점을 두고 있다(Taylor, S. et al. 2007).

본 연구의 대상지역인 펀잡을 초국가주의의 공간으로써 이해하는데 이주자와 펀잡의 거주자를 연결하는 다중의 초국가주의 네트워크의 중심에서 이들간의 국제간 접촉의 긴 역사를 인식하여야 한다. 이 지역은 19세기부터 노동 이주 특히 무슬림 라지푸트와 자트 시크의 전통이 발달하였다(Shaw 2000). 영국의 전후 노동력의 부족을 메우기 위해 1947년 분리독립 이후 약 20여 년 동안 30만 명의 인도인이 영국으로 이주하였다. 이 인도인의 대부분이 자트 시크를 가진 펀잡인들이었다(Judge 2002). 펀잡으로부터 영국, 캐나다, 호주와 미국으로 이주를 많은 연구자들이 강조하면서 이 디아스포라 집단과 오늘날 펀잡에 남아있는 사람들간에 강력한 경제적·문화적 연계의 유지를 설명하고 있다(Helweg 1979; Kessinger 1974; Lessinger 2003; Mooney 2006; Verma 2002; Voigt-Graf 2003; Taylor, S. et al. 2007).

해외이주자로부터 송금은 농촌 가구의 소득뿐만 아니라 생활수준을 향상시키고 있다. 송금을 받은 농촌의 가구는 이를 생산적인 투자에 이용하는 경향이 높게 나타나고 있다. 농기계, 농지 등의 구입, 주택 개량 및 신축, 농촌의 공공건축물의 신축 등과 같은 영역에서 변화가 나타나고 있다. 마을 내에서 해외에서 송금을 받는 가구와 그렇지 못한 가구간에 소득에 격차가 발생하고 그 결과로 촌락 내에서 경관의 변화를 가져온다. 특히 주택의 경우에 송금에 의한 신축주택들이 들어서고 송금의 양에 따라 주택의 규모가 달라지고 있다. 최근에는 부재 주택들이 증가하는 경향이 나타나고 있다. 해외에 영구이주자가 자신의 고향에 주택을 신축하여 1년에 한 번이나 2년에 한번 고향을 방문하여 일시적으로 거주한다. 이것은 부의 차별성과 해외 이주자의 특별함을 강조하는 '구별짓기'의 하나이다. 또한 최근의 '상징경관'의 한 형태로 주택의 상단부의 물탱크에 여러 가지 형상으로 자신의 존재를 표현하고자 하는 욕망을 표출하고 있다.

  본 연구의 대상이 되는 치마 카란 마을은 인도의 펀잡주 잘란다르(Jalandhar)군 누르메할(Nurmehal)에 있는 농촌 마을이다. 치마(Cheema) 마을은 치마 카란(Cheema Kalan)과 치마 쿠르드(Cheema Khurd)로 이루어졌는데 치마 카란이 규모가 큰 마을이고 치마 쿠르드는 작은 마을이다. 치마 카란 마을의 주민은 다양한 카스트로 구성되어 있는데, 주도적인 카스트는 자트 시크이고, 라비다스와 발미키 등이 분리된 거주지에서 살고 있다. 치마 카란 마을은 펀잡의 중앙부에 위치하고 있고 주민의 대부분이 농경을 담당하는 자트 시크들로 구성되어 있어 주로 농경을 주로 하고 있다. 밀과 사탕수수 재배가 주로 이루어지고 있으며, 일부는 목축업을 통해 젖소를 사육하고 있다. 농업활동은 주로 기계에 의해 이루어지고 있으며, 비하르나 오리사 주 등에서 온 노동자들이 일부를 담당하고 있다.

이 마을은 편잡의 도아바(Doaba) 지역에 속하며 비스(Beas) 강과 사틀
루지(Satluj) 강 사이에 있는 평원지대이다. 도아바 지역은 잘란다르, 호
시아르푸르, 루디아나, 카푸르달라의 4개 군으로 이루어져있고, 편잡주
에서 가장 비옥하고 생산성이 높은 토지의 일부를 포함하고 있다. 그렇
지만, 소규모의 토지소유와 토지에 대한 증가하는 인구압이 외부로의
이주를 유도해왔다. 특히, 캐나다, 영국, 미국과 같은 서방 국가들과 최
근에는 중동지역으로 이주하였다. 이 이주자들과 고국과의 상호관계 속
에서 많은 변화들이 나타나고 있다. 인적 교류 및 경제적 교류는 이 지
역 주민의 가치관과 경관에도 영향을 미치고 있다. 결혼, 이민, 주택, 토
지 등에서 변화가 나타나고 있다.

본 연구를 위하여 인도의 농촌 중에서 해외이주가 활발히 이루어지고
있고, 또한 농촌의 경관변화가 뚜렷이 나타나고 있는 편잡 주의 중앙에 있
는 잘란다르 군의 치마 카란 마을을 연구지역으로 선정하였다(<그림 1>).

<그림 1> 치마 카란 마을 전경

이 연구는 '협의'의 초국가주의에 대한 연구로서 편잡의 농촌의 한
마을을 대상으로 이주네트워크에 의한 농촌의 경관 변화에 초점을 두고

있다. 해외에서 보내준 송금이 농촌경관에 어떠한 변화를 가져왔는가를
고찰하는 것이다. 편잡 주의 농촌의 가시적 경관인 주거경관과 공공경
관(종교건축, 마을 회관, 도로)의 형성과 변화에 송금이 어느 정도 영향
을 미치는가를 고찰하고자 한다.

Ⅱ. 치마 카란 마을의 해외이주

편잡의 거주자들은 유목민 부족의 후손들이고 푸른 초지로의 이주는
타고난 것이다. 이 사람들 특히 자트와 람가리아 시크들은 더 많은 것을
벌 수 있는 기회가 있는 곳이면 어디든지 달려간다. 이들의 이주는 세계
의 정치-경제의 변화에 대응하는 다른 시간에 다른 형태로 일어난다.
편잡에서 다양한 외국의 목적지로 이주와 한 외국의 장소에서 또 다른
곳으로 이주는 편잡으로부터 사람들이 해외에서 변화하는 기회들에 새
로운 도전을 취할 수 있는 방법을 쉽게 반영한다. 20세기 시작 무렵, 인
도의 영국정부는 중앙 편잡의 서남부에 새로이 관개된 수로 지역에 대
한 식민화를 시작하였다. 동시에 중앙 편잡 지역들은 이미 인구압의 영
향을 받기 시작하였다. 그들의 토지는 대 가족의 열망을 지원하기에 불
충분하였다. 중앙 편잡으로부터 수 천 명의 시크 가족들은 현재의 파키
스탄에 남긴 채 수로 지역에 정착했다. 그들은 비카너(Bikaner)의 황무지
를 개간했다. 나중에 그 지역은 우타르 프라데시에서 테라이(terai)의 정
글이 되었다. 이 새로운 땅들은 그곳까지 이주한 사람들에게 번영을 가
져다주었다(Harpal Singh Mavi & D.S. Tiwana, 2004).

초기 편자비들의 해외 이주의 대부분은 인도가 대영제국의 일부분이
되었을 때 발생하였다. 1840년 영국-시크간 전쟁 후에 영국령 인도에

펀잡의 합병으로, 영국정부는 군대에서 시크들을 우선적으로 채용을 시작하였다. 대영제국 당국은 그들의 채용 정책을 바꾸고 다루기 힘든 벵갈 군대를 그들이 더 '충성심'이 강하다고 생각한 사람들로 대체하기로 결정했다. 펀잡이 군대의 전통을 가졌고 그 지역이 폭도들을 지원하지 않은 이래로, 새로운 군대의 채용을 위한 최우선의 지역으로 선택되었다. 입대한 사람들은 더 가난한 소작농의 농부 가족의 구성원이 대부분이었고 특히 약간의 성인 아들의 존재 때문에 노동력의 잉여가 있는 사람들이었다. 그들 가운데서 빈번히 채용된 대부분은 그때도 지금처럼 펀잡에서 인구가 가장 밀집된 지역인 특히 잘란다르 지역 출신인 자트 시크들이었다(Ballard, R. 1983).

1880년대까지, 인도의 군인들은 극동에서 여전히 팽창하는 대영제국에서 질서를 유지하는데 도움을 주기 위해 해외로 배치되기 시작하였다. 얼마 후에, 시크 전 군인들은 야경과 경찰로서 직업을 갖기 시작했고 역시 싱가포르, 홍콩, 상하이에서 소규모 기업을 설립하기 시작하고 그래서 회사설립이 해외에서 활동의 전통이 되었다. 20세기의 도래까지 시크 개척자들은 브리티시 컬럼비아에서 벌채노동자로서, 캘리포니아에서 농업 노동자로서 일을 하였다. 유럽출신의 경쟁하는 농업 이주자들이 이 개척 지역들로부터 '아시아인'을 배제하는 이민법의 통과를 어떻게든 강제하려고 할 때, 그들은 간단히 다른 곳으로 돌렸다: 예를 들면, 그들이 1930년대에 철도 건설에 도움을 줄 수 있는 버마, 필리핀, 동아프리카로 이주하였다(Ballard, R. 1983).

이주의 두 번째 국면은 제2차 세계대전과 인도의 독립 이후에 몇몇 국가들이 전쟁으로 황폐화된 경제를 재건하기 위해 값싼 노동을 얻기위해 이민정책을 완화했을 때 시작되었다. 이 완화는 국가의 분리 독립이 가져온 혼란과 연결되었고 다시 한번 이주를 위한 주도적 요인이 되었다. 영국의 산업이 전후 붐의 시대동안에 노동력부족에 직면할 때, 이민의 초점은 사우스올, 버밍엄, 브래드포드로 이동했다. 그리고 차별적 규정에 의해 다신 한번 배제되었을 때, 이주자들은 적어도 그 붐이 지속하는 동안에 독일, 네덜란드와 덴마크에서 직업을 가졌다(Ballrd, R. 1983). 대부분의 펀자비들은 계약 노동자보다는 오히려 승객 이주자로서 해외로 갔다. 유리한 이민 정책과 연결되는 직업 기회들의 소문이 중앙 펀잡의 촌락에 도달했을 때, 가족 재원은 젊은 남성 가족 구성원의 한 사람을 해외로 여행 자금을 조달하는데 공동으로 출자하였다. 그리고 일단 한명의 가족 구성원이 해외에 자리를 잡게 되면, 종종 송금된 돈이 다른 가족 구성원의 이민에 자금을 조달하는데 도움을 주었다. 이것은 촌락의 배우자와 친척에서 연쇄 반응을 시작하였다(Harpal Singh Mavi & D.S. Tiwana, 2004).

산업화된 세계가 경기침체의 한 중앙에 있을 때 잘란더르인의 많은 수는 리비아, 사우디아라비아와 아랍에미리트에서 건설현장에서 직업을 얻었다. 긴 기간에 걸쳐 그들은 해외에서 충분한 돈을 벌 수 있는 기회를 찾기 위해 고도로 숙련화되었다. 잘란다르 도압에서 모든 읍에서 여행대리인은 세계의 모든 부분에서 노동시장의 국가에 대한 최신 정보를 제공할 수 있고 비교적 비싸게 노동이 현재 요구되는 어디든지 그가 얻기 위한 필요한 서류 모두를 지망하는 이주자에게 제공한다(Ballard, R. 1983).

오늘날 영국에 약 60만 명, 캐나다에 35만 명, 미국에 약 50만 명이 있다. 게다가, 수십만 명이 말레이시아, 싱가포르, 호주, 뉴질랜드 그리고 동아프리카 국가들에 정착했다. 이 수치들은 시크에 한해서 만이다. 이 외국 땅으로 이주한 펀자비 힌두 가족들과 이 국가에서 총 펀자비 인구는 대략 세 배가 되었다.

그들이 밀집된 지역 혹은 국가에서 펀자비 이민자들은 공용의 독특한 패턴을 따르는 경향이 있다. 영국에서 그들의 대부분은 주물공장과 덜 매력적인 공장들로 노동을 끌어들이기 위해 제공된 상대적으로 높은 임금을 선택했다. 브리티시 컬럼비아와 캘리포니아에서 초기 이민자의 대부분은 목재 산업과 과일 따기에 종사했다. 싱가포르, 말레이시아와 홍콩에서 고용은 은행과 백화점의 경비원이었다. 펀잡에서 태평양 연안으로 이주가 지배적인 자트 시크와 대조적으로, 동아프리카로 초기 이주는 철도 건설을 위해 람가리아들(기술공)에 의해 두드러졌고 그 뒤에 숙련 노동자를 공급하기 위해 채용되었고 식민지 경제에 중개인 역할이 채워졌다. 그들의 가장 늦은 진출은 석유 부국 중동 아랍 국가들이다 (Harpal Singh Mavi & D.S. Tiwana, 2004).

치마 카란 마을의 이민도 펀잡 주의 다른 지역과 비슷한 경향을 보이고 있다. 영국, 캐나다, 미국, 뉴질랜드 등에는 영구적 이민자들이 많은 반면에 중동 지역은 근로자로서 일시적 이민자들이 대부분이다.

Ⅲ. 송금에 의한 주거경관의 변화

1. 치마 카란 마을의 전통적 주거경관

주거들이 갖는 다양한 형태는 한가지만으로는 충분히 설명할 수 없는 하나의 복합적인 현상이다. 그러나 모든 가능한 설명은 인간이 다양한 물리적 환경에 반응하는 태도와 이상은 매우 다르다는 단 하나의 주제의 변형이라고 요약할 수 있겠다. 이 반응은 사회·문화·의식·경제적 요소들의 상호작용의 변화와 차이 때문에 장소에 따라 달라진다. 이 요소와 반응들은 동일한 장소에서도 시간의 흐름과 함께 변하기도 한다 (Rapoport, A., 이규목 역, 1985).

인도의 촌락 가옥은 우선 그 지붕의 형태와 가옥 배치 모양을 기준으로 나뉜다. 가장 일반적인 지붕은 경사가 있는 것이고 배치 모양은 직사각형인데, 긴 벽면에 입구가 있어 평평하게 들어가는 식이 일반적이다. 지붕을 기준으로 보면, 평평한 지붕의 가옥이 있는데 이런 가옥은 강우량이 600mm 이하의 건조지대에서 많이 발견된다. 즉 카슈미르 남부에서 펀잡, 하리야나, 서부 우타르 프라데시, 구자라트, 라자스탄 그리고 까르나따까와 안드라 프라데시의 일부가 이에 속한다(이광수, 1999).

주택은 단지 구조물이 아니고 복합적인 일련의 목적을 위하여 창조된 하나의 제도이다. 왜냐하면 집을 짓는다는 것은 문화적 현상이기 때문에 그 형태의 조직은 그것이 속한 문화적 환경에 크게 영향을 받는다. 은신처의 제공이 주택의 소극적 기능이라면, 그 적극적인 목적은 한 인간의 생활에 가장 적합한 환경, 다시 말하면 공간의 사회적 단위를 창조하는 것이다(Rapoport, A., 이규목 역, 1985).

인도의 가옥형태는 중앙 마당을 가진 북부형과 중앙 마당을 가지고 있지 않은 남부형으로 나눌 수 있다. 북부인도지역에서 가옥의 구조는 앞부분에 사랑방, 집안에 중앙 마당을 배치한다. 중앙마당은 단순한 그 주위의 방이나 별채들을 연결하는 역할을 하지만, 사실상으로는 단순한 공간상의 문제에 국한하지 않고 사회적, 종교적으로 큰 의미를 갖는다 (이광수, 1999).

치마 카란 마을의 전통주택의 형태는 인도의 농촌지역에서 나타나는 형태와 유사하다. 인도의 주택의 형태를 지붕의 형태와 가옥 배치 모양을 기준으로 구분하고 있다. 가장 일반적인 유형은 경사가 있는 지붕형에 직사각형의 배치모양을 하고 있다. 인도 전통주택의 형태에서 지역

간의 차이는 지붕형에 있다. 지붕형은 강우량에 따라 그 형태가 약간 달라지는데, 강우량 600mm를 전후하여 그 이상의 지역은 경사가 있고, 그 이하인 지역은 평평한 형태를 갖는다. 이 마을의 전통주택은 적벽돌의 빡까주택으로 평평한 지붕형에 중앙 정원을 가진 二자형의 직사각형의 형태를 취하고 있다(<그림 2>).

<그림 2> 치마 카란 마을의 전통주택

인도인의 가옥은 음식을 둘러싼 의식의 경우와 마찬가지로 빡까와 깟차로 구분되는데 그 구분의 기준은 가옥을 짓는 재료다. 빡까라고 하는 것은 벽돌이나 돌과 같은 내구 물질의 가옥을 말하고 깟차는 햇볕에 말린 흙벽돌이나 흙블록 등으로 지은 가옥이다. 깟차가옥과 빡까가옥 사이에는 식사의 경우와 달리 정(淨)-부정(不淨)의 차이는 없다. 다만 가옥에 있어서 정-부정의 차이는 화장실의 위치에 따라 결정되는 것은 있으니, 화장실이 본채에서 떨어져 있거나 따로 만들지 않는 것이 정결한 가옥이다(이광수, 1999).

치마 카란 마을의 전통적인 주거는 빡까와 깟차로 이루어져 있다. 초기에는 깟차 주택이 일반적이었으나 점차 빡까 주택으로 전환이 이루어졌다. 이 마을의 전통주택에서 주택의 재료에 따른 정—부정의 차이는 존재하지 않고 있다. 다만 정—부정의 차이는 화장실의 위치에 따라 결정되고 있어서 실제로 이 마을에서 과거에 지어진 전통적인 주택에서는 화장실에 집안에 존재하지 않는다.

전통주택에서 부엌은 건물 안에 있지 않고 건물 밖에 아궁이를 만들어 이용하고 있다. 이는 인도의 더운 기후를 반영한 것으로 생각된다. 아궁이에 사용되는 연료는 농작물의 부산물과 소똥이 주로 이용되고 있다. 이는 이 지역의 자연환경에 많은 영향을 받은 결과이다. 이 지역은 평원 지대로 대부분이 농경지로 이용되고 있기 때문에 산림지대가 거의 없다. 그래서 나무를 연료로 사용할 수 없기 때문이다. 또한 이들의 음식과도 밀접한 관련이 있다.

2. 송금에 의한 주거경관 변화

주거형태는 단순한 물리적인 힘이나 혹은 어느 하나의 우연한 요소의 결과가 아니고 넓은 의미에서 본 포괄적인 범위의 사회문화 요소의 산물이다. 주거형태는 기후적 조건과 구조방법, 재료와 공법에 따라 번갈아가며 수정 변경된다. 여기서 사회문화적 영향력은 일차적인 요소이고 주택의 형태를 결정하는 것은 인간이 자기의 이상적인 생활에 관해 갖고 있는 미래상이다. 주택의 형태는 종교적 신념, 가족과 그 일가의 구성, 사회조직, 생계영위 수단, 개인 상호간의 사회적 관계 등을 포함하는 여러 사회문화적인 힘들을 반영하여 결정된다(Rapoport, A., 이규목 역, 1985).

이러한 것들이 반영되어 치마 카란 마을의 주거형태에도 변화가 나타나기 시작하였다. 전통 주택과는 다른 형태의 주택이 건축되기 시작하였다. 이 새로운 양식의 주택 건축에는 해외 이주자의 역할이 상당히 중요하게 작용하였다. 해외 이주자들의 고향 방문은 주택문화의 큰 충돌이 발생하였다. 특히 영국과 캐나다로 이주한 사람들의 고향방문에서 주거생활 특히 화장실 이용에서 불편함을 초래하였다. 이러한 점들이 이 농촌마을의 주택에 있어 정－부정의 관념을 약화시키면서 화장실의 주택 내부로의 도입을 가져오게 되었고 더 나아가 신축 주택이 건설되었다. 신축주택은 이주자의 영향으로 이 지역의 전통적인 형태에서 서구의 주택양식을 도입하였다. 그리하여 기존의 주택과 조화를 이루지 못하는 독특한 형태로 건축되면서 한 마을에 상이한 성격을 지닌 두 개의 마을이 존재하는 부조화를 가져오게 되었다.

이러한 주거경관의 변화에 영향을 미친 요소는 해외에 이주한 이주민들이 보낸 송금에 의해 이루어진 측면이 강하다. 물론 내부적으로 경제활동을 통해 자금을 축적하여 신축주택을 건설하는 경우도 있지만 그 경우도 주택 양식은 전통적인 양식이 아닌 새로운 양식으로 전환하고 있다.

송금의 경우는 크게 두 가지로 나누어진다. 해외로 영구 이주한 경우와 최근에 일부 나타나기 시작한 노동자로 일시적 이주로 자금을 축적하여 신축 주택을 건축하는 경우이다. 후자의 경우는 이 마을에서 주도적인 카스트인 자트 시크에서보다는 다른 카스트인 라비다스, 발미키, 브라만, 체르 등에서 일반적으로 나타나고 있다.

자트 시크의 경우는 크게 세 가지 방법으로 주택의 건축 비용을 충당하고 있다. 첫째는 현지에서 자신의 노력으로 주택건축비를 마련하는 경우이다. 농경과 목축을 통한 자본축적을 통해서이다. 둘째는 이곳의 자트 시크들의 가장 일반적인 경우로 해외로 이주한 친족의 송금으로 주택을 신축하는 경우이다. 셋째는 자신들이 직접 근로자로 해외에 나가 자본을 들여와 건축하는 경우이다.

해외송금에 의한 주택 경관도 시대에 따라 그 형태가 달라지는 경향을 보여주고 있다. 1960년대와 1970년 초에는 과거의 전통적인 주택양식을 약간 변형하는 형태로서 그 규모가 커지는 형태이다. 1970년대 중반에서 80년대에는 전통적인 주거양식과는 다른 주택들이 만들어지기 시작하였다. 중정식의 二자형의 형태에서 벗어나 一자형의 주택들이 만들어지기 시작하였다. 그 이전에는 벽에 시멘트를 바르지 않았는데 이 시기에는 벽에 시멘트를 발라 외관을 더 멋있게 꾸미는 형태가 등장하였다. 1990년대에는 그 이전과는 다른 서구형의 주택들이 신축되기 시작하였다. 기존에 중정식의 형태는 거의 소멸되고 단 동의 2층 주택들이 신축되었다. 2000년대는 한마디로 과시적 주택의 등장이다. 3층 주택들이 등장하는 등 가족의 규모보다 훨씬 큰 주택들이 등장하고 있고 '상징경관'으로서 자신을 과시하려는 상징물들이 주택의 지붕에 등장하기 시작하였다.

1930년대 말 미국으로 이주한 자트 시크인 다르와나 싱(Darwana Singh, 사망)이 1969년 고향에 건축한 인도식 2층 주택이 해외의 송금으로 건축된 주택이다(<그림 3>). 이 주택은 형태는 웅장하고 그 당시에 없는 2층으로 지어졌는데, 인도의 전통주거의 평면형태인 二자형이 아닌 본채만을 2층으로 올리고 입구에는 건물이 없는 형태이다. 이 형태의 변형이 반영되었지만 그 당시 인도의 전통적 주거 관습을 그대로 반영하여 지어졌다. 화장실이 집안에 없는 형태로 지어졌는데 최근에 입구에 소변기를 갖춘 임시의 화장실을 갖추었다.

<그림 3> 1960년대 송금으로 지어진 다르와나 싱의 주택

　브라만, 라비다스와 발미키 등 치마 카란 마을에서 비 주류인 사람들의 송금에 의한 주택경관의 변화를 고찰하고자 한다. 이들의 경우는 자트 시크와는 송금의 유형이 약간 다르다. 물론 이들 중에 가족들이 해외로 이민을 가서 보내준 돈으로 주택을 신축하는 경우도 있지만 이들의 대부분은 일시적 해외 이주 즉 노동자로 해외이주를 통하여 송금해 온 돈을 가지고 주택을 신축하고 있다. 이들은 가족들이 해외에 이주한 경우가 거의 없어 친족에 의한 연쇄이주의 경향이 거의 나타나지 않고 있다. 그러한 결과로 해외로의 이주도 쉽지 않은 형편이다. 해외이주는 중동이나 동남아시아 등에 노동자로 이주하는 것이다.

　브라만인 아슈와니(Ashuwani, 남 47세)의 경우 2002년부터 3층으로 규모가 큰 주택을 건축 중에 있는데 현재는 건축이 중단된 상태이다. 동생 차란(Gharan, 남 38세)이 두바이로 노동자로 가서 송금한 돈으로 공사를 시작하였는데 주택의 규모가 커서 동생의 송금으로 주택을 완성하지 못하여 주택 자금을 마련하기 위하여 집주인은 브로커를 통하여 근로자로 영국에 나가 있다. 집에는 부인과 가족이 남아 있다(<그림 4>).

<그림 4> 아슈와니의 신축중인 주택

<그림 5> 부타 람 발미키의 주택

발미키의 경우 4가구 정도가 해외 송금에 의해 주택을 신축하였다. 그 중에서도 부타 람(Bhuta Ram, 남 60세)은 3층의 주택을 신축하였는데 영국에 있는 동생들과 이태리로 불법 이주한 두 아들로부터 송금을 받아 2004년에 건축하였다. 이 주택은 발미키 집단 거주지에 있는데 발미키 거주에서는 물론 치마 카란 마을에서도 큰 규모의 주택이다(<그림 5>). 또 다른 발미키인 마두(Madhu, 남 35세)는 두바이로 노동자로 나간 두 동생이 보내 준 돈으로 기존의 주택을 개조하고 서양식 부엌과 욕조

를 설치하였는데 치마 카란 마을에서 욕조가 거의 없는데 욕조를 설치
한 것은 두바이에 간 두 동생의 영향이 큰 것으로 생각된다(<그림 6>).
또한 입구에 이슬람식의 기념공간을 만들었는데 이 또한 두바이로 간
두 동생의 영향이다.

<그림 6> 마두 발미키 집의 화장실과 욕조

<그림 7> 라비다스의 신축 중인 주택

라비다스의 경우도 중동에 근로자로 나가 번 돈을 주택 신축에 투자

하였으나 투자 금액이 적은 관계로 집의 규모는 아주 작은 편이다(<그림 7>).

브라만, 라비다스, 발미키의 거주지에서 신축 주택이 없는 경우는 이들의 경제적 기반이 열악하고, 또한 해외 노동자로 나갈 수 있는 기회가 거의 없기 때문이다. 해외 근로자로 가기 위해서는 에이전트를 이용해야 하는데 그 비용이 상당하기 때문이다. 중동은 8~10만 루피, 미국은 약 20만 루피가 필요하기 때문에 이 돈을 준비할 여력이 되지 않기 때문에 주택에 투자할 돈을 마련할 방법이 많지 않다.

치마 카란 마을의 다수를 차지하고 경제적으로 부유한 자띠인 자트 시크들은 해외이주의 경험이 다른 자띠들보다 역사가 깊고 그 수가 많기 때문에 송금을 받는 가구수와 그 양이 상당히 많다. 그 결과 치마 카란 마을의 주거경관에서 자트 시크들의 주택의 영향은 상당히 크다. 그 영향은 1960년대부터 나타났다.

치미 카란에서 1950년대와 60년대에 해외로 이주한 자트 시크들은 초기에 노동자로 이주하였다가 경제적으로 안정이 됨으로써 고향에 송금을 하게 되었다. 초기에는 생활필수품이나 농기계 구입, 토지 구매, 그리고 주택의 개량과 신축을 위해 송금이 이루어졌다. 1990년대 중반부터 치마 카란 마을에서 주택의 규모가 커지고 화려해지는 경향들이 나타나기 시작하였다.

치마 카란 마을에서 마을의 농지세 징수를 보조하는 소위 '남바르다르'(Nambardar) 직을 맡고 있는 체탄 싱(Chetan Singh, 남 68세)의 사촌 형제들은 현재 다 영국에 거주하고 있는데 최근 2~3년 사이에 형제들이 이 마을에 호화주택들을 건축하였는데 1년에 한 번 정도 길면 2~3개월 체류하는 정도이다. 나머지 기간은 체탄 싱이 열쇠를 보관하고 있다. 치마 카란 마을에서 토지를 가장 많이 소유한 가문에 속하는 수크 데브싱의 가문은 사촌 형인 발데브 싱(Baldev Singh, 남 65세)은 영국에 노동자로 이주하여 봉제업으로 성공하여 이 마을에 호화주택을 건축하였다(<그림 8>). 또한 수크 데브싱은 이 곳에서 농업에 종사하고 있는데 현재 이 마을에서 가장 큰 주택을 신축하고 있다. 이것은 자신이 이 마을에서 가장 토지를 많이 소유하고 있는 부자인데 그것을 과시하기 위해 건물을 신축중이라고 한다(<그림 9>). 이는 다른 자트 시크들과의 경쟁의식의 발로라고 생각한다.

<그림 8> 발데브 싱의 호화주택

<그림 9> 수크 데브싱 동생의 신축 주택

최근에 송금에 의해 지어진 주택이 필요이상으로 거대하게 지어지고 있다. 이는 주택 건축자들 간에 경쟁의식에 바탕으로 두고 있다고 생각된다. 자트 시크들은 기본적으로 경쟁의식이 강한 것으로 알려져 있는데 이런 것들이 이를 더욱 강화하는 것이 아닌가 생각된다. 또한 이 마을의 한 구성원인 발미키의 경우에도 가족의 수에 맞지 않게 3층으로 주택을 신축했는데, 이 사람은 해외에서 보내 준 송금의 자금의 전부를 이 주택에 투자하였다.

여전히 영국에 거주하는 NRI 중에 편잡에서 물리적 공간의 소유의 약속이 있다. 그렇지만 이것은 전통적인 자트 농업에 대해서 아니라 디아스포라 집단의 독특함과 높은 자존심을 주장하고자 하는 시도에서 인도에서 크고 호화로운 주택을 건설하는 것이다. 16개의 침실만큼 많이 가진 일부와 금으로 끝을 장식한 금속 담으로 둘러싸인 많은 거대 주택과 대저택이 강조되고 도아바의 일부 지역에서 농촌 편잡의 경관을 지배한다. 일반적으로 소유자의 이름과 거주 국가를 가진 출입구에 금으로 글자를 넣은 표시가 있다. 이 주택들의 대부분은 소유자가 NRI이라는 것을 가리키는 비행기, 독수리 혹은 축구공의 형상을 한 맨 꼭대기에 물탱크를 갖는다. 이 주택의 외부와 내부는 가장 사치스러운 서양 스타일로 장식되었다. 그것들은 동시에 어디든지 있는 상징이고 외국의 편자비 거주자, NRI의 특별함과 부를 생각나게 하는 것이다(Taylor S. et al. 2007). 특히 사치스런 개인 주택의 건축과 눈에 띄는 소비를 통하여 초기의 송출 사회의 구별짓기(Bourdieu, 1984)와 부의 주장은 '상징자본(Bourdieu, 1990)'으로 경제자본의 전환으로써 종종 이론화되었다. 그것은 예를들면 인도에서 케랄라(Osella and Osella, 2000)와 구자라트(Ramji, 2006), 방글라데시(Gardner, 2005), 스리랑카(Gamburd, 2000), 파키스탄(Ballard, 2004)와 모로코(Salih, 2001)로부터 다른 초국가적 이주자의 연구에서 공통된 현상이었다(Taylor S. et al. 2007). 이러한 현상은 치마 카란 마을에서도 예외 없이 나타나는 현상이다(<그림 10>). 과시적 주택의 상징경관을 나타내는 상징물은 이 지역의 중심지인 누르메할에서 제작되어 <그림 10>과 같이 전시가 되고 있고 최근에 이곳에서 신축되고 있는 주택들에서는 흔히 볼 수 있는 광경이다.

<그림 10> 치마 카란 마을의 주택의 상징경관들

이러한 과시적 주택의 건설이 나타나는 이유는 몇 가지로 고찰할 수 있다. 첫째는 NRI들의 성공에 대한 자랑이 가장 중요한 것이다. 외국에서 성공하였으므로 나는 편잡에 남아 있는 사람들보다 더 특별하다는 것을 보여주기 위한 것이다. 이러한 것은 과시주택의 부재지주의 상태

에서 뚜렷이 나타난다. 둘째는 자트 시크들의 경쟁의식이다. 이 지역에
서는 토지를 대부분이 자트 시크들이 소유하고 있고 나머지 카스트들은
토지를 소유하지 못하여 경제적으로 낮은 상태에 있다. 그런데 다른 카
스트들이 해외로 이주한 가족들의 도움으로 과시적 주택을 신축하면 경
제적으로 부유한 자트 시크들이 그것에 대한 경쟁의식이 발동하여 더
호화로운 주택을 건축한다. 또한 같은 자트 시크 내에서도 경쟁의식이
동일하게 작용하기 때문에 과시적 주택의 건축이 활발히 전개되고 있
다. 셋째는 NRI들의 인도 내 투자의 불안이다. 넷째는 원래 자트 시크들
은 농부였기 때문에 토지소유에 대한 집착이 매우 강하다. 외국에 이주
한 사람들 중에 고향인 펀잡의 토지에 투자하여 소유하고 있는 사람들
이 많다. 그런데 NRI들의 과다한 투자로 토지의 가격이 상대적으로 너
무 높이 올라 토지에 대한 투자의 수익률이 낮아 2000년부터 자트 시크
들의 토지에 대한 투자가 이루어지지 않고 있고 대신에 주택에 자신의
부를 과시하는 형태로 나타나고 있다.

　도아바의 많은 지역에서 건축부지에 대한 NRI의 수요는 지역 주민의
힘이 미치지 못하는 토지의 가격을 올리고 있다. 이것은 Kessinger(1974)
과 Helweg(1979) 양자가 참여한 25년 전보다 더 실재적이고 그것은 다른
국제 이주 패턴과 결과적으로 일어나는 초국가주의적 연계에서 관찰되
었다(Ballard, 2004; Gardner, 1995; Osella and Osella, 2000). 서양(특히 영국)
으로 이주의 긴 역사를 가진 펀잡 주의 호르쉬아르푸르 군에 있는 한
촌락에서 토지의 가격은 현재 NRI 투자가 조금 혹은 거의 없는 촌락의
가격에 세배이다. 소유자의 가족과 친척들이 일부 NRI 주택을 점유하지
만 다른 주택들은 '하인'이란 이름으로 불러지는 영국 이민자의 일부의
사람들에 의해 점유되었다. 그렇지만 주택의 대부분은 일 년의 대부분
동안 빈 채로 유지되고 소유자가 아마 1년에 한번 혹은 매 2년마다 한

번 방문했을 때 단지 이용한다(Taylor S. et al. 2007). 이러한 현상은 같은 도아바 지역인 치마 카란에서도 동일하게 나타나고 있다.

이 마을에서 신축 주택에서 찾을 수 있는 또 다른 특징은 이 마을에 살고 있지 않고 외국에 살고 있는 이주자가 주택을 신축한다는 것이다. 이민을 떠나 현지에 거주하지 않는 이민자들이 크고 화려한 주택을 건축하고 있다. 이러한 유행이 이 마을에 확산되어 상당히 많은 주택들이 주인이 없는 상태로 유지되고 있다.

또한 이들 주택들은 인도의 다른 지역과 달리 주택의 상단에 자신의 집이라고 상징할 수 있는 상징물을 세워 자신의 위신을 강조하는 경향이 두드러진다.

Ⅳ. 송금에 의한 공공경관의 형성

펀자비 초국가주의의 긴 역사가 국가의 경계를 가로질러 가족들과 더 넓은 친족과 카스트 집단들을 통합해왔다는데 의심의 여지가 거의 없다. 영국 펀자비들 중에 이주를 수행한 제일의 동기는 펀잡 그 자체 안에서 더 넓은 친족과 카스트 네트워크의 부분으로써 그러한 가족들의 자존심(izzat)을 높이고 동시에 서양으로 그들의 이주를 위해 노동으로 육친의 미래를 굳게 지키는 것이다. 게다가, 촌락 안에서 건축 혹은 교육과 보건 시설의 향상 혹은 도로, 전기와 물 배급의 증대와 같은 펀잡에서 개발 프로젝트에서 영국 NRI의 투자의 증거들이 있다. 국제 접촉과 이동을 싸게 하는 교통과 통신에서 최근의 발전은 동 펀잡 커뮤니티 사이에 초국가적 물리적이고 실질적인 접촉의 비율을 상당히 증가되었다는 것은 역시 분명하다(G. Singh 2003; Walton-Roberts 2004).

　이민자들은 학교, 도로, 커뮤니티 센터, 구르드와라와 커뮤니티에 음
용수를 공급하기 위한 우물 파기와 펌프 설치를 위해 돈을 제공한다. 사
실 약간의 개발 작업을 위해 돈이 필요할 때, 이민자들은 도움을 주기
위해 국적을 버리고 접근하였다. 이 마을에 따르면, 인도인 디아스포라
는 항상 모든 가능한 한 방법으로 도움을 줄려고 한다(Parveen Nangia
and Uma Saha, 10). 치마 카란 마을에서도 해외 이민자들의 송금이 개인
적인 차원에서 뿐만 아니라 공공부문에도 이루어지고 있다. 학교, 사원,
병원, 도로와 화장터 건립에 해외 이민자의 송금이 중요한 역할을 하고
있다.

<그림 11> 해외송금으로 지어진 학교건물

　학교는 건축물의 대부분이 해외이주민의 송금에 의해 건축되었다
(<그림 11>). 학교의 건축은 1952년에 치마 카란과 치마 쿠르드 두 마
을에서 땅을 2:1로 기부하여 학교 건축이 시작되었다. 해외이민자가 학
교에 기부를 했을 때 그 기부의 내용을 명패로 만들어서 학교의 복도나
교장실에 전시하고 있다(<그림 12>). 이러한 전시는 1991년부터 시작되
었고 2000년 이후 그 기부자의 수와 금액이 급증하고 있다. 이러한 경향

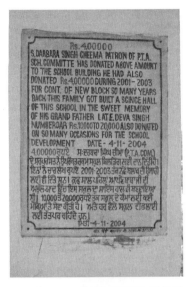

<그림 12> 기부자 명패와 기부자
일람표

은 '학부모교사연합회(PTA)'의 위원장과 학교후원회의 마을 지부장을 맡고 있는 체탄 싱의 노력에 의해 이루어졌다. 고향을 방문하는 해외의 이민자들을 학교에 후원하도록 부탁하고 후원과정을 사진에 담아 보여주고 새로운 후원자가 되도록 권유함으로써 기부가 늘어났고 또한 해외에 정착한 이 마을의 이민자들이 그곳에서 안정된 생활을 누리게 됨으로써 기부가 늘어나게 되었다.

학교는 유치원, 초등학교, 중등학교가 같이 있는데 이 모든 시설들이 해외 이주자의 송금에 의하여 건축되었다. 처음에는 유치원 건물이 다음에 초등학교, 이어서 중등학교의 건물이 해외 송금에 의하여 순차적으로 건축되었다.

펀잡에서 NRI들 중에 또 다른 공통적인 관례는 사망한 친척의 기억을 새기기 위해 그들이 태어난 마을 입구의 마을 문에 자금을 제공하는 것이다. 태어난 그들의 마을안에 매우 크고 현대적인 구르드와라의 수선 혹은 건축에 재정지원을 하는 것이 NRI에 있어 역시 공통적이다. 동펀잡 촌락은 일반적으로 촌락 안에서 다른 카스트를 위한 다른 구르드와라를 가지고 있다. NRI의 대부분이 자트 시크이므로, 오로지 자트 구르드와라만이 현대화되고 확장되었다. 이 양자의 관례는 NRI 집단의 특이함과 높은 자존심을 주장하기 위한 시도이다(Taylor S. et al. 2007). 시

크교도가 중심이 되고 있는 마을이어서 마을에 상당한 규모의 시크사원
이 존재하고 있다. 이 사원은 사제의 개인 자본과 해외에서 모금된 자금
이 투자되어 현재의 모습으로 건축되었다. 처음에는 1층으로 되어 건축
되었는데, 해외 이주자의 송금에 의한 기부로 현재의 모습으로 건축되
었다(<그림 13>).

<그림 13> 송금으로 지어진 구르드와라 사원

<그림 14> 송금으로 지어진 치마 카란 마을의 병원

병원은 부지만이 해외송금으로 매입되었고, 건물과 병원의 운영비는 국가가 부담하고 있다. 병원의 부지는 1985년경에 1 에이커의 땅을 카나일 싱(Karnail Singh), 구르데브 싱(Gurdev Singh), 차란 싱(Charan Singh)의 아들인 조긴더 싱(Joginder Singh)이 기부하였다고 현판을 만들어서 기념하고 있다. 현재 병원은 의사 1명이 진료를 담당하고 있다(<그림 14>).

마을 입구에 시신을 화장할 수 있는 화장터가 2005년부터 건축 중에 있다. 화장터의 건축은 해외 이민자들이 고향 사람들의 편리를 위하여 송금에 의하여 건축 중에 있다. 사회간접자본 중 도로의 일부 마을과 마을을 연결하는 포장도로는 해외의 송금으로 이루어졌다.

V. 맺음말

치마 카란 마을은 자트 시크, 발미키, 라비다스가 중심이 된 마을로 주민의 구성에서 자트 시크가 약 60%, 발미키가 22%, 라비다스가 8%로 이루어져 있다. 이 마을은 평원지대에 위치하고 있어 밀과 사탕수수 농업이 주로 자트 시크들이 담당하고 있다.

이 마을의 해외이주는 편잡 주의 이주 유형과 비슷하게 나타나고 있다. 영국, 캐나다, 미국 등의 서방 국가와 중동 국가들, 그리고 동남아와 오세아니아 지역으로 이주가 이루어졌는데 여기에도 각 계층에 따라 다르게 나타나고 있다. 자트 시크는 주로 친척에 의한 연쇄이주의 경향으로 주로 서방 국가에 집중하고 있고, 발미키와 라비다스는 해외이주의 수가 미비하고 그 대상지역도 중동지역으로 노동이주가 주를 이루고 있다.

송금에 의한 경관의 변화가 뚜렷하게 나타나는 분야는 주택경관과 공공경관이다. 주택경관은 전통적인 편잡의 주택경관에서 변화가 나타나고 있으며, 새로운 주택의 유형들이 등장하고 있다. 새로운 주택의 경향은 1995년 이후로 급격히 증가하는 경향을 보이고 있고, 이때부터 과시적 소비의 형태로 주택의 규모가 커지고 있고 자신을 알리고자 하는 상징경관으로서 물탱크를 장식하고 있다. 또한 해외이주민의 부재 주택 건축도 많이 이루어지고 있다.

공공경관의 형성에 송금의 영향이 절대적이다. 이 마을의 공공경관은 학교, 구르드와라 사원, 화장터, 병원 등이 있는데 이들 모두 해외 이주자의 송금의 영향을 받았다. 학교는 1952년에 해외이주자들의 송금으로 부지를 마련하여 그 후 송금액의 적립에 따라 학교건물들이 신축되었다. 사원은 처음에는 사제에 의해 1층만이 건축되었는데, 해외 송금에 의하여 현재의 모습으로 증축되었다. 병원은 1985년에 경에 해외 이민자가 부지를 기부하고 건물과 운영은 국가가 담당하고 있다. 화장터는 2년 전부터 마을 주민들의 불편함을 해소하기 위해 해외송금에 의해 건축되고 있다.

결론적으로 차마카란 마을은 해외 이민이 많이 이루어졌고, 해외이민자와 모국간에 연계가 활발하게 진행되고 있어 사회·경제적으로 많은 영향을 받고 있는 마을이다.

<참고 문헌>

이광수. 1999. 인도문화: 특수성과 보편성의 이해, 부산외국어대학교 출판부.
Ballard, R. 2003. 'The South Asian Presence in Britain and its transnational
      connections', in B, Parekh, G. Singh and S. Vertovec(eds.) *Culture and*

economy in the Indian diaspora, London: Routledge, 197-222.

Basch, L., N. Glick Schiller and C. Szanton Blanc. 1994. *Nations unbound*, New York: Gordon & Breach.

Gardner, K. 1995. *Global Migrants, local lives: travel and transformation in rural Bangladesh*, Oxford, Oxford University Press.

Harpal Singh Mavi & D.S. Tiwana. 2004. *Geography of Punjab, India*, National Book Trust.

Helweg, A. W. 1979. *Sikhs in England: the development of a migrant community*, Delhi: Oxford University Press.

Irudaya Rajan S. 2003. "Dynamics of international migration from India: its economic and social implication", Economic and Social Commission for Asia and the Pacific, Ad Hoc Expert Meeting on Migration and Development, Bangkok.

Itzgsohn, J., C. D. Cabral, E. Hernandez Medina and O. Vazquez. 1999. 'Mapping Dominican transnationalism: narrow and broad transnational practices', *Ethnic and Racial Studies*, 22, 361-39.

Kessinger, T. G. 1974. *Vilayatpur 1848-1968: social and economic change in a north Indian village*, Berkeley: University of California Press.

Lessinger, J. 2003. 'Indian immigrants in the United States: the emergence of a transnational population', in B, Parekh, G. Singh and S. Vertovec(eds.) *Culture and economy in the Indian diaspora*, London: Routledge, 165-82.

Mooney, N. 2006. 'Aspiration, reunification and gender transformation in Jat Sikh marriages from India to Canada', *Global Networks*, 6, 389-403.

Parveen Nangia and Uma Saha. 2001. "*Profile of Emigrants from India: A Comparative Study of Kerala and Punjab*", XXIV International Union for the Scientific Study of Population General Conference, Salvador-Brazil, (http://www. IUSSP.org/Brazil2001/s20/S27_01_ Nangia. pdf.)

Ramji, H. 2006. 'British Indians "returning home": an exploration of transnational belongings', *Sociology*, 40, 645-62.

Rapoport, A. 1985. House form and Culture(이규목 역, 주거형태와 문화), 열화당.

Salih, R. 2001. 'Moroccan migrant women: transnationalism, nation-states and gender', *Journal of Ethnic and Migration Studies*, 27, 655-67.

Taylor, S., Manjit Singh and Deborah Booth. 2007. "Migration, development and inquality: Eastern Punjabi transnationalism", *Global Networks* 7, 3 328-347.

Thandi, S. S. 1994. 'Strengthening Capitalist Agriculture: The Impact of Overseas Remittances in Rural Central Punjab in the 1970s', *International Journal of Punjab Studies*, Vol. 1, No. 2, 239-270.

Thandi, S. S. 2004. 'Diasporas and development: can we harness the Punjabi diaspora to assist in the rural development process in Punjab?, paper presented at *Rural development*, International Seminar, Indian Council for Social Science Research and Punjab Development Society, Punjab University, Chandigarh.

Thandi, S. S. 2004. "*Vilayati Paisa*: Some Reflection on the Potential of Diaspora Finance in the Socio-Economic Development of Indian Punjab", *People on the Move: Punjab Colonial, and Post-Colonial Migration*, USA, Oxford University Press.

Verma, A. B. 2002. *The making of little Punjab in Canada: patterns of immigration*, New Delhi: Sage.

Voigt-Graf, C. 2003. 'Indians at home in the antipodes: migrating with PhDs, bytes or kava in their bags', in B, Parekh, G. Singh and S. Vertovec(eds.) *Culture and economy in the Indian diaspora*, London: Routledge, 78-103.

Walton-Robert, M. 2004. 'Returning, remitting, reshaping: non-resident Indians and the transformation of society and space in Punjab, India', in P. Jackson, P. Crang and C. Dwyer(eds.) *Transnational spaces*, Routledge, 78-103.

제5장
구자라트 디아스포라의 인도 내 활동:
밥스 자선단의 사례를 중심으로

이 재 숙*

I. 서 문

　남아프리카공화국 인도인의 사례(Thiara 2001), 미국 인도인의 사례(Lessinger 2003), 영국 인도인의 사례(Bauman 1996) 등 지금까지 많은 연구가 보여준 것처럼 해외에 거주하는 인도인의 종족적 정체성(ethnicity)은 각기 다른 구성요소들로 이루어진 다중적 집합체라는 특성을 지닌다. 같은 인도인이라도 실제 개개인의 정체성은 구자라트인, 펀잡인, 케랄라인 등과 같은 파편적인 것이어서 해외 인도인의 종족적 정체성을

---

* 한국외국어대학교 및 부산외국어대학교 강사.

규정하는 문제는 그리 간단한 문제가 아니다. 이와 같은 모자이크 식 정체성 안에는 각각의 종족적 성격을 내포하면서 종교나 문화, 직업군, 정치적 목적과 관련된 기구들이 있는데, 이것들이 그 구성원들을 내부적으로 서로 이어주는 동시에 인도와도 이어주는 역할을 하고 있다. 따라서 이와 같은 기구들이야말로 그 구성원들의 실체와 성격을 말해주는 가장 중요한 단서라고 할 수 있다. 특히, 힌두 사원, 모스크, 구르드와라, 그리고 인도 교회들은 인도인들이 거주 지역을 형성한 곳이면 어디나 눈에 띄고, 실제로 인도 문화 진흥의 주체로서, 다양한 목적의 커뮤니티 센터로서, 비공식 사회 서비스 망으로서 중요한 역할을 하고 있다. 그런데 왜 종교적인 기구들이 이러한 역할을 하는 것일까?

영국 인도인 사회를 연구해온 발라드(Ballard 1996)는 이 물음에 대해서 '타국 속의 고향(Desh Pardesh)'이라는 개념을 제시한 바 있다. 이 개념은 영국의 인도인들이 새로운 정착지에서 자신들의 고향을 재건하다시피 한 과정을 두고 말하는 것이다. 인도 종교는 두말할 필요 없이 '자존심'[1]과 같은 인도의 특수한 문화적 규범을 가장 잘 반영하고 있는 분야이다. 자신들의 고향을 재건함에 있어서 종교야말로 가장 구체적이고 또 가장 신뢰할 만하기 때문에 이를 통해 광범위한 종족단위의 네트워크가 형성되었다는 것이다. 이와 같은 '타국 속의 고향' 개념은 영국의 인도인들처럼 아프리카를 거쳐 정착한 역사를 가진 미국, 캐나다, 유럽 등 다른 지역의 인도인 사회에도 마찬가지로 적용할 수 있을 것이다.

영국에서 '타국 속의 고향'을 재건하는 과정과 함께 인도인 네트워크

---

1) 자존심 즉, izzat는 개인 및 가족의 최소한의 명예를 의미한다. 이는 종교 문화적 기준에서 개인 및 가족의 대인관계를 규정하는 개념이다. 만일 이것이 지켜지지 않았다면 극도의 수치로 여겨진다. 그 개인이나 가족은 스스로 혹은 그가 속한 그룹으로부터 어떠한 처벌도 감내해야 함을 마땅하게 여긴다.

에는 중요한 변화가 나타났다. 파텔(Patel 2002)이 영국과 구자라트 현지
조사를 통해 발표한 연구에서 보듯이, 동아프리카 이민 시대와 영국 이
민 시대 사이에는 분명 차이가 있었다. 즉, 구자라트 출신의 파티다르
이주자들이 동아프리카에서 일시적 '체류자'로서 살았을 때 그 고향과
마을 학교 등에 기부금을 보내는 방법으로 유지한 관계(마을 발전을 위
한 네트워크)는 대단히 탄탄한 것이었으나 이들이 영국으로 다시 이주
해 '정착자'가 된 뒤로는 상대적으로 그 관계가 약해졌다는 것이다. 이
러한 변화는 정착자의 생활과 사고방식 등 여러 가지 면에서 어떤 변화
가 있었음을 말해준다. 본 연구는 바로 이러한 관점에서 시작되었다. 일
단 파티다르 이민자들의 고향과의 관계(네트워크)가 느슨해졌다면 이민
자들의 네트워크에는 어떤 변화가 생겼을까? 또 이것이 인도에 미치는
영향은 무엇일까?

　그동안 전 세계에 퍼져있는 재외 인도인(NRI)[2]에 대해서 많은 선행연
구들과 훌륭한 연구들이 나왔지만, 그들이 어떤 네트워크를 형성하고
있는지 특히, 인도와 어떠한 네트워크 관계를 유지하고 또 움직이고 있
는지에 대해서는 그다지 많은 연구가 이루어지지 않았다. 아마도 연구
자들이 구체적인 네트워크의 움직임을 찾는다는 것이 현실적으로 매우
어렵다는 문제점이 그 이유 중 하나가 아닐까 한다.

　그래서 이 연구는 '밥스(BAPS)'[3]라고 하는 구자라트 디아스포라의 일

---

2) 인도 정부는 해외에 거주하는 인도인들을 크게 두 부류로 구분하고 있다. 해
　외에 거주하는 인도인 중 비교적 최근에 이주했거나 1960년 이후 영국, 미국,
　캐나다 등 소위 선진 산업국으로 이주한 인도 시민권 소지자들은 재외 인도
　인(NRI: Non Resident Indians)이라 칭하고, 19세기 초반부터 영국을 비롯한 유
　럽 식민정부의 노동자 수요로 인해 캐리비언, 아프리카, 동남아시아, 남태평
　양 지역으로 송출되어 현지에 정착, 인도와의 관계가 거의 단절된 인도인들
　은 인도계 재외동포(PIO: Persons of Indian Origin)로 칭한다.
3) 밥스(BAPS)는 Bochasanwasi Shri Akshar Purushottam Swaminarayan Sanstha의 약자

원에 대해서 그리고 그들이 어떻게 네트워크를 형성하고 활동하고 있는지, 특히 이것이 인도에 어떤 영향을 미치고 있는지에 대해서 추적하고자 한다. 연구자는 2006년 1월과 2월에 런던을 방문해서 런던 밥스 사원을 중심으로 한 이들의 종교적 변화와 정체성 문제를 고찰한 바 있으며(이재숙 2007), 2007년 1월과 2월에는 구자라트 아흐메다바드를 방문하여 구자라트 내 밥스 네트워크를 중심으로 구자라트 디아스포라에 대해서 현지조사를 수행하였다. 각각 3주씩의 짧은 조사였지만 연구자는 이를 통해 구자라트 디아스포라의 중요한 구성원의 하나인 영국의 스와미나라야나 힌두교에 대해서 잘 살필 수 있었으며, 밥스의 네트워크가 구체적으로 어떻게 움직이고 있는지도 상세하게 관찰할 수 있었다. 현재이들은 구자라트 디아스포라의 한 네트워크로서 가장 눈에 띄는 활발한활동을 벌이고 있는 바, 해외인도 사회와 인도 본국의 현황을 직접 확인할 수 있었기 때문이다.

네트워크 문제에 접근하기 위해서 일단 구자라트 디아스포라가 영국에서 자리를 잡게 된 배경을 먼저 다룰 필요가 있을 것이다. 이러한 역사적인 고찰을 바탕으로 우리는 '밥스'라는 단체를 이해하고 이 단체가해외와 인도에서 어떤 활동을 전개하고 있는지, 특히 하나의 NGO로서어떤 활동을 하고 있는지를 살펴볼 것이다. 궁극적으로는 밥스의 성격과 활동내용을 통해 재외 인도인과 신 힌두교(Neo-Hinduism) 사이의 관계와 그것이 인도사회에 미치는 영향을 분석하고자 한다.

로, 구자라트 지역에 근거를 둔 스와미 나라야나 힌두교의 한 분파이며, 밥스자선단은 이 분파의 사회 봉사단체이다. 이 단체는 얼마 전까지 BAPS CARE International이라는 이름으로 활동하였으나 2007년 4월 27일자로 BAPS Charities로 이름을 바꾸었다.

Ⅱ. 구자라트 디아스포라와 그 특성

1. 왜 구자라트인가?

인도인들이 영국에 정착함에 있어서 그리고 정착 후 인도와의 네트워크 구성에 있어서 가장 핵심적 요소로 작용한 것은 이주민들의 출신 지역이었다. 이민자들과 고향 사이의 끈끈한 관계는 문화적 특성 때문에 아주 실질적이고 직접적인 것이다. 게다가 그들이 영국 땅에 도착하게 된 과정은 지역적 배경을 더욱 강화하였다. 특히, 구자라트 디아스포라의 경우는 지역적 연고를 중심으로 한 연쇄이주 과정을 거쳐 형성되었기 때문에 이것을 빼고는 디아스포라에 대해 이야기할 수 없을 정도이다.

영국의 인도인 인구의 대다수는 구라자트 지역 출신이다. 그 중에서도 현재 구자라트주 사우라슈뜨라의 해안지역이나 중부 구자라트에서 이주한 힌두가 가장 많고, 그 다음으로는 펀잡주 줄룬다르 도압(Jullunder Doab)지역에서 이주한 펀잡 출신도 많은데, 이들 중 80%가 시크이고 나머지가 힌두와 기독교인이다.

가장 대다수를 구성하는 파티다르들은 거듭되는 이주에도 불구하고 문화적 정체성이 강하다고 알려져 있다(Maichealson 1979: 350). 이들은 현재도 전형적인 현대의 가족 개념과 달리 전통적 가족 이데올로기를 통해서 가족이나 친족 등의 연망을 유리한 조건으로 활용하여 세계 도처에 견고한 사업망을 유지하고 있다(Barrot 2003). 특히, 혼인망을 통해 견고한 내부적 결속력을 보여주고 있다.

구자라트에는 전통적으로 상업카스트가 우세했다. 수 세기 전부터 이미 아프리카 등지로 진출해 왔지만 이 지역에서 19세기 초부터 20세기 중반까지 동아프리카로 이주한 상인들 가운데는 20세기를 전후로 비약적으로 성장한 신흥 카스트들이 많다. 파티다르, 로하나(Lohanas)등이 대표적인데 이들은 기존의 상업 카스트들과 종교, 혼인망 등을 통해 구분된다. 혼인과 종교를 통해 다져진 이들의 유대감이 큰 것은 당연하다. 스와미 나라야나 힌두교가 동아프리카 이주를 통해 급성장하게 된 것도 신흥 상업 카스트의 급격한 성장과 카스트 문턱을 낮춘 밥스의 성장, 그리고 이들의 이주에 대한 적극적인 태도와 깊은 관련이 있다(이재숙 2007).

구자라트 디아스포라가 가지고 있는 기업가적인 모험심 또한 이들의 이주와 정착 단계에 긍정적으로 작용했다. 그와 같은 진취적 태도에서 나온 적응과 변화라는 전략은 영국의 지배가 시작되는 거대한 사회 정치적 변화의 시류 속에서 스와미 나라야나 힌두교가 처음 구자라트에서 힌두교 내 하나의 개혁운동으로 발생한 이래 끊임없이 거쳐 온 바로 그 루트였다. 구자라트 출신 파티다르 가운데 마티야 파티다르(Matiya Patidar)로 불리는 사람들에 관한 역사적 기술[4]에 따르면, 파티다르들은 매우 근면하고 생활력이 강했다고 한다. 이러한 특성이야말로 이주의 역사를 살아온 이들로 하여금 짧은 시간 안에 사회적 위치를 고양시킬 수 있도록 한 원동력이라는 것이다. 그들은 펀잡 주에서 농사지을 땅을 찾아 아래 현재 구자라트 주가 된 곳으로 내려왔으며 여러 차례 정착지를 옮겨 살았다. 그런데 어디든 그들이 가는 곳에서는 얼마가지 않아 근면함을 인정받아 주요한 일원으로 받아들여졌고, 나중에는 농부에서 무

---

4) "마띠야 파티다르의 역사(History of Matiya Patidar Samaj)"라는 이 자료는 최근 뭄바이에서 정리된 것으로(Shri Ramanbhai Premabhai(Shiker)) Shri Kuvedibhai Vithalbhai Metha의 자료수집과 정리, 검증과정을 통해 쓰여졌다고 한다 (www.matiyapatidar.com).

역 상인으로 탈바꿈하게 된 진취적 적응력을 가지고 있었다. 켐베이 만과 페르시아만 사이의 무역은 이미 3천 년 전부터 형성되어 있던 통로였고, 유럽열강들이 들어오기 직전 구자라트가 바로 면직제조의 중심지이자 그 면직물 대부분을 수출하는 무역통로였다. 바로 이 때 이 모든 과정에 구자라트 상인들이 개입되어 있었다.

2. 동아프리카로의 이주

20세기 초, 영국은 그들이 새롭게 획득한 동아프리카에 대한 소유권을 행사하는데 일종의 중간 관리 역할을 해 줄 인력을 필요로 하고 있었다. 이 때 구자라트 상인들은 기꺼이 그 일을 맡을 준비가 되어 있었고 그와 같은 기회를 놓치지 않고 잘 활용할 의지를 가진 가장 적합한 사람들이었다.

19~20세기 사회변동으로 급격히 성장한 신흥 중산층들도 이에 가세했다. 동아프리카의 철도 건설사업도 구자라티 인구의 이주에 한 요인이었다. 철도가 완성되자, 철도를 따라 무역업 종사자들이, 그리고 다시 무역과 산업으로 활발해지는 도시를 건설하기 위해 건축 종사자들이 이주했다. 이 때 동아프리카 아시아인 가운데 80%가 구자라티였으며, 그 중 3분의 2가 힌두, 나머지는 이스마일리 무슬림이었다(Tinker 1977: 120).

이렇게 구자라트인들은 동아프리카로 가서 엔지니어나 숙련공 혹은 국내 소규모 무역상과 같은 가능한 모든 기회를 잡았다. 1960년대까지 많은 사람들이 각자의 일에서 성공했고, 연쇄이주를 통해 더 많은 기회를 찾아 더 많은 고향 사람들이 동아프리카를 찾았다. 그 결과로 동아프리카 경제를 구성하는 모든 단계와 과정 구석구석에 구자라트 인들이 있었다. 비록 '체류자'로서였지만 모국에서 얻을 수 없었던 부와 입지를 획득한 이들은 확실히 이주에 성공한 것으로 보였다(Ghai, D. P. & Ghai, Y. P. 1971: 192). 아프리카 국가들의 독립 전까지 이들은 동아프리카 사회에서 완벽하게 정착하고 고향도 정기적으로 방문하여 경제적 지원을 하는 성공적인 시절을 보냈다.

3. 영국으로의 이주

동아프리카에서의 경제적 안정과 확고한 사회적 지위는 변화하는 현지 상황으로 인해 커다란 변화에 직면하게 되었다. 아프리카 국가들이 독립하고 모두 자국 국민들을 보호하기 위한 '아프리카화 정책'을 펴기 시작하자 1967~1973년 사이에 케냐에서 9,600 힌두, 우간다에서 28,000명, 탄자니아와 잠비아에서 수 천 명의 인도인들이 어쩔 수 없는 선택으로 동아프리카를 떠나야 했다(Tambs-Lyche 1980: 40). 이들은 기회를 찾아 인도에서 떠나온 사람들이었기 때문에 다시 인도로 가기 보다는 또 다른 기회를 모색했고 그 중 대 다수가 영국으로 이주했다. 물론 인도에서 직접 영국으로 이주한 경우도 있었는데 이들은 1950년대 전후 복구사업에 노동력 수요에 응한 숙련, 반 숙련 노동자, 하급 사무원 등이 대부분이었고 남성 단독이주로서 단기간에 돈을 벌어 고향으로 보내고 일이 끝나면 가족에게 돌아갈 꿈을 가진 체류자로서 이주해왔다.

이렇게 해서 영국으로 이주한 많은 인도인들은 1968년 강화된 영국의 대 이민 억제 정책으로 앞으로 이주자유가 제한될 것을 우려한 결과 아예 가족 구성원들 모두를 영국으로 불러오게 된다. 이 과정은 구자라트 디아스포라의 이민사에 있어 두 번째 중요한 국면이었다.

물론 동아프리카에서 인도로 돌아간 사람들도 있었지만 대다수는 당시 그들이 대영제국의 식민으로서 가지고 있는 공식적 국적을 활용하여 영국으로 가는 편을 택했다. 영국에는 이미 레체스터(Leicester)나 런던 외곽에 소규모 기업을 운영하면서 정착해 있는 비빌만한 언덕인 친족들이 이미 환영의 팔을 벌리고 있었기 때문이다.

크게 보면 구자라트인들 그리고 특히 동아프리카를 거쳐 영국으로 온 구자라트 힌두들이야 말로 영국에서의 인도인의 사회적 입지를 향상시킨 장본인들이라고 할 수 있다. 구시대 이민자들은 대개 소규모 소매업을 성공의 발판으로 삼았는데, 잡화일체를 판매하는 동네 구멍가게로부터 시작해서 나중에는 도매상이나 서비스업, 제조업 분야의 상당한 기업들을 세웠다. 한편 그들의 2세, 3세들은 대다수가 교육적 배경도 상당히 튼실하게 갖추게 되었다. 법률, 약학, 회계, 특히 약제 분야는 인도인들이 상향 이동하기 위해 가장 많이 택하는 교육의 통로이다.

그러나 몇 몇 연구들은 반-영국인이 되다시피한 인도인 구자라트인이나 편잡인들이 서구화된 소비패턴 등 어떤 부분에서는 동화되었다고 하더라도 인도인들은 자신들의 종족적 정체성, 자신들 만의 핵심 문화는 유지하고 있음을 밝히고 있다(Lyon 1973; Baumann 1996). 사실 이것은 그들의 생존에 필요에 의한 선택이고 전략이지 고유한 문화적 고립성 따위로 인한 것은 아니다. 그들이 추방되다시피 동아프리카를 떠나 영국에 도착했을 때 힘이 되어 준 것은 바로 이미 오래 전부터 지속되어 온 연쇄이주의 구성원인 친족이나 지인들이었다. 연쇄이주 방식은 친족과 마을 지인들을 영국으로 불러들였고, 결국 거주지역이나 직업군에 있어 그 어느 때보다도 거대한 밀집된 형태가 인도인 커뮤니티로 만들어졌다. 그들의 상호 호혜적 네트워크가 특히 영국으로의 이주 초기에 큰 도움이 된 것은 또 한 번의 긍정적 경험이었다. 영국 사회는 너무도 적대적이고 낯설었기 때문에 이주 초기의 도움은 절대적인 것이었다.

이렇게 해서 비록 처음부터 의도하거나 계획한 것이 아니라고 하더라도 결과적으로 인도인들은 자신들을 둘러싼 환경에서 점차 그들만의 익숙한 사회질서를 종교를 통한 문화적 규범들을 동원하여 재건하기 시작했다. 특히 재이주를 한 사람들은 사회적 종교적 제도를 새로 세우는 경험을 한 바 있기 때문에, 이들의 카스트 그룹들은 동아프리카 시절의 공식적인 카스트 단체를 통해 정확히 재건되었다. 이는 1960년대에 형성되기 시작한 무수한 종교기구들이 확인시켜 주고 있다. 밥스 또한 1960년대 말 동아프리카에서 구자라트 인도인들이 대규모로 입국하자 이들을 수용하기 위하여 이슬링턴(Islington)의 한 교회 건물을 구입하여 임시 사원으로 사용하다가 1995년 현재의 니스딘(Neasden) 사원을 개관하기에 이르렀다.

동아프리카를 거쳐 온 인도인들이 믿기지 않을 만큼 빠른 시간 안에 새로운 환경 속에 그들의 조직 구성 기술을 동원하여 제도들을 재건한 결과는 단적으로 사원 건축에도 나타난다. 영국에는 이들의 문화와 종교를 보여주는 다양한 건축과 장소들이 있다. 첫 번째 힌두 사원은 1967년 케냐에서 온 구자라트인들이 세웠다. 그 다음 1969년에 레체스터에도 사원이 세워졌으며, 런던 외곽 이슬링턴에도 1970년에 스와미 나라야나 사원이 세워졌다. 사원이나 종교적 모임에 참석하려는 구자라트인 인구가 급속도로 늘어나자 종교적 관습과 의무에 보다 엄한 기준이 적용되었다. 밥스 스와미 나라야나 분파는 1995년에 영국에서 첫 번째로 전통적 방식대로 건설한 규모 있는 사원을 니스딘에 세웠고, 이 이후에 니스딘 사원과 같은 대규모의 웅장하고 화려한 모습을 한 사원들을 해외와 인도에 세웠다. 가장 최근에 지어진 것은 인도 델리 외곽의 신흥 주거지역으로 떠오른 노이다(Noida) 근처에 위치한 것이다. 이 사원은 2005년 개관을 한 이래, 여느 기존의 사원과 달리 꽤 비싼 주차비와 입장료를 지불해야 함에도 불구하고 끊임없이 인도인 방문객과 해외 관광

객까지 불러 모으고 있다. 웅장하고 세련된 건축양식뿐 아니라 힌두교의 역사를 보여주는 멀티미디어 전시관과 체험관으로 구성된 뉴델리의 악샤르담(Akhardham)사원은 이주민들에 의해 만들어진 신 힌두교의 문화를 보여주는 하나의 문화단지라고 할 만하다.

4. 보수적 성격

구자라트인들은 상당히 '보수적인' 생활방식을 가지고 있다. 예를 들면 밥스 힌두는 필연적으로 순수한 채식주의자여야 한다. 아무리 서구식 소비패턴에 익숙해진 구자라트인이라도 그가 힌두라면 그리고 힌두라는 정체성을 가지려고 한다면 절대적으로 채식을 해야 한다.

또, 밥스 사원에서는 그 어떤 성격의 집회라 하더라도 남자와 여자 신도는 절대 함께 앉지 않는다. 한 가족이 사원에 가더라도 사원에 들어서는 순간 남자들은 남자들만이 앉게 되어 있는 자리에 그리고 여자들은 여자들만 앉게 되어 있는 자리에 각각 앉아 그 큰 홀을 가로지른 거대한 벽을 두고 분리된다. 그 어떤 경우에도 사두들과 여성 신도들과의 대화나 커뮤니케이션은 금지되어 있다. 사원에서 예배를 볼 때나 그 어떤 규모의 행사를 하든 구자라트어와 산스크리트어만이 사용된다. 대부분의 해외 인도 사원에서는 영어나 현지어가 함께 사용되는 현상이 일반화되었지만 구자라트 밥스의 경우는 그렇지 않다.

수도승들과 재가자들은 모두 스와미 나라야나가 설립한 제도/관계를 지탱하게 하는 성스러운 경전에 적힌 대로 상당히 엄한 의무를 따르게 되어있다. 사두는 모든 금욕주의의 정점에 있는 존경받는 스승이며, 의례와 사원을 중시하는 밥스 스와미 나라야나 힌두교의 근간이라고 할 수 있다(이재숙 2007: 892-893). 이러한 보수적인 성향은 현지 구자라트

문화와 역사 속에 깊이 뿌리박혀있다. 이것은 구자라트 종족성을 구성하는 가장 중요한 요소 중 하나이며, 구자라트 디아스포라의 내부적 결집력을 더욱 강화시키는 장치로 작용하고 있다.

Ⅲ. 밥스 자선단의 활동현황

1. 네트워크와 초국가적 종교

해외와 본국 간 구자라트인 특히 파티다르 네트워크와 관련해서 흔히 거론되어 온 요소들로는 친족 연망, 결혼 관습5) 그리고 정기적인 송금 등을 들 수 있다. 이러한 요소들은 비록 20~30년 전과는 분명 다르지만 영국 내 파텔 사이에서 현재에도 찾아볼 수 있기는 하다. 발라드(2003)는 여기에 '초국가적이고 진취적인 이주 전략'을 추가한 바 있다. 본 연구는 여기에 밥스와 같은 재외 인도인 종교 기구를 추가하고자 한다. 종교기구는 구자라트 디아스포라가 유지하고 있는 가장 중요한 초국가적 네트워크의 하나이며, 현재 그 어느 때 보다도 급격한 변화를 보이고 있는 부분이다. 이는 소위 '당사자'에 의해 '아래로부터' 일어나는 초국가적 네트워크의 좋은 사례이기도 하다. 말하자면 제국주의 시대에서와 같이 정부나 제국세력 즉 '외부 동인'에 의한 것이 아니라, 이주민 스스

---

5) 구자라트인 안에서도 파티다르, 그리고 파티다르 안에서도 특정한 그룹들 간에 이루어지는 결혼관습은 이들의 유대감을 유지하는 중요한 수단이다. 상호 결혼이 가능한 혼인망에는 chha gaam(Bhadran, Dharmaj, Karamsad, Nadiad, Sojitra, Vaso), paanch gaam, sattavis gaam, bavis gaam 등이 있다(Patel, Parvin J & Rutten, Mario. 1999. "Patels of Central Gurajat in Greater London". Economic and Political Weekly April 17-24.; David F. Pocock 1972, 126-152).

로 움직이는 능동적 움직임이라는 것이다. 지구화(Globalization)가 계속
되면서 나날이 진보한 커뮤니케이션 기술이 초국가주의적 현상으로 가
는 과정을 용이하게 하고 있어 세계적으로 이와 같은 '아래로부터'의 초
국가적 현상이 무수히 일어나고 있다.

밥스는 스와미 나라야나 힌두교의 한 분파이다. 19세기 초 힌두교 내
에서는 사회 종교 개혁의 물결이 거셌는데, 구자라트 지역에서 일어난
작은 개혁세력의 하나였던 스와미 나라야나 힌두교는 크리슈나의 화신
인 스와미 나라야나(사하자난다 스와미 1781~1830)를 신으로 인정하며,
비슈누 신애주의 신앙을 배경으로 하고 있다. 이들은 이제 전 세계적으
로 45개 국가에 600개 이상의 사원과 9,090개 이상의 센터를 가지고 있
다. 명실공히, 이들은 더 이상 마을 수준의 힌두교도, 구자라트주 수준
의 힌두교도 아니다. '밥스'라는 스와미 나라야나 힌두교 분파는 이제
초국가주의 수준의 종교이다. 영국에 있는 구자라트 출신 인도인 인구
는 인도 구자라트에서와 마찬가지로 출신 지역, 카스트, 그리고 분파에
따라 세분화되어 있다. 특정 분파와의 관련성을 살펴보면 영국에 있는
힌두의 대다수는 바이슈나비즘과 관련이 있다. 비슈누파에 속하는 스와
미 나라야나 운동은 '가장 규모가 크고 가장 빠르게 성장하고 있는' 종
교라고 할 수 있으며, 1970년대 이후 밥스 스와미 나라야나 힌두교를 통
해서 인도의 안팎에서 나름대로 영향력도 가지고 있다.

스와미 나라야나 힌두교의 설립자인 사하자난다 스와미(Sahajananda
Swami 1781~1830)는 스스로 스와미 나라야나로서 신성한 끄리슈나 혹
은 더 올라가 비슈누의 화신의 위치를 획득한 인물이다. 그는 중세 성인
의 마지막을 장식했으며 동시에 현대 신 힌두교의 첫 번째 사두였다. 사
실, 스와미 나라야나 분파는 신 힌두교 개혁 그룹 중에서도 가장 성공
적인 사례로 꼽힐만하다. 스와미 나라야나 힌두교는 기존 힌두교 경전

들과 믿음체계, 관습 상당수를 보존하고 있다. 또한 엄한 고행주의, 사두들에 대한 경외심/공경심, 박띠(bhakti) 정신 강조 등을 통하여 자신들만의 보수적인 문화를 유지하고 있다. 이 단체의 지도자들은 서구인들을 신도로 끌어들이려 하지 않는다. 그 보다는 인도 사회 혹은 남아시아 커뮤니티에 대한 봉사에 치중하고, 재활용 캠페인이나 자연보호활동, 사회봉사, 사원을 문화적 센터 혹은 박물관과 같은 기능을 하도록 만드는데 심혈을 기울인다. 해외 인도 사회에서 성장했지만 포교를 하는 것이 아니라 오히려 자신들만의 결속력을 높이기 위해 종교정신을 앞세워 각 지역의 상황에 맞게 사원이나 센터를 운영하고, 다양한 문화 프로그램을 개발하는 것이다. 이제 이 종교는 가장 최근에 이루어진 그리고 가장 중요한 인도 종교의 수출원이자, 동시에 재외 인도인 커뮤니티로부터의 수입이기도 하다.

많은 인도의 인도인들은 이들의 특이한 전통의 전수방식을 지적한다. 특히, 초국가주의적 활동과 구조는 인도 종교의 미래를 조망할 수 있는 기준이 될 정도로 매우 중요하다는 것이다.

초국가주의적 특성이야말로 구자라트 디아스포라가 중요하게 다루어져야할 이유이다. 인도, 동아프리카, 영국, 그리고 미국은 각기 서로 다른 문화, 경제, 정치적 배경을 가지고 있지만 구자라트 디아스포라는 가는 곳마다 성공적으로 정착했다. 이렇게 다른 여러 환경 속에 교육배경이나 직업배경이 다른 스와미 나라야나 힌두들이 직접 혹은 어느 곳을 거쳐 이주 정착했음에도 불구하고 자신들의 정체성을 분명하게 유지하면서 사회 경제적으로 안정된 위치에 도달한 이들에게 종교를 통한 초국가주의적인 네트워크는 그 무엇보다도 중요한 원동력이다. 사원, 센터, 지도자들의 해외 순방, 그리고 사두들의 순회근무 등을 통해서 활발하게 움직이고 있는 이들의 초 국가주의적 네트워크는 구자라트 디아스

포라 힌두의 이주를 지지하고 곳곳에 거주하게 된 스와미 나라야나 힌
두들이 그 정체성과 유대감을 강화할 수 있는 근거가 되고 있는 것이다
(이재숙 2007).

2. 밥스 네트워크의 활동현황

사원은 어느 힌두에게나 중요하다. 하지만 인도 내외에 있는 밥스 스
와미 나라야나 힌두교의 사원들은 단순한 사원 이상의 의미가 있다. 이
웅장한 사원들은 바산트 판차미(Vasant Pancami), 디왈리(Deevali)와 같은
중요한 축제 행사 때 모여든 신자들로 발 디딜 틈 없이 차고 넘친다. 스
와미 나라야나 분파에서는 기존의 다른 힌두교에서와 또 다른 차원에서
바산트 판차미가 중요한 날로 여겨진다. 이 분파와 관련된 중요한 사건
들이 이 날에 일어났기 때문이다. 즉, 스와미 나라야나 자신이 집필한
최고 경전 쉭샤파트리(Siksapatri)가 완성된 날이자 역대 지도자들이었던
니쉬쿨라난드 스와미의 탄신일, 브라흐마난드 스와미의 탄신일, 샤스트
리지(Shastri Yagnapurushdas)의 탄신일이다.

매년 디왈리 때가 되면 일주일 정도 이 해외 사원들은 인도 문화센터
가 된다. 이때는 인도 문화 주간을 선포하고 적극적으로 외부인들에게
사원을 개방하며 다양한 문화 프로그램을 운용한다. 1985년에는 니스딘
사원이 특별히 33일간 '인도 문화 축제'를 벌였는데, 이때 사원을 방문
한 사람들은 수백만에 달했다는 사실을 신문 보도로 확인할 수 있다. 이
축제는 서구에서 벌인 최초의 인도 문화 축제였다. 이 축제가 성공하자
1991년에 미국에 있는 밥스 사원인 에디슨(Edison) 사원과 뉴저지(New
Jersey)사원이 공동주관하여 다시 한번 대규모 문화 축제를 기획하였다.
이것은 미국에서 그때까지 그 어떤 소수 민족 이민자 집단이 시도한 것

보다 큰 행사였고 마찬가지로 성황리에 마무리 되었다.[6]

올해 밥스는 이 단체의 최초 사원이자 본원인 보차사나(Bochasana) 사원이 설립 100주년을 맞았다. 2007년 4월 26일 기념행사에는 현재 최고 지도자인 프라무크 스와미 등 주요 지도자들과 신도들이 20,000 명 이상이 모여 성황을 이루었다. 이와 같은 축제나 행사에 모이는 참가자의 수나 그 행사의 초대형 규모, 상황을 중계하기 위한 초대형 스크린 등은 밥스 사원과 관련 행사의 공식이 되었고, 해외 사원 행사와 비교되면서 점점 더 커지고 있다.

사원의 영역을 넘어서는 사회 활동은 자선단체에서 얼마든지 가능하다. 밥스 자선단은 비영리 국제 공공 자선 단체로 등록된 하나의 NGO이다. 장소에 관계없이 개인, 가족, 커뮤니티에 대한 복지사업을 통하여 세계 인류의 공영에 이바지한다는 것이 이 NGO의 사명이라고 소개하고 있다. 밥스 자선단은 처음에는 모체기구인 밥스의 한 조직으로서 1950년부터 활동해왔으나, 2000년 독립 자선 단체로 정식 등록했다.

밥스 자선단은 50년간 쌓아온 노하우를 가지고 세계적으로 의료 봉사, 교육 봉사, 환경 봉사, 커뮤니티 봉사, 부족 봉사, 질병구제 봉사 등 폭넓은 분야에 걸쳐 160종의 인도주의적 활동을 직접 기획, 운영하고 있다고 한다. 특히 자연재해 때 밥스 자원봉사자들과 사두들은 가장 먼저 나타나 가장 나중까지 봉사한다는 자부심과 자신감을 볼 수 있다. 덩기 23개의 밥스 교육 기관들은 매년 6,000명의 학생들을 교육시키고 있다. 밥스 가 설립한 병원 등 의료 기관들은 매년 170,000명의 환자들을

---

6) 이 내용은 2006년 현지조사에서 런던 니스딘 사원 공보관인 요게쉬 파텔씨 (Mr. Yoghesh Patel)로부터 그리고 2007년 구자라트 현지조사 중 아흐메다바드 밥스 국제본부(international headquaters)에서 인터뷰한 코디네이터 니타 샤 씨 (Ms. Neeta Shah)로부터 확인하고 당시 신문 보도 자료를 통해 확보한 것이다.

치료한다고 하며, 인도 내 소외된 부족들에 대한 봉사를 꾸준히 해 온 결과 지금까지 209개의 부족마을이 중독, 미신, 가난 등에서 벗어날 수 있었다고 한다. 일 년 중 계속되는 나무심기 캠페인, 다우리 반대 캠페인, 탈문맹 캠페인 등은 실지로 대부분의 인도인들이 인지하고 있을 정도로 효과가 있는 것으로 보인다.[7]

이와 같은 사회봉사 활동 대부분은 경제적으로 밥스 신도들의 지원으로 운영된다. 영국 재외 인도인 가운데 밥스 신도 인구는 이제 결코 미미하지 않다. 모든 활동에는 이들의 경제적 지원과 자원봉사자로 나선 인적자원이 원동력이다. 본래 밥스 사원에서는 항상 신도들의 십일조를 거두는데 이는 쉭샤파트리 142절의 스와미 나라야나 말씀에 의거한 것이며, 이 외에도 특별한 경우에는 특별헌금 등을 규정하고 있다.[8] 밥스 자선단은 비영리 단체이기 때문에 당연히 자원봉사자들이 모든 일을 맡아 기획하고 운영하고 실행하고 있다.

밥스 스와미 나라야나 신도들이 해외사회에 많다보니 전체적으로 신도들의 교육수준도 상당히 높은 편이다. 영국의 경우 경제적으로 안정

7) 밥스 자선단의 활동에 대한 대부분의 자료는 2007년 구자라트 현지조사에서 아흐메다바드 밥스 국제본부(international headquaters)의 '다르마 사단'관에서 자선단 활동을 직접 기획, 운영하고 있는 코디네이터 니타 샤 씨(Ms Neeta Shah)로부터 확보한 것이다.

8) 유난히 많은 NGO가 활동하고 있는 구자라트 내에서 보건과 주거 등 빈민구제사업의 주요한 활동가로 꼽히는 락다왈라 박사(Dr. Hanif Lakdawala, NGO Sanchetana 설립자이며 코디네이터)와 세드릭 신부(인권그룹 Prashant 대표)는 재외 인도인 기부금의 인도 유입이 매우 불균형적으로 이루어지고 있다는 점을 지적했다. 이들은 사회 봉사, 빈민 구제 기금으로 들어오는 재외 인도인의 돈은 대규모 힌두 단체를 통해서 들어오고 이들이 나름대로 봉사와 구제활동을 하고 있는데, 여기에서 힌두뜨와 팽창이라는 결과가 나타났다고 이야기한다. 기부금과 지원금이 인도 사회에 독이 될 수도 있다는 것이다(2007년 2월 1일 아흐메다바드 시내에 있는 두 단체를 방문하여 인터뷰).

된 위치에 도달한 신도들이 많다. 이런 경우 그 가족이 유수한 대학에서 교육을 받는 등 교육이나 직업 면에서 타 커뮤니티 구성원들과 확연히 구분되는데, 서구 사회를 경험하고 교육 수준이 높은 이들이 영국 내에서 뿐 아니라 인도 내 다양한 봉사 및 구제 활동의 주축이라는 사실도 의미가 있다.

그러므로 이들의 종교와 사회봉사는 긴밀한 연관성을 가지고 있다. 특히 영국 구자라트 디아스포라에게 있어서 이 점은 자신의 정체성을 확인시켜주고 영국 사회에서도 인정받을 수 있는 중요한 요소임에 틀림없다. 사실 바로 이 부분에 대해서 많은 사람들이 의아해한다. 영국 사회에 소개되는 이들의 종교와 사회봉사는 다음과 같은 논리로 구성된다.

> 많은 사람들이 묻는다. "어떻게 당신들은 종교성, 영성과 사회 봉사를 섞을 수 있는가?" 우리는 묻는다. "어떻게 당신들은 그 둘을 나눌 수 있는가?" 진정으로 사회에 봉사를 하고 싶어하는 사람들은 영적으로 순수해야 한다. 영적으로 순수한 사람들만이 진정으로 사회를 위한 봉사를 할 수 있다.9)

Ⅳ. 밥스와 신 힌두교

1. 재외 인도인과 신 힌두교와의 관계

구자라트 디아스포라는 해외에 정착한 이민사회에서 뿐 아니라, 인도에서도 현재 큰 움직임을 보이고 있다. 스와미 나라야나 힌두교는 구자라트를 비롯한 인도 내 많은 지역에서 웅장한 새 사원들을 건설하고 새

---

9) *BAPS CARE International, BAPS Social & Spiritual Care.* Ahmedabad: Swaminarayan Aksharpith.

로운 제도와 구조를 이식하고 있다. 특히, 이러한 움직임은 구자라트 출신인 신도들이 정착해 살고 있는 도시 지역에서 나타나고 있으며, 자연스럽게 다른 지역 힌두와 타 종교인들에게도 전해지고 있다.

이러한 힌두교의 움직임은 이전에 없었다. 서구에서 시작된 초월 명상, 아난다 마르가 요가, 디바인 라이트 미션, 네오 산야시 운동, 크리슈나 의식 국제 협회(International Society for Krishna Consciousness) 등 새롭게 발생한 힌두와 관련된 종교들은 적어도 영국과 미국에서의 스와미 나라야나 힌두교의 성장과 분명히 관련이 있다. 이들은 모두 같은 시간대 같은 사회적 배경 속에서 만들어졌을 뿐 아니라, 기존 힌두교와는 다른 여러 가지 특성들을 공유하고 있다. 우선 인도의 기존 힌두교에서는 볼 수 없는 여러 가지 현상들 가운데 사원이 단순히 숭배를 위한 장소가 아니라 이민자들의 다양한 필요가 반영된 사원 이상의 장소라는 점을 들 수 있다. 밥스 사원들은 하나의 문화 센터로서, 노년부, 장년부, 청년부, 유년부로 나누어진 다양한 문화 프로그램들은 매주 전통적인 베다의 가치를 교육하고, 스와미 나라야나 신도로서의 바람직한 삶의 태도를 제안한다. 또한 이들 사원은 700명 이상 되는 사두들의 터전이다. 이 사두들은 젊고, 서구 대학에서 교육을 받았으며 독신 금욕 맹세를 엄격히 지키면서 힌두교 교육을 받은 사람들이다. 인도와 해외의 크고 작은 마을과 도시들을 순회하는 이들의 생활에 사원은 근거지 이상의 의미를 가진 것이다.[10]

또한 밥스는 수도를 하는 사두들 사이에서의 카스트 차별 문제를 1981년 공식적으로 제거했을 뿐 아니라, 항상 공공연하게 "사회적 계층이나 종교, 피부색, 국가 등으로 인한 모든 차이와 상관없이 대중의 의

---

10) 이 정보는 니스딘 사원의 공보관인 요게쉬 파텔 씨로부터 얻은 것이다(2006년 3월).

도와 개개인의 관심"이 중요하다고 강조한다.

2. 밥스 자선단 활동과 인도 사회

밥스와 같은 재외 인도인 네트워크가 팽창함으로써 인도에 미치는 영향은 대단히 인상적이다. 이제 왕궁처럼 대리석과 정교한 부조 조각, 화려한 장식의 조각품들, 거대한 기둥과 엄청나게 큰 공원들로 무장한 그 언제보다도 우아하고 멋진 '재외 인도인 스타일 사원'들은 초고속으로 성장하고 있는 종교의 상징이다. 비록 스와미 나라야나 힌두교의 한 분파일 뿐이지만 실제로 밥스는 현재 사원 건축, 숭배 방식, 여기에 힌두로서의 소비행태에도 영향을 미치고 있다.

사실, 재외 인도인들은 언제나 종족성을 표현하는 상품들이나 서비스에 관한한 어디에서나 강력한 구매력을 가진 소비자였다. 인도인들이 가서 정착하고 거주 인구가 집중되면 어디든 예외 없이 인도의 상품을 판매하는 쇼핑 콤플렉스가 형성되었다. 그 안에는 인도인 소비자들이 필요로 하는 물건이나 서비스를 판매하는 가게들이 중앙에 자리 잡고 있기 마련이다. 이것은 또한 종족성을 표시하는 상징적인 기능이기도 했다. 이러한 물건들에는 인도 음식, 인도 장신구, 의복, 인도의 영화와 음악을 담은 비디오나 음악 컴팩트 디스크, 종교용품, 인도 서적과 잡지, 영화와 음악을 위한 휴대용 TV나 DVD 플레이어를 판매하는 전자상등 을 흔히 볼 수 있다. 인도 정부는 아마도 그들의 소비자 구매력이 떠오르는 인도 경제에 투자를 하는 손이 되어 주기를 바라고 있을 것이다.

인도의 유명 인사부터 주지사에 이르기까지 재외 인도인의 대 인도 투자를 기대한다. 또, 힌두트와 세력은 이들로부터 지지와 경제적 지원을 끌어내고자 애쓰고 있다. 미국의 인도인들은 보다 보수적이라고 알려져 있지만, 그 보수적인 성향 때문에 힌두트와 세력의 가장 큰 희망이 기도 하다. 뜻을 가진 사람들은 미국의 인도인 커뮤니티의 기관, 단체, 네트워크 어디에나 나타나 지지를 호소한다. 힌두트와 운동 지도자들은 각기 다른 종파와 분파, 종교 간의 차이를 애써 덮으려고 하고 동시에 신 힌두교의 역사적 인물들을 모두 지지 기반삼아 정치적으로, 문화적 으로 활용하려고 한다. 이와 같은 시도들이 인도사회에 미치는 영향은 결코 적지 않을 것이다.

V. 결 론

다종족 사회에서 단일한 종족성은 문화적으로 구별되기 마련이다. 크 게 보면 현재 영국에 거주하는 인도인들의 종족성은 하나의 문화적 집 단으로 보인다. 유럽사회에서 흔히 '인도인'보다 '남아시아인'으로 불리 는 것은 바로 그런 이유 때문일 것이다. 하지만 그 내부를 보면 인도 뿐 아니라 파키스탄, 방글라데시 출신자들과 국가의 구분이 의미가 없는 초기 이주자들, 상이한 종교와 지역 출신자 등 여러 개의 정체성들이 서 로 상충하면서 서서히 변화하고 있는 중이다. 게다가 실지로는 친족, 카 스트, 출신 지역, 종교적 분파(sampradaya) 등이 그들 사이에서 서로를 구 분 짓고 있기 때문에 인도인들은 하나가 아닌 제각기 다른 정체성을 가 지고 있다. 이들의 종교는 이렇게 복잡한 정체성을 드러내 주는 하나의 지표이며, 많은 종교 기구 및 단체들이 이민 사회와 인도와의 관계에서 중요한 역할을 하고 있다.

영국의 인도인들은 구자라트 출신의 스와미 나라야나 힌두교도가 대 다수를 구성하고 있다. 이들 중 상당수가 영국으로 오기 전 동아프리카에 이주를 한 경험을 가지고 있기 때문에, 이 경험이 영국 정착 과정에서 효과적인 네트워크를 만드는 데 반영되었다. 그런데 시간이 지나면서 구자라트 이민자들의 고향에 대한 태도에는 어떤 변화가 생겼다. 동아프리카를 떠나 영국에 정착한 후 이들의 생활에는 커다란 변화가 생겼고, 이로 인해 그들을 둘러싼 많은 것들에도 변화가 야기되었기 때문이다. '밥스'라는 네트워크의 경우, 그들의 종교는 명실공히 마을 수준이 아닌 신 힌두교의 초국가적 수준에 도달했다. 그리고 이 초국가적 네트워크를 통해 많은 사람들이 이제 자신의 고향 마을보다 인도 자체와 관계를 만들고 유지하고 있다.

일단 인도에서 '수출'되었다가 이제는 '수입'되고 있는 밥스라는 네트워크는 그 구성원들이 자발적으로 움직여 인도와 해외 인도를 이어주는 역할을 하고 있다. 이것은 하나의 초국가적 힌두교의 현대적 형태로서, 인도에서 재외 인도인 자원봉사자들의 인적 물적 자원을 통해 활동을 전개하고 있다. 물론 구제 사업이나 마을의 재활지원, 의료지원, 교육지원, 사회의식 캠페인 등 인도 전역에서 진행되고 있는 모든 사회활동들은 그 효과가 긍정적이다. 밥스는 이러한 활동과 함께 인도 도시지역에서 새롭게 건설되고 있는 거대하고 멋드러진 사원 콤플렉스를 통해 "힌두교의 새로운 얼굴"(Williams 1984 ; 이재숙 2007)로 떠올랐다. 따라서 재외 인도인 스타일의 힌두교(대규모 모임, 순회 설교), 힌두로서의 소비 행태, 투자 방식은 이제 인도 정부나 중산층 인도인들의 관심의 대상이다.

신 힌두교는 카스트나 지역적 차이를 부정하는 '보편적인 특성'을 가지고 있는데 바로 이러한 힌두교가 지금 인도를 휩쓸고 있다. 밥스는 지역을 기반으로 하는 힌두교의 하나로서 하나의 종족적 단위로서 국제이주라는 지구화 과정 속에서 적극적인 진취성을 가지고 새로운 변화를 만들어내고 있다. 지금까지 분명한 것은 밥스가 하나의 '아래로부터'의 네트워크로서 인도에 영향을 주고 있으며, 이와 같은 과정은 앞으로 인도 사회의 구조의 변화에 반드시 어느 정도 영향을 미칠 것이라는 점이다.

<참고 문헌>

이재숙. 2007. "이민사회 힌두교의 지역성과 초 국가주의적 성격: 런던 밥스의 사례연구". 서울: 국제지역학회(11권 제 1호).

Bauman, G. 1996. *Contesting Culture: Discourses of Identity in Multi-Ethnic London*. Cambridge: Cambridge University Press.

Bauman, Martin. "The Hindu Diasporas in Europe and an analysis of key Diasporic Patterns" in Rukmani, T.S., 2001. *Hindu Diaspora: Global perspectives*. Delhi: MML.

Bauman, Martin. 1998. "Sustaining 'Little Indias': Hindu diasporas in Europe". Haar, Gerrie ter(ed.) *Strangers and Sojourners: Religious Communities in the Diaspora*. Harent: Peeters.

Parekh, Bhikhu. 1974. "The Spectre of Self-consciousness". in Parekh, Bhikhu(ed.) *Colour, culture and consciousness: immigrant intellectuals in Britain*. London: George Allen & Unwin.

Parekh, Bhikhu, Singh, Gurharpal and Vertovec, Steven(eds.) 2003. *Culture and Economy in the Indian Diaspora*. London: Routhledge Research in Transnationalism.

Ghai, D. P & Ghai, Y. P. 1971. "Indians Abroad: Asia and Africa: Report of International Seminar", *Asian in East Africa: Problem and Propspects*. Indian Council for Africa.

Guarnizo & Smith, M. P. 1998. "The locations of transnationalism". M. P. Smith and L. E. Guarnizo(eds.) *Transnationalism from Below*. New Brunswick. NJ: Transaction Publishers.

Kearny, M. 1995. "The local and the global: the anthropology of globalization and transnationalism". *Annual Review of Anthropology* 24.

Tambs-Lyche, H., 1980. *London Patidars: A Study in Urban Ethnicity*. London: Routledge.

Williams, R B. 1984. *A New Face of Hinduism*. UK: Cambridge University Press.

Williams, R. B. 2001. *An introduction to Swaminarayan Hinduism*. UK: Cambridge University Press.

제6장
구자라트인의 해외이주와 인적 네트워크

정 영 주*

I. 들어가면서

구자라트인은 인도인 디아스포라에서 매우 중요한 위치를 차지하고 있다. 영국에서 인도의 편잡인 다음으로 큰 디아스포라 집단을 구성하고 있으며, 미국에서는 전(全)미 남아시아 인구 중 약 25~40% 정도에 해당된다(Yagnik, 2005: 238). 특히 미국 거주 구자라트인은 모텔사업과 다이아몬드 교역 그리고 소매업에 두각을 나타내고 있다. 구자라트 주(州)정부는 해외에 거주하고 있는 구자라트인이 모주(母州)에 좀 더 관심을 기울이고 투자할 수 있도록 네트워크 형성을 유도해 왔다. 주정부가

* 부산대학교 사학과 강사.

저명한 역사가 메타(Prof. Merkand Mehta)를 기용하여 구자라트의 역사책을 편찬한 것도 해외에 거주하는 구자라트인에게 모주에 대해 홍보하려는 의도에서였고, 이러한 뜻은 구자라트에 대한 '애국심'을 강조한 주정부 대통령(Chief Minister) 나렌드라 모디(Narendra Modi)가 쓴 서문에 잘 나타나 있다(Mehta, 2004).

구자라트인은 현재에도 해외로 이주하고 있으며, 교통과 통신의 발달로 이주자와 구자라트에 있는 가족 간에 유례없는 빈번한 접촉이 이루어지고 있다. 구자라트인은 이러한 초국가적 관계를 발판으로 앞으로도 해외이주를 계속할 것이며, 이에 따라 그들의 인적 네트워크도 크게 확대될 전망이다.

필자는 구자라트인의 디아스포라와 인적 네트워크 형성에 대한 분석을 주제로, 2007년 1월 말부터 2월 중순까지 3주간 구자라트주의 아흐메다바드(Ahmedabad)에서 현지조사를 실시하였다. 필자는 현지조사를 바탕으로 기존 연구의 부족한 점을 보충하는 한편, 구자라트인의 디아스포라에서 혼인이 의미하는 바를 살펴보고, 이러한 형태의 이주가 가족뿐 아니라 디아스포라 집단에 있어 성의 역할문제 및 정체성에 미치는 영향에 대해 살펴보고자 한다. 또한 해외 구자라트인과 모국간의 관계와 관련하여 네트워크의 종류, '고향집'의 의미, 현대 과학의 발달이 이들의 관계에 미치는 영향 등에 대해서도 살펴볼 것이다. 또한 기존 연구의 미비점을 지적하고 앞으로의 연구 방향을 제시할 것이다.

Ⅱ. 구자라트인의 이주사

구자라트 주(州)는 인도에서 가장 긴 해안선을 가지고 있는 인도 서북부해안에 위치하고 있다. 구자라트인은 이러한 지리적 특성을 살려 일찍부터 중동과 아프리카 지역의 해안도시 국가들과 활발하게 교역활동을 벌였다. 동아프리카 지역과 구자라트 간에 교역통로가 확장되면서 점차적으로 아프리카에 거주하는 구자라트인이 늘어나기 시작하였다.[1] 구자라트인의 해외이주는 세월이 흐르면서 다양한 모습으로 변모되었다. 첫째, 19세기말 동아프리카에 철도건설 작업이 시작되면서 상당수의 구자라트인이 건설노동자나 중간관리자로 그 지역에 이주하였다. 이들은 대다수가 타국생활을 해본 경험이 없었으나 인도의 영국 식민정부의 후원과 함께 더 나은 삶을 찾기 위해 과감하게 이주의 길을 선택하였던 것이다. 둘째, 제2차 세계대전 직후 의사, 기술자, 회계사 등과 같은 전문직 종사자들이 서구로 이주하면서 구자라트의 디아스포라는 이전과는 다른 양상을 띠기 시작했다. 셋째, 1960년대를 중심으로 이미 몇 세대 동안 아프리카에 정착해있던 동아프리카 거주 구자라트인이 아프리카의 민족주의 운동에 휩쓸려 새로운 땅을 찾아 재이주하게 되었다. 이러한 변화는 구자라트인의 세계 분포도가 다시 바뀌는 계기를 마련해주었다.[2]

구자라트인의 이주 역사에 대한 기존 연구는 기원전부터 시작하여 현대를 총망라하고 있는데, 구자라트와 인근 지역 간의 정치 및 경제적 관계에 대한 분석을 통해 이주사를 풀어가고자 하였다. 망가트(Mangat)의 경우, 동아프리카 거주 남아시아인에 대한 연구에서 19세기부터 1945년까지의 시기를 단계별로 나누어 동아프리카로 이주한 인도인에 대해 상

---

1) 19세기 무렵 동아프리카 지역에 거주하고 있던 인도인들의 숫자는 망가트의 책을 참조할 것: Mangat, 2002: 7-8.
2) 이들 대부분이 영국에 정착하였고, 그중 일부는 다시 미국으로 이주하였다. 이들은 1960년대 미국정부가 이민법을 개정하여 이주를 완화시킴으로써 만들어진 기회를 놓치지 않았던 것이다.

세한 분석을 시도하였다. 이 과정에서 인도인과 아프리카 원주민 그리고 영국인 관리와 사업가 간의 역학관계에 주목하고, 중간자로서의 인도인의 역할을 부각시켰다. 그는 인도인들이 동아프리카 지역의 경제를 안정시키는데 견인차 역할을 하였으며, 원주민의 독립투쟁을 적극 지지하였던 사실에 대해서도 높이 평가하였다(Mangat, 1969).

연구범위를 동아프리카에 이주한 일반적인 인도인들을 대상으로 하였던 망가트와 달리 메타(Mehta)는 구자라트인의 이주현상에 주목하고, 이를 교역활동과 연관시키고자 하였다. 그는 구자라트인과 인근 아랍지역간의 교역이 기원전 4천여년경부터 시작되었다고 보았다. 구자라트인은 16세기 이후부터 아라비아해와 인도양을 중심으로 중동과 동아프리카에 이르는 해상 무역을 주도하게 되었고, 이와 더불어 구자라트 주의 남쪽에 위치한 항구도시, 수라트(Surat)가 무역중심지로서 번영을 구가하게 되었다.3) 그는 구자라트인의 디아스포라 현상을 이러한 해상무역 활

---

3) 그러나 수라트를 중심으로 활동하던 인도인 대무역업자들에 대한 평가는 학자들 간에 다소 다르게 나타나고 있다. 싱(Singh)의 경우, 인도인 무역업자들이 외국 상인들—특히 영국인—과의 경쟁에서 뒤처지기 시작하는 원인으로서 외국인들에게 특혜를 주었던 무갈제국과 그 정책을 들었다(Singh, 1977). 굽타(Gupta)도 결론적으로는 이에 동의하였으나, 몰락 원인을 외부적이기보다는 내부적인—수라트를 비롯한 인도 사회 내의 경제 및 사회·문화제도가 지역민을 보호해주지 못한—요인에서 비롯되었다고 보았다. 그 결과 수라트 지역이 번영하는 데 견인차 역할을 하였던 인도인 선박 소유주들이 급기야 몰락하게 되었다는 것이다(Gupta, 2004). 유럽인들이 구자라트의 지역경제를 장악하게 되는 요인으로서 외부적 요인보다 내부적 요인을 더 중시하는 태도는 고팔(Gopal)에게서도 엿볼 수 있다. 고팔은 16세기와 17세기 구자라트의 통상과 수공업에 대한 연구에서 당시 구자라트의 경제를 전(前) 자본주의적 경제체제로 간주하고, 유럽인들의 세력 확장이 구자라트 경제에 미친 영향에 대해 분석하였다. 그 일환으로 고팔은 구자라트의 대자본가인 무역업자들의 정치적 영향력, 카스트 문제, 사업의 특성, 교육 문제, 생산품을 조달하는 수공업자들과의 관계 등에 대해 분석하였다. 그 결과 구자라트의 사회와 문화가

동에 수반된 하나의 결과물로 파악하고, 동아프리카에 진출한 구자라트
인들을 각 지역별로 세분화하여 이들의 활동을 정리하는 한편, 구자라
트인이 아프리카 각 지역의 정치와 경제발전에 미친 영향에 대해서도
긍정적인 평가를 내렸다(Mehta, 2004).

그러면 구자라트와 동아프리카 및 중동지역간의 역사적 무역망이 사
라진 현대에 이르러 구자라트인의 지속적인 해외이주는 어떻게 설명되
어져야 하는가? 이와 관련하여 대부분의 학자들은 인도의 과거 식민 역
사와 외압이라는 측면에서 인도인 디아스포라를 설명하고자 하였다. 그
러나 일부는 이러한 외적 동인보다 인도와 구자라트의 내적 동인을 주
요시하는 경향을 보였는데, 특히 트리베디(Trivedi)와 데사이(Desai)는 구
자라트의 경제상황을 중시하였다. 그들은 식민시대에 작성된 통계와 데
이터를 중심으로 구자라트의 경제를 분석하였다. 그 결과 구자라트가
인도의 어느 지역보다 일찍 그리고 광범위하게 도시화를 이루었으나,
여전히 농촌경제가 중심인 이중적 경제구조를 지녔다는 결론을 얻었다
(Trivedi, 1949; Desia, 1948). 데사이는 1968년 발간한 책에서도 산업화된
도시와 낙후된 농촌이라는 구자라트의 양극화된 경제구조가 도시민과
농촌지역민의 이주를 유발했다고 결론지었다(Desai, 1968: 155-58).

인간이 한 곳에서 다른 곳으로 이동하는 것은 지극히 정상적인 행위
이며 새로운 현상도 아니다. 이러한 움직임이 주(州)안에서 이루어지거
나, 주 간(間), 또는 해외로 향하는 것 등에 상관없이 경제적으로 더 나
은 삶이나 더 나은 사회적 위치에 오를 수 있는 기회를 제공하는 곳을
찾는 것은 인간이 소유하고 있는 기본적인 욕망인 것이다. 그럼에도 불

당시 인도 여느 지역의 상인보다 더 큰 규모의 재정을 소유하였던 구자라트
무역업자들이 유럽인들의 세력 확장을 저지하지 못하고, 점차 그 자리를 내
어주게 되는 폐해 요인이었음을 밝혔다(Gopal, 1975).

구하고, 이주는 한 개인이 삶의 터전을 떠나는 중요한 결정이다. 이러한 행위는 여러 복잡한 조건들이 충족되어져야만 실체화될 수 있고, 그 필요조건들을 충족시킬 수 없는 이들은 떠날 수 없는 것이다. 가장 중요한 필요조건을 흔히 '기회'로 묘사한다. 기회가 주어져서 이주를 고려하고 있는 사람은 과연 자신에게 그 기회를 충족시킬 수 있는 기타 여건들이 갖추어져 있는지 또한 현재 살고 있는 곳과 미래에 정착할 곳 중 어느 곳이 자신에게 더 나은 미래를 가져다 줄 것인지에 대해 심각하게 고민한다. 그러나 모든 사람이 자신에게 주어진 기회를 실천에 옮기는 것은 아니다. 이주할 수 있는 모든 외부적 여건이 갖추어져 있음에도 불구하고 스스로가 불가능하다고 믿으면 떠나지 못하는 것이다.[4]

구자라트의 양극화된 경제구조가 구자라트인의 이주를 유발했다고 본 트리베디와 데사이와 달리 메타는 구자라트인의 사회·문화적 특성을 가지고 이주현상을 해석하고자 하였다. 메타는 구자라트에는 타 지역과는 확연히 구별되는 특유의 진취적이고 경쟁적인 '비즈니스 문화'가 있으며, 결과적으로 이러한 문화가 이주를 유도했다고 보았다. 또한 해외에 거주하는 구자라트인이 '가장 부유하고 성공적인' 디아스포라 집단을 이루는데 원동력이 되었다. 메타는 구자라트의 비즈니스 문화가 전(全) 인도적이기보다는 구자라트의 역사와 문화적 환경에 의해 만들어진 구자라트 특유의 것으로, 결국 구자라트인의 디아스포라는 스스로의 문화적 특성에 의해 형성되었다고 결론지었다(Mehta, 1991).

최근 인도인들은 과거 식민시대와 달리 학생 및 취업비자를 취득하거

---

4) 인터뷰: 한 여성 대학교수, 2007년 2월 25일. 이에 데사이는 한 개인에게 '기회'가 주어지는 경로와 그 기회가 이주로 실체화되는 방식을 파악하기 위해 적어도 한 작은 마을을 선정하여 이주의 기회를 취하거나 취하지 않았던 이들에 대해 자세히 연구할 필요성을 주장하였다: Desai, 1968.

나 혼인과 연쇄이주를 통해 해외로 이주하는 경우가 대부분이다.[5] 인도인이 가장 선호하는 이주지도 기존의 영국에서 미국으로 그 순위가 바뀌었으며, 호주와 뉴질랜드가 새로운 이주지로서 각광받고 있다. 이는 호주와 뉴질랜드의 기후와 생활환경이 뛰어나고 정부정책상 남아시아인의 이주에 관대하기 때문이다.[6] 최근 구자라트인의 해외이주와 관련하여 가장 뚜렷하게 나타나고 있는 현상은 정보산업관련 직종에 종사하는 전문가들의 해외이주이다. 이들은 초기 노동이주자와 달리 선진국에서 필요로 하는 최신기술을 보유하여 더 나은 고용조건을 찾아 이주지를 선택할 수 있는 이점을 지니고 있기 때문이다.[7]

이렇듯 이주의 방법과 이주지에 대한 선호대상이 변하는 가운데 이주를 결심하게 되는 동기 또한 다양해졌음을 알 수 있다. 구자라트에 대한 현지조사를 통해 살펴본 바에 의하면, 이주의 동기에는 '외국에 대한 단순한 호기심', '친지의 도움으로 연쇄 이주할 수 있는 기회가 주어진 것' 외에도 '단기간에 해외에서 돈을 벌어 인도에서 좋은 집을 살 수 있다는 점'과 '해외에서 교육을 받거나 직장경험을 쌓으면 인도에서 취직이 용이해지고 더 나은 대우를 받을 수 있다'는 실리가 강하게 작용하고 있었다. 그러나 당사자가 표면적으로 언어화할 수 있었던 이주 동기 외에도 그의 무의식 속에 깊숙이 내재되어 이주에 결정적인 영향을 미쳤던 또 다른 동기가 있었다. 아흐메다바드에서 산부인과 개업의로 일하

---

5) 구자라트의 한 비정부단체를 운영하며 구자라트 현대사(*The Shaping of Modern Gujarat*)를 공저하여 베스트셀러 작가가 된 야그닉은 필자와의 인터뷰를 통해 유학비자를 취득한 학생들이 공부보다는 오히려 취업을 하는 것이 더 일반화되어있다고 말하였다(인터뷰: Yagnik).

6) 인터뷰: AP, Dilip, Yagnik, 2007년 2월 20일~23일.

7) 그러나 호주에 이주한 정보산업 전문직 종사자에 대한 라카(Lakha)의 연구를 살펴보면, 인도인이 같은 직종의 백인과 비교하여 차별적인 고용대우를 받고 있음을 알 수 있다: Lakha, 2005.

고 있는 샤(Shah)는 자신의 영국 이주경험을 이야기하는 과정에서 "영국이 아닌 다른 어느 곳도 생각하지 않았다"고 단정적으로 말했다. 의료 환경이나 기술이 "영국이 가장 좋다고 믿고 있기" 때문이었다. 샤는 자신이 단 한 번도 이러한 점에 대해 반문하거나 의심을 품은 적이 없었다고 말하였다. 그렇게 믿게 된 원인에 대해 재차 질문을 받자, 한참동안 생각한 끝에, 어릴 때부터 시작하여 의학을 공부하는 과정에서도 끊임없이 영국이 최상의 국가라는 이야기를 들었기 때문이라고 하였다. 그 결과 학업을 계속하기위해 이주를 결심했을 때, 영국 이외의 어느 국가도 고려하지 않았다는 결론에 도달할 수 있었다.[8] 이는 잉글랜드의 한 지역병원에서 근무하고 있는 인도계 의사들을 대상으로 연구조사를 실시하였던 로빈슨(Robinson)과 케리(Carey)의 연구결과와 흡사하다. 로빈슨과 케리는 인터뷰에 응한 의사들이 자신이 경제적으로 더 나은 삶을 찾을 목적으로 이주하였다고 생각하고 있었으나 실질적으로는 그들의 사회 문화적 성장배경이 그들을 영국으로 이끌었음을 밝혀냈다. 식민시대의 영국식 교육이 인도가 독립한 이후에도 그대로 전수되어 탈식민시대의 인도인조차 영국의 의료기술과 의료 환경에 대해 절대적인 신뢰를 갖게 했던 것이다. 이처럼 인도인 스스로가 다른 의식을 갖기에는 식민시대의 영향이 그들에게 깊게 내재되어 있었다(Robinson and Carey, 2000).

구자라트인의 해외이주에 대한 기존 연구는 상당부분 파티다르(Patidars) 집단에 치중해있다.[9] 파티다르는 구자라트인 디아스포라 중 가장 큰 디

---

8) 인터뷰: 닥터 샤(Dr. Shah), 2007년 2월 20일.

9) 본문에서 언급된 것 이외에도 파티다르 이주집단에 대한 연구로서: M. Mehta, "Gujarati Business Communities in East African Diaspora: Major Historical Trends", *Economic and Political Weekly*, Vol. 36, 2001, pp.1738-1747; G. Oonk, "Gujarati business communities in East Africa: Success and failure stories", *Economic and Political*

아스포라 집단을 형성하고 있으며, 영국과 미국, 캐나다, 카리브 지역과
같이 구자라트인 디아스포라가 밀집해 있는 곳에서도 가장 부유한 집단
으로 받아들여지고 있다(Kumar Sahoo, 2006: 891-92).[10] 파티다르는 다중
이주를 통해 다양한 문화를 공유하지만 조직적으로 서로 밀접하게 연결
되어 유사시 상호 지원을 아끼지 않았다. 이것이 그들이 성공하게 된 이
유 중의 하나였다. 라이언(Lyon)과 웨스트(West)는 런던에 거주하는 인도
챠로타르(Charotar) 출신의 파티다르의 이주 경험과 그들의 비즈니스에
대해 연구하였는데, 그들이 경영하는 사업장과 사업전략이 일반적인 통
념과 달리 영국 사회의 주류인 백인이 경영하는 여느 기업체와 다르지
않다고 주장하였다(Lyon and West, 1995). 인도인들은 경제적으로 성공하
기 위해 강한 인종적 색채를 자제할 뿐 아니라 전통이나 카스트가 규정
하는 금기사항 등에 대해서도 다소 유연한 태도가 보이는데, 영국뿐 아
니라 미국에 거주하는 파티다르에 대한 사례연구에서도 비즈니스와 인

Weekly, Vol. 40, pp.2077-2081, 2005; H. Tambs-Lyche, *London Patidars: A Case Study in Urban Ethnicity*(Routledge &Kegan Paul: London, 1980); C. P. Chandra, "Remigration: return of the prodigals—an analysis of the impact of the cycles of migration and remigration on caste mobility", *International Migration Review*, Vol. 31, No. 1, Spring 1997, pp.162-170 등이 있다.

10) 2000년 구자라트인들의 분포

국가	2000년	국가	2000년
방글라데시	67,000	미얀마	36,100
이란	29,900	탄자니아	249,100
케냐	134,900	우간다	225,700
마다가스카르	55,200	잠비아	18,400
말라위	36,100	미국	150,000
말레이시아	22,300	영국	500,000

출처: World Evangelization Research Centre; www.sil.org/ethnologue/; www.littleindia.
com(Kumar Sahoo, 2006: 92).

도 고유의 문화와 사회전통을 별개로 간주하는 것이 보편적인 관례임이
드러났다(Ranganath, 2003).

이상에서 지적한 바와 같이 파티다르의 오랜 이주 역사와 이주 규모
그리고 경제적 성공은 그들의 디아스포라가 학계의 주목을 받는 데 견
인차역할을 하였다. 그러나 이로 말미암아 구자라트 디아스포라에 대한
연구가 특정 집단에 편중되어 연구의 다양성이 배제되었고 파티다르 디
아스포라 연구에 있어서도 주제와 접근방식이 경제적 업적에 제한되는
한계를 보이기도 하였다.

Ⅲ. 혼인, 성의 역할, 이주 집단의 정체성

현대 인도인에 있어 해외로 이주할 수 있는 기회는 취업 및 학생비자
그리고 혼인과 연쇄이주로 제한되어 있다. 혼인은 취업과 마찬가지로
연쇄이주의 길을 열고 친족 네트워크를 만들거나 확대시키는 역할을 한
다. 인도인 디아스포라 초기에는 주로 해외에서 취업을 한 남성이 거주
권을 획득하여 자신의 가족을 불러들이거나, 인도에 거주하는 여성과
혼인하여 자신이 거주하는 국가로 이주시키는 형태가 일반적이었다. 그
러나 오늘날에는 자력으로 해외에 취업하는 여성이 늘어나는 추세이며,
남성이 해외에 가족과 친척을 이주시키도록 사회적 압력을 받아온 것과
마찬가지로 여성도 혼인을 통해 연쇄이주의 길을 열도록 사회적 압력을
받고 있다. 그 결과 여성과 디아스포라의 상호관계에 대한 연구가 늘어
나고 있는 상황이다. 특히 여성의 해외이주와 관련된 문제에 있어 혼인
을 통한 이주가 디아스포라 집단내 성의 역할과 정체성 변화에 미친 영
향 등에 대한 관심이 증대되고 있다.

이와 관련하여 무니(Mooney)는 캐나다의 토론토와 밴쿠버에 거주하고 있는 시크(Sikh) 디아스포라 집단을 중심으로 혼인과 연쇄이주 간의 상관관계를 고찰하였는데, 결론적으로 혼인을 연쇄이주를 유발시키는 촉매제로 간주하였다(Mooney, 2006). 쇼(Shaw)와 챠슬리(Charsley)는 혼인과 연쇄이주 간의 상호작용보다는 오히려 해외에 거주하는 인도인과의 혼인을 결정하게 되는 배후의 문화적 그리고 감정적 동기에 더 주목하였다. 그 결과 혼인이 친족을 기반으로 한 초국가적 네트워크를 형성하는 데 중요한 연결고리 역할을 한다고 밝혔다(Shaw and Charsley, 2006). 이러한 감정적 동기는 파키스탄인에 대한 쇼(Shaw)의 연구에서도 잘 드러나고 있다. 쇼는 파키스탄인이 '사촌혼'과 '친족과의 혼인'이라는 전통을 해외 이주민과 모국에 거주하는 가족 및 친족과의 관계를 지속시키고, 그들 사이의 물리적 거리를 가능한 좁히려는 의도에서 실행한다고 보았다. 친족 간의 혼인으로 말미암아 '이주'라는 주제가 상호간 삶의 중심부에 위치하게 되며, 이는 이들의 관계에 새로운 활력소를 제공한다는 것이다. 이 경우 쌍방 간에 기대하는 바가 다소 다르게 나타나는데, 모국 거주자는 혼인을 통해 집안의 사회 · 경제적 위치가 상승되기를, 해외 이주자는 고향과 더 밀접한 관계를 유지하기를 희망하였다(Shaw and Charsley, 2006; Shaw, 2006).[11]

구자라트주의 경우 고학력자의 이주가 가장 높은 지역 중의 하나로서 전문직 종사자들이 취업을 통해 해외로 이주하는 경우가 많기 때문에

---

11) 쇼가 연구대상으로 선정했던 파키스탄계 영국인들은 다른 남아시아인과 마찬가지로 제2차 세계대전 직후 건설 노동자로 영국에 이주하였다. 1960년대 중반이후 파키스탄에 남아있던 가족들이 본격적으로 영국으로 옮겨오게 되었으며, 이후 영국에서 자라나는 이주 2세대를 위해 혼인을 통한 해외이주라는 새로운 형태의 이주의 길을 열게 되었다. 오늘날 파키스탄인은 남아시아의 어느 국가보다 더 많이 혼인을 해외이주를 위한 수단으로 삼고 있다.

혼인과 이주의 관계에 대한 연구가 다소 미비한 실정이다. 이에 필자는 현지조사를 통해 혼인과 이주에 대한 구자라트인의 의식 변화를 파악하고자 하였다. 조사결과에 의하면, 구세대와 신세대 간에 의견차를 보이는데 구세대는 이주가 인도인에게 더 나은 삶을 제공하는 지름길이며, 혼인을 통한 이주가 가족과 친척 및 친지에게 연쇄이주의 길을 열어주는 주요한 역할을 한다고 보았다.12) 이와 달리 신세대는 상당수가 해외이주를 불필요한 것으로 묘사하였으며, 해외이주를 위해 혼인하지는 않겠다는 태도를 보였다. 이 점에 대해서는 차후 다시 언급하도록 하겠다.

먼저 혼인을 통해 이주하게 되는 과정을 살펴보면, 해외로 이주한 구자라트인이 자신의 배우자를 구자라트에서 찾는 것은 여전히 일반적 현상이었다. 이는 여성과 남성 모두에게 해당되며, 이들이 혼인에 이르게 되는 경로를 간단히 살펴보면, 먼저 혼인에 뜻을 둔 해외 거주자가 그 목적으로 구자라트를 방문할 의사를 밝힌다. 이에 구자라트에 거주하고 있는 가족과 친척이 가능한 많은－대부분 10명 이상의－상대자를 미리 주선해 놓는다. 맞선을 본 후 혼인에 대한 최종결정은 당사자들에게 주어진다.13) 필자는 현지조사를 통해 일찍부터 도시화가 이루어진 아흐메다바드에 거주하는 구자라트인이 21세기에 들어선 지금에도 여전히 족내혼(族內婚)의 전통을 굳게 지키고 있음을 발견할 수 있었다. 다른 한편, 현재의 아흐메다바드 사회에서는 과거에는 상상조차 할 수 없었던 혼인형태가 존재하고 있었다. 타 인종과의 결혼이 그것이다. 인터뷰에

---

12) 인터뷰: Yagnik, 2007년 2월 17일.

13) 이 방법이 가장 보편적이나 일부는 가족 간의 소개로 직접 얼굴을 대면하지 않고 컴퓨터 카메라를 통해 서로를 소개하고 결혼에 이르는 경우도 있었다. 예를 들어, 마루트(Marut)의 제수는 자신이 '서구여성보다 더 서구적'인데도 불구하고 호주에 살고 있는 남편얼굴을 실제로 보지도 않은 채 결혼했음을 밝혔다: 인터뷰, 마루트의 제수.

응한 이들 중에도 일부 가족구성원이 타 인종과 결혼한 예가 있었는데, 다랄(Dalal)은 자신의 딸이 미국 백인과 결혼한 것에 대해 "다행히도 (luckily)" "그래도 그나마(slightly acceptable)" 미국 백인이었다고 묘사하였다.14) 그러나 다랄의 딸이나 샤 박사의 조카 등 타인종과 결혼한 이들이 소위, 선진국으로의 이주를 염두에 두고 결혼을 했다는 증거는 없다. 반대로 이들의 결혼은 해외로의 유학과 이주가 낳은 결과에 불과하였다.

대다수의 구자라트 해외거주자가 구자라트 내에서 배우자를 물색하기 때문에 혼인이 그 배우자가 이주할 수 있는 기회를 제공하는 것은 사실이나 혼인이라는 중대한 결정을 내리는데 있어 이주에 대한 기대감이 어느 정도 작용했는지는 불분명하다. 보이트-그라프(Voigt-Graf)는 호주에 이주한 인도인 이주민과 그들의 초국적(超國籍) 네트워크에 대한 논문에서 결혼이 이주를 지속시키는 주요 수단이며, 일부 구자라트인은 해외에 거주하는 친족의 규모를 증대시킬 일환으로 '전략적으로' 혼인이라는 수단을 사용한다는 결론을 내렸다. 동시에 그녀는 구자라트 출신의 여성배우자들의 경우 대부분 고학력자로서 취업 혹은 유학을 통해 이주할 수 있는 자격요건을 이미 갖추었으므로 혼인을 통해 거주허가 혹은 시민권을 취득하거나 이주비용과 같은 물질적 도움을 받을 필요가 전혀 없다고 주장하였다(Voigt-Graf, 2005: 373-74). 이와 관련하여 필자는 현지조사 결과, 그녀의 주장이 현실의 일부를 보편적인 현상으로 간주한 다소 위험한 일반화를 초래했음을 알 수 있었다. 이는 극히 일부 전문분야를 제외하고, 인도 대학의 학위가 해외 선진국에서 인정을 받지

---

14) 인터뷰: 샤의 어머니; Dalal, 2007년 2월 20일; Y, 2007년 2월 21일. 다랄은 자신이 인종차별주의자도 아니고 교육을 받은 지식인으로서 근본적으로 타인종과의 결혼을 반대하는 입장은 아니지만 만약 그녀의 딸이 백인대신 미국 흑인이나 필리핀 사람과 결혼했었더라면 이를 받아들이기 힘들었을 것이라고 하였다.

못하고 있는 상황에서 인도에서의 고학력이 곧 취업과 연결되지는 않기 때문이다. 또한 이주 이후 출산 등으로 인해 오랜 기간 동안 전업주부로 일한 후 다시 취업을 하는 것이 그다지 용이하지는 않을 것으로 본다.

혼인과 이주의 상관관계를 이해하기 위해서는 인터뷰 결과에 대한 심도 있는 분석이 필요하다. 구자라트 대학교(Gujarat University)의 석사과정 학생 마루트의 남동생은 인도에서 고등학교를 졸업한 직후 호주에 유학을 갔다. 그는 호주의 한 대학에서 3년간의 교육을 마치고 다국적 기업인 울워스(Woolworth)의 호주본사에서 일하게 되었다. 결혼 적령기에 있는 대부분의 구자라트 해외 거주자가 그러하듯이 그도 자신의 배우자를 찾기 위해 두 차례에 걸쳐 구자라트를 방문했다. 그 방문기간 동안 약 30여명의 배우자감을 만났으나 아무런 결과 없이 호주로 돌아갔다. 그러나 곧 양가의 주선으로 현재 아내를 소개받았고 얼굴을 대면하지 않은 채, 소위, 장거리교제를 시작하였다. 그들은 주로 전화와 인터넷을 이용해 깊은 대화를 나누었는데, 그의 아내는 그가 서구식 생활방식에 물들지 않고 가족에 대한 사랑과 인도의 전통을 소중히 여기는 점이 마음에 들어 결혼을 결심하게 되었다고 말했다. 2007년 2월 인터뷰 당시 그녀는 시부모와 함께 생활하면서 비자를 기다리고 있었다.

그녀는 남편보다 한 살 어린 24세로 현재 제약회사에서 일하면서 파트 타임으로 대학원에 재학 중인 학생이었다. 그녀 또한 단지 몇 달 동안이기는 하지만 아프리카 케냐에서 생활해 본 경험이 있었다. 그녀는 호주에서 모든 것을 새로 시작해야 되는 것이 다소 두렵다고 말하였다. '호주달러가 35 인도 루피'에 해당하기 때문에 직장을 구하는 것이 급선무라고 강조하는 그녀에게 구직이 단순히 돈을 벌기위한 수단인지 아니면 물가가 높기 때문에 일을 해야만 하는 것인지 물어보자, 그녀는 두 경우 모두에 해당된다고 답하였다. 또한 직장을 얻은 다음 결혼 때문에 마칠 수 없었던 석사학위를 받는 것이 목표라고 하였다. 호주에 영구히 정착할 의향이 있는지에 대한 질문에 대해서는 잘 모르겠다고 답하였으나 즉시 말을 바꾸어:

> 아니요. 만약 내가 여기 인도에서 가지고 있는 모든 걸 거기서도 가질 수 있다면 그러겠어요. 그렇다면 여기로 돌아 올 필요가 없잖아요. 엄마하고 오빠 그리고 모든 사람들을 부르겠어요. 그렇다면 제 가족 모두가 거기에 있게 될 거잖아요. 좋은 직장도 사랑하는 사람들도 있을 거고, 그렇다면 돌아올 필요가 없어요.

그녀가 인터뷰로 인해 다소 흥분된 상태에서 즉흥적으로 대답했을 가능성도, 또는 이미 상당 기간 생각해온 속내를 드러냈을 가능성도 배제할 수 없을 것이다. 그럼에도 불구하고 그녀의 대답은 보이트-그라프가 일부 구자라트인이 혼인을 해외에 거주하는 친족의 규모를 증대시키기 위해 '전략'적으로 사용하고 있다고 보았던 데 대해 다른 차원에서의 해석을 가능케 한다. 그녀의 대답은 혼인이 친족을 해외로 불러들이는 계기가 됨을 명백히 보여준다. 그러나 여기에는 다른 어떤 목적보다 가능한 많은 친족을 이주시켜 불안하고 불확실한 해외에서의 생활에 일종의 안전망을 확보하고자 하는 염원이 담겨있는 것이다.

실제로 제2차 세계대전이후 소위 '신 디아스포라'가 시작되면서 혼인은 해외이주를 하거나 해외에 있는 친족의 범위를 넓히는 주요한 수단으로 사용되어왔다. 필자는 구자라트 현지조사를 통해 해외이주가 인도인에게 여전히 하나의 '기회'로 여겨지고 있음을 발견할 수 있었다. 구세대가 부의 축적을 위한 첩경으로서 이주를 적극 환영하는 반면, 앞서 밝힌 바와 같이 신세대는 이에 대해 다소 불확실한 태도를 보여주었다. 신세대중 상당수가 인도의 경제발전을 이유로 이주의 불필요성을 주장하였다. 즉, 인도의 경제가 발전하면서 다국적 기업의 투자가 활발해져 국내에서도 좋은 직장을 잡을 수 있다는 것이다. 여전히 연봉에 차이가 있으나 그 차이는 낯선 땅에서 홀로 살아야하는 희생에 비하면 아무것도 아니라는 것이다. 하지만 그 당사자들조차 해외이주를 이미 수차례 시도한 경험이 있거나 이주가 가지는 장점을 명백히 인식하고 있는 점을 주시해야 할 것이다. 거기에는 이주에 대한 그들의 숨겨진 열망이 숨겨져 있기 때문이다.

그러나 모든 이들이 해외로의 이주를 희망하는 것은 아니었다. 일부 구자라트인은 학위 취득을 위해 혹은 기타 다양한 목적으로 해외에 거주하기도 하였으나 이민에는 전혀 관심을 보이지 않았다. 이들은 해외에서의 목적을 달성한 후에는 즉시 인도로 돌아왔다. 디네쉬(Dinesh)의 예를 들어보자. 그는 간디 나가르(Gandhi nagar)에 소재하는 한 사립교육대학의 설립자의 아들이다. 그의 집안은 학교 이외에도 부동산과 여러 사업체를 가지고 있는 명실상부한 부유층이다. 그도 여느 부유층 자제처럼 미국에 유학을 갔다. 그러나 그에게 있어 미국 유학은 단지 그 문화와 사회를 경험하기 위한 것으로 처음부터 해외에 거주할 의도는 전혀 없었다. 그는 대부분의 특권층 사람들이 자신과 비슷한 생각을 하고 있으며, 그 이유는 "외국에서 구할 수 있는 모든 것이 인도에 있기 때문"이었다.[15]

물론 모든 특권층이 디네쉬와 같은 생각을 하고 있는 것은 아니다. 와이(Y)의 경우를 보자. 와이는 그의 외조부가-지금도 인도 지식인들의 모임터가 되고 있는-뭄바이(Mumbai)에서 가장 큰 출판사를 설립하였고, 그의 부계는 2002년 힌두와 무슬림 간에 분쟁이 일어나기 이전까지만 해도 양측이 모두 순례를 다녔던 성인(聖人)의 직계 후손이다. 그도

---

15) 인터뷰: Dinesh, 2007년 2월 20일.

미국으로 유학을 갔는데, 그는 디네쉬와는 달리 오히려 미국에서 인도에서는 얻을 수 없었던 마음의 평화와 삶의 기회를 찾았다. 그는 프랑스인과 혼혈인 모로코 여인과 혼인하여 뉴욕에 정착하였다. 그런 그도 자신은 다소 특이한 경우이며, 특권층은 해외이주에 별다른 의미를 부여하지 않는다는 디네쉬의 말을 확인해 주었다.16)

이러한 실 예에도 불구하고 구자라트인 중 상당수가 여전히 이주를 하나의 기회로 보고 있다는 점은 부인할 수 없는 사실이다. 그리고 이들에게서 혼인은 '이주를 할 수 있는 특권'을 제공하는 하나의 주요 수단이 되는 것이다. 자력으로 이주할 수 없는 경우에는 더더욱 그러하다.17) 결국 대다수 구자라트인에게 해외이주는 여전히 경제적으로 더 나은 삶을 영위하기 위한 기회이며, 이는 동시에 고학력의 전문가가 절실히 필요한 세계 각 지역에게 그러한 자격요건을 갖춘 이들을 고용할 수 있는 길을 열어주었다.18)

그렇다면 혼인으로 구자라트 여성의 해외이주가 증가하면서 인도인 디아스포라 전반에는 어떤 영향을 미쳤을까? 최근까지 디아스포라 연구는 남성에 대한 연구가 주를 이루었다. 이는 남성이 이주의 주체로 간주되었기 때문이다. 반면 여성은 단순히 남성의 결정을 따르는 수동적이고 종속적인 존재로 여겨졌다. 남성 중심의 디아스포라 연구는 그들의

---

16) 인터뷰: Y, 2007년 2월 25일.

17) 인터뷰: Yagnik과 Marut의 제수, 2007년 2월 17일~22일.

18) 2007년 6월 13일 매일경제신문은 구글(Google)이 미국 의회 청문회에서 외국인 취업비자정책을 완화시킬 것을 촉구하고 나섰다는 기사를 실었다. 라즐로 보크 구글 부사장은 구글이 성공한 데는 외국인 전문인력이 초석이 되었으며, 만약 비자 쿼터로 인해 외국인 근로자들을 적극적으로 영입하지 못한다면, 미국은 인재를 인도나 중국에 빼앗길 것이라고 주장하였다(김경도. "구글의 경쟁력은 외국인 IT 두뇌". 매일경제, 2007년 6월 13일).

주거생활과 경제활동 및 모국과의 관계 등과 같은 이슈에 집중하였다. 그러나 여성의 해외이주가 급증하면서 이들에 대한 연구도 활발해졌다. 혼인을 통한 여성의 해외이주는 가족 상봉을 목적으로 하는 이주와 혼인을 통해 이주하는 두 경우로 나뉘는데, 여성의 해외이주와 관련하여 학계의 연구동향을 살펴보면, 첫째, 이주에 대한 여성의 기여도를 연구하여 그 결과를 토대로 가족내 성의 역학관계를 분석하였다. 차슬리(Charsley)는 단순히 가족의 일원으로서 남편과 상봉하기 위해 해외로 이주하였던 여성들은 그 수동성으로 말미암아 이주 후에도 남편에 종속적일 수밖에 없다는 결론을 내렸다(Charsley, 2005). 이와 달리 가드너(Gardner)는 1950년대와 60년대에 영국으로 이주하였던 벵갈인 이주 첫 세대들을 대상으로 이주자와 모국과의 친족 네트워크를 연구한 결과, 이주와 가족생활 경영에 있어 여성들의 능동적 역할을 발견할 수 있었다. 그는 초기 이주자들의 아내가 오랜 기간 동안 남편과 헤어져 시댁에서 가족을 돌보는 고통을 감내했으며, 적어도 1980년대까지는 남편과 모두 상봉하게 되는데, 기존의 연구에서와 달리 이주 이후 종속적인 위치에 머무르지 않고 가족의 경제활동에 능동적으로 기여할 뿐 아니라 모국에 남아있는 친족과도 성공적인 네트워크를 구축한다고 밝혔다(Gardner, 2006).

둘째, 해외로 이주한 여성들의 정체성 문제에 집중하였다. 상당수의 여성들이 이주지와 인도 사이에서 다중적이고 상호갈등적인 사회·문화적 경험을 하게 되고, 이를 통해 스스로의 정체성을 확립해 나간다는 것이다(Bhatia, 2004). 셋째, 여성이 해외 거주자와의 혼인을 결정하게 되는 과정과 이주 후 취업을 통해 가족의 경제생활에 기여하는 바에 주목하였다. 코타리(Kothari)와 크로(Crewe)는 구자라트인이 영국으로 이주하게 된 동기를 밝히는 연구에서 여성들이 표면적으로는 단순히 집안에서 선택한 후보자에 동의하는 듯 보이나 실질적으로는 배우자 선택에 있어 결코 수동적이지 않다고 주장하였다. 나아가 혼인 이후 다중이주를 할 경우에는 이주 시기와 장소를 결정하는 문제에 있어서 주요한 역할을 한다는 결론을 내렸다(Crewe and Kothari, 1998). 이와 달리 랄스턴(Ralston) 은 캐나다에 이주한 남아시아 여성들에 대한 연구를 통해 여성이 혼인 에 의해 해외로 이주할 경우 가족 내에서 인도의 전통적인 종속성을 강 요받는 한편, 사회적으로 성공할 경우에는 경쟁대상인 백인 사회로부터 비난과 질시를 받는 이중고를 겪게 된다고 주장하였다(Ralston, 1991).

여성의 해외이주가 인도인 디아스포라 집단에 미친 영향에 대해서는 랑가나트(Ranganath)의 연구에 잘 나타나있다. 랑가나트는 '전통과 결혼 하는 여성: 인도인 디아스포라에 있어 결혼의 정치학, 1947-2002'이라는 박사 논문을 통해 미국 일리노이 주 시카고에 밀집해있는 파티다르를 분석하였다. 그녀는 혼인과 관련하여 구자라트인이 인도의 여느 지역민 보다 더 보수적이며, 혼인이 구자라트 디아스포라의 '정치와 법 그리고 대중문화의 중심부'에 위치해있음을 보여주었다. 구자라트 이주민들은 인도에서 제작된 상업영화를 통해 인도 고유의 대가족제도와 중매결혼 이 지닌 전통적 가치를 의식적이든 무의식적이든 끊임없이 주입받으며, 이들에게 구자라트에서 갓 건너온 신부는 디아스포라라는 혼돈과 부침 의 생활 속에서 인도를 의미하는 하나의 상징물이었다. 랑가나트는 시 카고의 파티다르인들이 구자라트와 경계를 넘나드는 초국가적 관계를 지속시킬 수 있었던 것도 '혼인'이라는 매개체가 있었기 때문에 가능하 였다고 주장하였다. 그들은 타 인종은 물론 출신 지역과 카스트가 다른 인도인과도 결혼하지 않았다. 나아가 미국에서 족내혼이라는 자신의 전 통을 지켜나가기 위해 같은 카스트 출신의 결혼 적령기의 남녀를 대상 으로 결혼 컨벤션을 열었다. 이 컨벤션에는 시카고 거주 파티다르 뿐 아니라 인도와 세계 전역의 파티다르들이 기꺼이 거액의 참가비를 내고 참석하였다. 결론적으로, 랑가나트는 파티다르가 혼인을 통해 그 정체성을 유지하고자하였으며, 그 결과 혼인을 통한 이주가 초기 이주자에 국한되지 않고 오늘날에도 여전히, 또한 교통과 통신의 발달과 더불어 더더욱, 구자라트와 이주지를 넘어서는 초국가적 규모로 확대되는 양상을 보인다고 밝혔다(Ranganath, 2003).

이상에서와 같이 혼인은 구자라트인을 비롯한 인도인에게 끊임없이 연쇄이주의 기회를 열었고, 이는 동시에 이주민과 인도 모국 간에 초국가적 친족 네트워크를 형성하는 데 크게 기여하였다. 혼인을 통한 이주와 성의 역할에 대한 연구결과는 일반화가 불가능할 정도로 다양하다. 정체성과 관련하여 파티다르의 경우 새로이 이주해온 신부를 통해 인도인으로서의 정체성을 강화하고자 하는 의지를 보이나 이것이 곧 여성에게 종속성을 요구하는 전통으로의 회귀를 뜻하는 것은 아님을 알 수 있다.

오늘날 인도의 경제가 발달하면서 이주에 대한 생각에도 많은 변화가 일어났다. 그러나 이주를 삶의 하나의 기회라고 보는 태도에는 큰 변화가 없는 듯하다. 이런 상황에서 혼인은 당사자의 의사와 무관하게 여전히 이주를 위한 수단이 되고 있다. 그렇다면 해외에 거주하는 구자라트인과 모국간의 상호관계는 어떠한가? 다음 장에서는 구자라트인 해외거주 집단과 모국간의 관계 및 그들의 인적 네트워크에 대해 살펴보겠다.

Ⅳ. 구자라트인 이주 집단과 모국간의 관계

인도인 디아스포라는 이주국으로부터 시민권을 확보하는 동시에 인도인으로서의 정체성도 유지하고자 노력하는 '이중적 성격'을 갖고 있다(Werbner, 2000). 이들은 현대적 교통과 통신 수단의 발달과 함께 국가와 같은 정치적 영역에 존재하는 경계를 넘나드는 초국가적 존재로 부상하였는데, 인도인 디아스포라의 초국가적 성격은 해외거주에도 불구하고 인도인으로서의 정체성을 유지하려는 이들의 노력에 의해 강화되었다(Buter, 2001). 세계의 다양한 지역에 거주하는 인도인은 상호간 또는 모국과의 잦은 접촉으로 서로 간에 사회 문화적 일체감을 심화시켜 왔다. 다른 한편 이러한 일체감에도 불구하고 디아스포라가 '보수화'되기보다는 오히려 '문화적 다원주의'를 인정하는 경향이 짙은데, 레비트(Levitt)는 이러한 점이 최근의 디아스포라와 초기 디아스포라를 구분 짓는 특징이라고 보았다(Levitt, 2001).

구자라트인 디아스포라의 초국가적 네트워크의 형태를 살펴보면, 흔히 마이크로와 매크로 네트워크로 구분된다. 마이크로 네트워크는 첫째, 타국에 거주하는 구자라트인과 모국에 거주하는 친척간의 상호접촉, 둘째, 타국에 거주하는 친척이 있는 구자라트 주민 간에 상호접촉이 있다. 매크로의 경우는 디아스포라 집단과 모국 간 그리고 세계에 퍼져 있는 인도 디아스포라 집단 간의 조직이 그 예로서 이들은 인터넷 등의 매개체를 통해 긴밀한 관계를 유지하는데 문화와 종교적 교류를 위주로 한다(Sahoo, 2006: 92-93). 이렇듯 초국가적 네트워크가 발전하고 다양화되는데 교통과 통신의 발달이 지대한 영향을 미쳤다.

인도인 디아스포라 집단과 모국 간의 관계에 대한 기존 연구는 대부분 송금문제를 비롯한 경제적 네트워크에 대한 것이었다. 이들은 노동자와 전문직 종사자들이 해외에 이주함으로써 발생하는 자본 유출과 유입(capital flows) 및 송금(remittances)에 대한 현황을 파악하여 이러한 흐름이 인도의 경제에 미치는 영향을 분석하고자 하였다.[19) 그러나 정치 및

---

19) 특히 나야르(Nayyar)는 자본유출과 관련하여 정부가 전문직 종사자의 해외이

경제적 네트워크와 사적인 네트워크를 구분하지 않은 결과, 인적 차원에서의 초국가적 활동을 제대로 평가할 수 없었다(Portes, 2006). 최근 들어 장거리 접촉이 용이해지면서 해외 디아스포라 상호간 뿐 아니라 이들과 모국과의 거리가 더욱 좁혀졌다. 그 결과 친족 네트워크의 형태가 다양화되고 그 활동범위가 넓어져 인적 네트워크에 대한 학문적 관심도 깊어지는 추세이다. 디아스포라 집단의 초국가적 활동에 있어 친족 네트워크의 중요성을 인식한 일련의 연구자 중 보이트-그라프는 한걸음 더 나아가 친족 네트워크를 가장 의미 있는 초국가적 네트워크로 간주하였다. 그녀는 경제 및 정치적 네트워크조차 궁극적으로는 친족 네트워크에서 비롯된다고 보았다(Voigt-Graf, 2005). 그렇다면 친족 네트워크는 어떻게 형성되어지는가? 이는 네트워크의 형태나 크기에 상관없이 먼저 이주에서 비롯되고 혼인과 연쇄이주를 통해 지속적으로 확대된다고 볼 수 있다. 앞서 이미 밝힌 바와 같이 여기서 연쇄이주는 더 이상 초기 디아스포라의 전유물이 아니다. 최근 들어 활발하게 해외로 이주하고 있는 전문직 종사자조차도 자신의 가족과 친·인척이 이주할 수 있는 터전을 마련하기 때문이다. 결국 기존에 친족 네트워크가 연쇄이주를 통해 새로운 이주자를 공급받음으로써 확대되는 한편, 혼인과 취업을 통해 처음으로 해외로 이주한 이주자와 모국에 남아있는 가족과 친척 및 지인을 중심으로 새로운 네트워크가 형성되고, 다시 이것이 발판이 되어 연쇄이주가 이루어지면서 기존에 네트워크가 커지는 것이 보

주 및 귀환에 좀 더 많은 관심을 기울여야 하며, 송금을 비롯하여 이주자에 의한 재정 유입 상황도 반드시 파악할 필요가 있다고 주장하였다. 그는 송금이 소비를 조장하여 물가를 상승시킬 수 있으므로 정책적으로 저축과 투자를 권장하는 등 정부가 개인이나 가족의 경제활동에 적극적으로 개입하여야 한다고 지적하였다: Nayyar, D., *Migration, Remittances and Capital Flows: The Indian Experience*(Oxford University Press: Bombay, Calcutta, Madras, 1994).

편적인 형태라고 할 수 있다. 그러나 전문직 종사자를 중심으로 이루어
지고 있는 연쇄이주에 대한 평가는 다소 다르게 나타난다. 존스턴
(Johnston)의 경우 최근 들어 전문직 종사자를 중심으로 연쇄이주가 이루
어지고 있는 것이 사실이나 이러한 연쇄이주는 몇 십 년 전 초기 디아
스포라 시기와 비교할 때, 더 이상 디아스포라를 확장시키는 중심부 역
할을 하고 있지 못하다는 것이다. 현대 노동시장의 세계화와 함께 기존
에는 이주를 위해 필수불가결한 존재이던 '이주의 고리' 즉, 해외에 거
주하고 있는 친·인척의 도움, 없이 자력으로 이주할 수 있기 때문에 오
히려 취업 및 가족과의 상봉을 막거나 독려하는 모국과 이주 대상국의
이민정책이 디아스포라에 있어 훨씬 더 중요한 역할을 한다고 보았다
(Johnston, Trlin, Henderson and North, 2006).

그렇다면 해외에 이주한 인도인이 끊임없이 모국과 접촉하며 네트워
크를 통해 모국과 연결되기를 원하는 이유가 무엇이며, 이들에게 '고향
집'이 의미하는 바가 무엇인지 살펴보기로 한다. 초기 디아스포라에 있
어 친족 네트워크는 해외로 이주하기위한, 또한 해외로부터 송금을 받
는 수단으로 사용되었다. 그러나 최근 인도 경제가 발달하고, 전문직 종
사자의 경우 대부분 중산층 출신으로 고향에 남아있는 가족에게 정기적
으로 생활비를 송금할 의무가 없다 해도 과언이 아니다. 물론 송금이 완
전히 사라진 것은 결코 아니다. 그러나 이주자가 송금을 통해 고향에 남
아있는 가족의 생계를 책임지던 과거와 달리 현재는 대개 주택 마련, 가
전제품 구입, 승용차 구입 등에 일정액을 기여하거나, 병원비 부조와 비
정기적으로 보내는 용돈 등 특별한 경우에 선물하는 형태를 띠고 있
다.[20] 결국 해외로 이주한 대다수의 구자라트인에게 송금은 부양이 아

20) 인터뷰: 수라트 근교에서 만난 무슬림 가족, 미국에 정착한 딸과 아들을 두고
　　있는 닥터 샤의 모친, 비행기에서 만난 호주에 정착한 IT 기술자, 미국에 정착

닌 친족과의 유대감을 표현하는 하나의 상징적 의미로 변화된 것이다. 이주자의 입장에서 고향에 남아있는 친족은 신뢰할 수 있을 뿐 아니라 자신의 정체성을 유지하는 데 중심이 되는, 그리하여 타국에서 접하게 되는 어려움을 헤쳐 나갈 수 있는 힘을 제공하는 역할을 하는 것이다. 반면 비이주자의 경우 초국가적 친족 네트워크의 한 부분이 되면 빠른 세계정보와 경제적 이득, 필요에 따라서는 쉽게 이주할 수 있는 특권이 주어지는 것이다.

그렇다면 이주자에게 고향 혹은 고향집이 의미하는 바는 무엇인가. 올위그(Olwig)는 고향(고향집)을 하나의 '정박지'로 묘사하였다. 고향은 디아스포라 집단의 의식에 끊임없이 존재하는 추상적인 동시에 물리적인 장소인 것이다. 그는 또한 고향집이 디아스포라가 결속하고 단합할 수 있는 공통분모인 동시에 권리와 의무가 주어지는 장소라고 보았다. 이는 고향에 있는 가족과 친지에게 의무를 다해야만 가족의 일원으로서 권리를 주장할 수 있기 때문이다(Olwig, 2002). 고향과 이주지 간의 물리적 거리를 좁혀 추상적인 고향을 더욱 실체화시키는 데 교통 및 통신수단의 발달이 기여한 바는 더 말할 나위없다. 그러나 이렇듯 현대 자본주의가 디아스포라와 모국간의 교류를 더욱 구체화시켰음에도 불구하고 여전히 대부분의 커뮤니케이션은 시간과 비용으로 인해 실제 방문보다 전화나 인터넷상의 간접적 교류에 국한되고 있다. 이러한 현실은 과학의 발전으로 양측의 거리가 좁혀지기는커녕 오히려 더 멀어지게 되었다는 윌딩(Wilding)의 지적에 귀 기울이게 한다. 그는 고향방문이 과거보다 훨씬 쉬워졌지만 그 때문에 가야함에도 갈 수 없게 되는 경우 그 물리적 거리를 더욱 과장되게 느끼게 되고, 더불어 심리적으로도 더더욱 외톨이가 된 듯 상실감을 느낀다는 것이다(Wilding, 2006). 결국 빈번한 통

한 두 딸을 두고 있는 다랄.

화와 이메일 교환이 고향을 대신할 수는 없는 것이다.

V. 나가면서

이상에서 살펴본 바와 같이 본고는 기존의 디아스포라 연구에서 소홀히 하였던 '현재'라는 시점에 주목하고 구자라트의 아흐메다바드에서 실시하였던 현지조사와 기존 연구를 바탕으로 이주에 대한 구자라트인의 태도변화, 혼인과 이주의 상관관계, 디아스포라에 있어 모국의 의미 등을 파악하였다. 연구결과에 의하면 구세대와 신세대 간에는 이주의 효용성에 대해 다소의 의견차가 있음을 발견할 수 있었다. 인도의 경제발전은 젊은이들이 인도에서도 좋은 직장에 취직할 수 있다는 자신감을 주는데 기여하였다. 일부 특권층은 해외에 거주할 필요성조차 느끼지 않고 있었다. 그럼에도 불구하고 상당수의 구자라트인은 여전히 해외이주를 꿈꾸고 있었는데, 인도와 해외 선진국 간에 임금격차가 존재하고 수준 높은 삶에 대한 인도인들의 갈망이 계속되는 한 해외 이주를 하나의 기회로 보는 그들의 태도에는 변함이 없을 것이다.

이주에 대한 열망은 이주를 하기위한 자격요건이 갖추어져 있지 않을 경우에 더 강한 듯 했다. 그리고 혼인은 그러한 자격요건과 상관없이 이주를 할 수 있는 기회를 제공한다는 점에서 매력 있는 선택처럼 여겨진다. 그러나 혼인과 이주의 상관관계에 있어 혼인이 이주를 위한 전략에서 비롯되었는지의 여부는 현 연구 환경에서 연구자가 밝힐 수 있는 범위를 넘어서는 것이다. 다만 혼인을 통해 여성(이는 남성도 마찬가지이다)들이 해외로 이주함으로써 주변의 친지들에게 이주할 수 있는 기회가 부여되었을 뿐 아니라, 가족과 상봉하기 위해 해외로 이주하는 경우

에는 혼인기간과 가족에 대한 기여도 혹은 희생의 정도 및 이주의 경험
이 길수록 가족 내에서 능동적인 역할을 하게 된다는 결론을 얻을 수
있었다. 또한 혼인으로 인한 연쇄이주에는 경제적 요인도 있지만 자신
의 가족과 가까이 지냄으로써 안정적인 생활을 영위하려는 감정적인 바
램이 강하게 담겨져 있음을 알 수 있었다. 초국가적 네트워크도 마찬가
지이다. 기존에는 초국가적 네트워크를 경제나 정치 혹은 문화와 같은
설립목적에 따라 해석하고 구분하는 경향이 짙었다. 그러나 필자는 현
지조사를 통해 해외 이주자들의 네트워크는 근원적으로 모국과의 관계
를 발판으로 자신의 정체성을 유지하고자 하는 노력이며, 개인적 차원
에서도 자신의 뿌리를 잃지 않고 불안한 해외생활을 극복하려는 의지에
서 비롯되었음을 알 수 있었다. 많은 연구자들이 이 점을 간과해왔는데,
경제와 정치적 네트워크조차 모국 혹은 모국인과의 네트워크를 통해 개
인의 정체성을 유지하려는 열망의 총체적 산물이며, 송금이나 문화, 종
교적인 교류를 통해 만들어진 네트워크는 더더욱 그런 성향이 짙다. 교
통과 통신의 발달이 오히려 고향방문을 완전히 포기할 수밖에 없었던
과거보다 더 상호간에 심리적 거리감을 느끼게 해준다는 연구결과도 있
지만, 인터뷰에 응했던 대다수 구자라트인들은 때로는 서로간의 전화가
너무 잦게 느껴질 정도로 상호간에 빈번하게 교류하고 있음을 알 수 있
었다.

　세계화가 민족주의를 없앨 수 없듯이(Shukla, 2001) 디아스포라가 인도
인으로서의 정체성을 없애지는 못한다. 오히려 현대 자본주의 발달로
인해 다양화된 초국가적 네트워크는 지엽적인 문화, 정치, 경제적 이슈
를 세계적 영역에서 확대시키고, 여기에 모국을 불러들이는 응집력을
가짐으로써 끊임없이 모국과의 관계를 다져나간다. 결국 디아스포라는
다문화주의와 정체성 강화라는 이율배반적일 수 있는 두 성향을 동시에

간직하고 있는 유기체인 것이다. 현재에도 구자라트인의 디아스포라는 계속되고 있다. 인도인이 선호하는 이주 대상지가 과거와 다른 것처럼 인도의 경제가 급성장하는 가운데, 이주에 대한 구자라트인의 생각에도 더 많은 변화가 기대된다. 그리하여 앞으로의 연구는 현대 구자라트에서 일어나고 있는 디아스포라 현상과 그 중심에 위치한 대도시 출신의 고학력 중산층의 이주에 좀 더 관심을 기울여 디아스포라 연구의 다양화와 내용 경신에 힘써야 할 것이다.

<참고 문헌>

1. 일반저서

Bahadur, K.P., *The Castes, Tribes and Culture of India, Vol. VII Western Maharashtra & Gujarat*(Ess Ess Publications: New Delhi, 1981).

Bhatia, B.M., *Famines in India: A Study in Some Aspects of the Economic History of India, 1860-1965*(Asia Publishing House: New York, 2nd Ed., 1967).

Desai, I.P., *The Patterns of Migration and Occupation in a South Gujarat Village*(Deccan College Postgraduate and Research Institute: Poona, 1964).

Desia, M.B., *The Rural Economy of Gujarat*(Oxford University Press: London, 1948).

Gopal, L., *The Economic Life of Nothern Indian c. A.D. 700-1200*(Delhi, Varanasi and Patna, Gopal, S., *Commerce and Crafts in Gujarat, 16th and 17th Centuries: A Study in the Impact of European Expansion on Precapitalist Economy*(People's Publishing House: New Delhi, 1975).

Gupta, A.D., *India and the Indian Ocean World: Trade and Politics*(Oxford University Press: New Delhi, 2004).

Judge, P.S., Sharma, S.L., Sharma, S.K. and Bal, G., *Development, Gender and Diaspora:*

Context of Globalisation(Rawat Publications: Jaipur and New Delhi, 2003).

Hardiman, D., *Feeding the Baniya: Peasants and Usurers in Western India*(Oxford University Press: New Delhi, 1996).

Khalidi, O., *Muslims in Indian Economy*(Three Essays: New Delhi, 2006).

Mangat, J.S., *A History of the Asians in East Africa c. 1886 to 1945*(Oxford University Press: Oxford, 1969).

Markovits, C., *The Global World of Indian Merchants, 1750-1947: Traders of Sind from Bukhara to Panama*(Cambridge University Press: Cambridge, 2000).

Mehta, M.(ed.), *Urbanization in Western India: Historical Perspective*(Gujarat University: Ahmedabad, 1988).

Mehta, M., *Indian Merchants and Entrepreneurs in Historical Perspective with Special Reference to Shroffs of Gujarat: 17th to 19th Centuries*(Academic Foundation: New Delhi, 1991).

Mehta, M., *International Trade Linkages and Migration of Gujaratis Beyond Boundaries: A Historical Perspective*(The Times of India: New Delhi, 2004).

Nayyar, D., *Migration, Remittances and Capital Flows: The Indian Experience*(Oxford University Press: Bombay, Calcutta, Madras, 1994).

People's Union for Democratic Rights, *'Marro! Kaapo! Baalo': State, Society, and Communalism in Gujarat*(New Delhi, 2002).

Shah, G., "Caste Sentiments, Class Formation and Dominance in Gujarat", in Frankel, F.R.(ed.), *Dominance and State Power in Modern India, Vol. 2*(Oxford University Press: New Delhi, 1990).

Singh, O.P., *Surat and Its Trade in the Second Half of the 17th Century*(University of Delhi, 1977).

Tripathi, D. and Mehta, M., *Business Houses in Western India: A Study in Entrepreneurial Response, 1850-1956*(Manohar: New Delhi, 1990).

Trivedi, A.B., Post-War Gujarat: An Economic Survey After World War II(Bombay, 1949).

Yagnik, A. and Sheth, S., *The Shaping of Modern Gujarat: Plurality, Hindutva and Beyond*(Penguin Books: New Delhi, 2005).

2. 학술논문

Burholt, V., "The Settlement pattern and residential histories of older Gujaratis, Punjabs and Sylhetis in Birmingham, England", *Ageing & Society*, Vol. 24, 2004, pp.383-409.

Buter, K.M., "Defining Diaspora, Refining a Discourse", *A Journal of Transnational Studies*, Vol. 10, Issue 2,Fall2001, pp.189-219.

Chamberlain, M. and Leydesdorf, S., "Transnational families: memories and narratives", *Global Networks* 4, 3(2004), pp.227-241.

Charsley K., "Unhappy Husbands: masculinity and migration in Transnational Pakistani Marriages", *Royal Anthropological Institute* 11(2005) pp.85-105.

Charsley K., "Risk and Ritual: The Protection of British Pakistani Women in Transnational Marriage", *Journal of Ethnic and Migration Studies,* vol. 32, no. 7, Sept. 2006, pp.1169-1187.

Crewe E. and Kothari, U, "Gujarati migrants' search for modernity in Britain", *Gender and Development*, vol. 6, no. 1, March 1998, pp.13-20.

Fog Olwig, K., "wedding in the family: home making in a global kin network" Global Networks 2, 3(2002), pp.205-218.

Gardner, K., "The transnational work of kinship and caring: Bengali-British marriages in historical perspective", *Global Networks* 6, 4(Oct. 2006), pp.373-387.

Johnston, R., Trlin, A., Henderson, A. and North, N., "Sustaining and Creating Migration Chains Among Skilled Immigrant Groups: Chinese, Indians and South Africans in New Zealand", *Journal of Ethnic and Migration Studies*, vol. 32, no. 7. Sept. 2006, pp.1227-1250.

Kapur, D., "Ideas and Economic Reforms in India: The Role of International

Migration and the Indian Diaspora", India Review, Vol. 3, No. 4, Oct. 2004.

Kumar Sahoo, A., "Issues of Identity in the Indian Diaspora: A Transnational Perspective", *Perspectives on Global Development and Technology*, Vol. 5, Issue. 1-2, 2006, pp.81-98.

Lakha, S., "Negotiating the Transnational Work-place: Indian Computer Professionals in Australia", *Journal of Intercultural Studies*, Vol. 26, No. 4, Nov. 2005, pp.37-59.

Levitt, P., "Transnational migration: taking stock and future directions", *Global Networks*, Vol. 1, Issue 3, 2001, pp.195-216.

Lyon, M.H. and West, B.J.M., "London Patels: caste and commerce", *New Community*, Vol. 21, No. 3, July 1995, pp.399-419.

Mand, K., "Place, gender and power in transnational Sikh marriages", *Global networks* 2, 3(2002), pp.233-248.

Mooney, N., "Aspiration, reunification and gender transformation in Jat Sikh marriages from India to Canada", *Global Networks* 6, 4(Oct. 2006), pp.389-403.

Nagra, R., "Communal discourses, marriage, and the politics of gendered social boundaries among South Asian immigrants in Tanzania", *Gender, Place & Culture: A Journal of Feminist Geography*, vol. 5, issue 2, July 1998. pp.364-384.

Portes, A., "Introduction: the debates and significance of immigrant transnationalism", *Global Networks*, Vol. 1, Issue 3, 2001, pp.181-93.

Ralston, H., "Race, class, gender and work experience of South Asian immigrant women in Atlantic Canada", *Canadian Ethnic Studies*, vol. 23, issue 2, 1991.

Robinson, V. and Carey, M., "People Skilled International Migration Indian Doctors in the UK", *International Migration*, Vol. 38, No. 1, 2000, pp.89-108.

Rutten, M. and Patel, P.J., "Twice Migrants and Linkages with Central Gujarat: Patidards in East Africa and Britain", in Shah, G., Rutten, M. and

Streefkerk, H.(eds.), *Development and Deprivation in Gujarat*(Sage Publications: New Delhi, Thousand Oaks, London, 2002).

Shah, G., "Caste Sentiments, Class Formation and Dominance in Gujarat", in Frankel, F.R.(ed.), *Dominance and State Power in Modern India*.

Show, A., "South Asian transnational marriages in comparative perspective", *Global Networks* 6, 4(Oct. 2006), pp.331-344.

Shukla, S., "Locations for South Asian Diasporas", *Annual Reviews*, No. 3, 2001, pp.551-572.

Voigt-Graf, C., "The Construction of Transnational Spaces by Indian Migrants in Australia", *Journal of Ethnic and Migration Studies*, Vol. 31, No. 2, Mar. 2005, pp.365-384.

Werbner, P., "Introduction: The Materiality of Diaspora-Between Aesthetic and "Real" Politics", *A Journal of Transnational Studies*, Vol 9, Issue 1, 2000.

Wilding R., "Virtual intimacies? Families communicating across transnational contexts", *Global Networks* 6, 2(2006), pp.125-142.

3. 학위논문

Ranganath, N.T., "Wedding women to tradition: The politics of marriage in the Indian diaspora, 1947-2002", Ph.D. Dissertation, Dept. of History, University of Illinois at Urbana-Champaign, 2003.

4. 신문 및 구자라트주와 인도중앙정부의 간행물

Directorate of Economics and Statistics, Socio-Economic Review: Gujarat State 1994-95, Government of Gujarat.

Directorate of Economics and Statistics, Socio-Economic Review, Government of Gujarat, Feb. 1997.

Hindustan Times

The Indian Express

The Indian Times
The Chronicle of Higher Education

제7장
케랄라의 귀환이주자:
이주과정과 소비행위를 중심으로

박 정 석*

Ⅰ. 들어가는 말

이주는 이주를 하는 개인 혹은 가족만의 문제가 아니라, 이주자를 송출하고 유입하는 지방 혹은 지역, 국가 그리고 국제적인 관계 속에서 이루어지는 사회·경제·정치적인 문제이다. 모든 이주의 흐름에는 반대 방향에서 흘러들어오는 대응흐름이 있지만, 그동안 사회과학자들은 귀환이주 현상에 대해서는 별로 관심을 기울이지 않았다(Gmelch 1980; Iredale et al. 2003). 학문적으로 관심을 보인 경우도 대개 초기 이민자 집단의 귀환이주에 대한 연구이며, 최근 이주한 자들의 귀환이주 혹은 귀환이주자들의 형태와 특징에 대한 연구는 아주 드물다(Reyes 1997: 9).

* 목포대학교 역사문화학부 조교수.

이주에 관한 연구들 대부분은 이주를 귀환이 없는 일방적인 과정으로 간주해 왔다. 이주에 대해서는 여러 학문분야에서 다양한 접근을 하고 있지만, 공통적으로 다루고 있는 사항은 왜 사람들이 이주하는가, 누가 이주하는가, 그리고 이주한 이후에 무슨 일이 발생하는가 하는 문제들이다. 이런 경향과 무관하지 않게 인류학자들 역시 고향을 떠나 이주를 하게끔 이끄는 동인이 무엇인가, 그리고 이주 이후 정착지에서 무슨 일이 발생하며 이주자들이 고향과 무슨 관계를 어떻게 유지하는지를 주로 다루고 있다(Brettel 2000).

그 결과 이주를 떠남, 이주여행, 목적지 도착, 호스트 사회에 정착 및 통합에만 주안점을 두었으며, 귀환에 대해서는 학문적으로 많은 관심을 표명하지 않았다(King 2000: 7). 특히, 국제적 차원에서의 이주를 고향을 '떠남(이민자)' 그리고 목적지에 '도착(이주자)'이라는 일방적인 과정으로 바라보는 경향이 있다. 즉, 이주는 정착으로 종결되기 때문에(혹은 정착에 성공했기 때문에) 귀환이 없으며, 만약 귀환이 있다면 그것은 단지 실패자의 귀환일 뿐이라고 간주했던 것이다. 이처럼 귀환이주는 이주에 관한 연구 분야 중에서도 가장 소외된 부분이다(Conway et al. 2005: 2).

일반적으로 귀환이주란 재정착하기 위하여 고향으로 돌아오는 이민자들의 이동을 가리킨다. 귀환이주를 이해하기 위해서는 왜 사람들이 되돌아오는지, 고향에서 어떻게 적응하는지, 귀환이 그들에게 의미하는 것은 무엇인지, 그들이 고향에 불러일으킨 변화는 무엇인지, 그리고 왜 어떤 사람들은 다시 이주하는지 등을 파악해야 한다. 귀환이주자는 내부적으로 다양한 층위를 구성하고 있다. 귀환이주를 설명하는 틀 역시 다양하지만, 목적지에서 정착에 실패했기 때문에 귀환한다고 설명하는 '실망 이론'(disappointment theory), 영구 혹은 장기간 정착하려는 계획 없이 단기간, 반복적 혹은 순환적 형태로 빈번하게 이주와 귀환을 되풀이

하는 것을 일컫는 '순환 이주 이론'(circular migration theory), 애초에 이주를 하면서 세운 경제적 목표를 달성하였기 때문에 귀환한다는 '목표 수입 이론'(target income theory), 그리고 이주가 사회적 연망을 따라 이루어지며 일정 기간이 지나면 본국에서 수행해야 할 사회적 의무 때문에 귀환하는 경우가 증가한다고 설명하는 '사회적 연망 이론'(social network theory) 등이 있다(Reyes 1997: 12-16).

수많은 사람들이 일자리를 얻기 위해, 더 높은 임금을 위해, 혹은 더 나은 삶의 기회를 찾아 고향을 떠난다. 대개는 떠나는 사람들에게만 주목을 하지만, 사실 이주자들 중 많은 수는 자국/고향으로 되돌아간다. 특히, 걸프지역에서 계약노동자로 일하고 있는 케랄라인/인도인/남아시아인들은 대부분 몇 년 후에 귀향한다. 여기에서는 케랄라의 한 마을을 조사지역으로 삼아, 그 마을에 거주하고 있는 귀환이주자들과의 인터뷰를 통하여 이주 이전, 이주, 이주지에서의 직업, 그리고 귀환에 이르기까지의 과정을 생애사적 관점에서 살펴보고자 한다. 귀환이주자들의 서사를 통해 이주과정과 유형, 이주의 구조와 문화, 그리고 이주에 관련된 행위자들의 역할에 대해 많은 것을 알 수 있다. 그들의 서사는 특정한 인구집단의 이동에 내재된 특징뿐만 아니라, 다른 지역 및 다른 시기에 이주한 사람들과의 비교를 통해 일반화를 도출할 수 있게 한다. 즉, 개인적 서사를 텍스트로 취급하고 '이주 이야기'를 주의 깊게 듣는 것은 곧 귀환이주자들이 자신들 내부에서 파악하고 있는 세계관 및 그들의 일상의 경험과 물질적 삶을 보다 잘 이해하도록 하는 것이다.

인터뷰를 한 귀환이주자는 총 13명으로 모두 남자이다. 이들을 종교별로 나누어 보면 무슬림이 6명, 힌두가 4명 그리고 기독교인이 3명이다. 연령대별로는 30대가 2명, 40대가 2명, 50대가 4명, 60대가 3명 그리고 70대가 1명이다. 이주지역은 두바이(5명), 오만(3명), 아부다비(3명),

샤르자(1명) 그리고 카타르(1명) 등이다. 걸프지역에서 이들이 수행한 업무는 군무원, 석유회사 직원, 슈퍼마켓 점원, 운전수, 잡역부, 왕족가문의 시종, 재단사, 어부 등 다양하다. 이들이 이주한 시기는 1960년대가 2명, 1970년대가 5명, 1980년대가 2명 그리고 1990년대가 4명이다. 이들은 짧게는 11년에서 길게는 35년간 걸프지역에서 일한 경험이 있다. 평균 체류기간은 19년 정도이다. 이들이 귀환한 시기는 1980년대가 2명, 1990년대가 4명, 그리고 2000년대가 7명이다.

조사 대상지는 남인도 케랄라의 트리쑤르(Thrissur)에 있는 한 마을(Orumanayoor)이다. 트리쑤르는 말라뿌람(Malappuram), 트리반드룸(Trivandrum) 등과 함께 걸프지역 이주자 및 귀환이주자의 수와 비율이 높은 지역이다.[1] 조사지 마을의 북쪽에는 구루바유르(Guruvayur)와 차바까드(Chavakkad) 타운이 있다. 조사지에서 구루바유르는 약 4km, 그리고 차바까드는 2km 정도 떨어져 있다. 마을 사람들의 일상적인 경제행위는 차바까드와 구루바유르를 중심으로 이루어지지만 경우에 따라서는 행정의 중심지인 트리쑤르 시내까지 확대된다. 조사지 마을은 12개의 선거구(ward)로 나누어져 있으며, 각 선거구는 200~250가구로 구성되어 있다. 2001년 기준으로 마을의 총 인구는 11,738명(남 5,278명/여 6,500명)이며, 가구 수는 약 2,500호이다.[2] 조사지 마을의 성인남자 중 약

---

1) 2004년에 귀환한 이주자 수(괄호 안은 1999년 수치)는 말라뿌람이 141,533(123,750)명, 트리반드룸이 103,059(118,878)명, 코지코데(Kozhikode)가 109,101(60,910)명 그 다음이 트리쑤르로 86,029(116,788)명이다. 트리쑤르의 100가구당 귀환이주자는 13.1(18.6)명이다(Zachariah and Rajan 2004: 65).

2) 케랄라의 행적 구역상 '마을'은 인도의 여타지역과는 달리 타운이 마을에 포함되기도 하는 등 하나의 사회적 혹은 지리적 단위체가 아니다. 하나의 마을일지라도 지리적으로 10~20㎢ 넓이에다 1,000가구에서 8,000가구에 이르는 큰 마을도 있다(Kurien 2002: 18). 이처럼 지리적으로 광범위하고 인구규모가 큰 '마을'은 조사자로 하여금 많은 애로를 겪게 만든다.

20% 정도가 현재 걸프지역에 이주해 있다고 한다.3)

Ⅱ. 걸프지역으로의 이주와 귀환

인도 독립 이후 인도에서 해외로의 이주는 대략 두 국면으로 나눌 수 있다. 첫 번째는 1950~1960년대 동안 전문적인 자격과 경험을 갖춘 사람들이 보다 나은 직업과 전망을 찾아 이주한 흐름이다. 이들은 주로 영국, 미국, 캐나다 등 선진국으로 이주하였다. 이들 이주자들은 교사, 간호사, 기술자, 의사, 과학자 및 기능공 등이 주류를 이루고 있으며 대개 호스트 사회에 정착하였다. 두 번째는 1970년대 중반부터 시작된 걸프지역 산유국으로의 이주이다. 1973년 석유 가격의 폭등으로 벌어들인 부를 바탕으로 걸프지역은 산업화 및 사회적 변화가 촉진되었다. 그래서 사회경제적 기반시설이 확충되었으며, 그 결과 수많은 외국 노동자들의 서비스가 필요하게 되었다. 즉, 외부에서 걸프지역으로 노동자들이 이주한 이유는 이 지역에는 인력과 기술이 부족하기 때문이다.

이들 이주자들은 출신지역은 크게 네 지역으로 나누어진다. 다국적 기업에 고용된 서유럽 및 북미지역, 걸프지역 인근의 가난한 아랍국가들, 인도를 포함한 남아시아지역, 그리고 동남아시아지역 등이다. 서유럽의 산업 국가들에서 이주해 온 사람들은 고급기술자들이다. 나머지

---

3) 2005년 판차야트(panchayat) 선거 당시 18세 이상 인구는 총 11,064명이었다. 하지만 성별 구분 없이 총인구만 제시되어 있어 이중 남성인구가 정확히 몇 명인지 알 수 없다. 2001년도 자료를 기준(남성 약 45%)으로 추정하면 성인남성은 약 4,979명이다. 이를 근거로 계산하면 전체 성인남성 인구 중 20%는 약 996명에 해당된다.

세 지역 출신들은 주로 건설업 및 서비스 분야에 필요한 단순 노무직 혹은 비숙련 노동자들이다. 오일 붐 초기에는 지리적으로 가깝고 문화적·언어적으로 유사하다는 점에서 인근 이집트, 요르단, 시리아, 예멘 등지에서 노동자들을 받아들였다.

하지만 걸프지역의 산업화가 다양하게 진행되고 복지수준이 증가됨에 따라 인근 아랍국가 출신들보다는 인도 아대륙(亞大陸) 출신 노동자들을 대규모로 충원하게 되었다. 걸프지역에서 아랍인들을 인도, 방글라데시 및 파키스탄 출신 노동자로 대체한 배경에는 여러 가지 이유가 내재해 있다. 첫째, 아랍 사회 내부에서 수니파와 시아파의 갈등, 자본주의와 사회주의의 갈등, 정치적으로 친서방파와 비서방파 사이의 갈등 때문이다. 둘째, 남아시아 이주민들은 아랍사회의 통치 이데올로기에 짐이 되지 않고 또 정치적 요구를 거의 하지 않는다는 이유가 있다. 셋째, 남아시아 출신 노동자들은 아랍지역 주민들과 상호교류를 하지 않고, 영구적으로 거주하기를 원치 않는다는 이점이 있다. 넷째, 이들은 필요할 경우 언제든지 추방할 수 있고, 아랍인들이 싫어하는 일도 기꺼이 받아들인다는 등의 장점이 있기 때문이다(Robinson 1986: 245).

걸프지역은 인도 아대륙과 역사적, 정치적으로 오래전부터 관계를 맺어 왔다. 예를 들어, 두바이는 걸프지역과 인도간의 오랜 무역거점이었으며 지금도 힌두 상인들이 이 지역의 금과 직물업을 지배하고 있다(박정석 2006). 걸프지역에 이주한 인도인들은 대체로 건설 노동자, 호텔 종업원을 비롯한 민간부문 노동자, 간호원을 포함한 공공부문 노동자, 일반 하인, 그리고 상인으로 구분된다. 이들 집단은 각각 서로 다른 사회·인구학적 배경을 지닌 채 상이한 서비스 분야에 종사하고 있다. 케랄라 출신 노동자들은 거의 대부분이 일시적 계약노동자이며, 앞에서 언급한 모든 분야에서 대개 주변적인 역할을 수행하고 있다(Robinson

1986: 245).

케랄라 사람들, 특히 조사지역 주민들이 이주한 걸프지역은 두바이로 대표된다. 소위 '두바이 신드롬'으로 불리는 걸프지역으로의 이주는 세 단계로 나눌 수 있다. 두바이로의 이주 이전 단계, 두바이에서의 생활, 그리고 두바이 이후 단계가 그것이다. 이주 이전 단계에서는 두바이로 나간 노동자로부터 송금과 물품을 받는 이웃사람들에 대한 질투와 시기를 겪는 시기이다. 이 단계에서는 두바이로 이주하고자 하는 욕망과 이미 이주한 동료나 이웃에 대한 선망과 함께 깊은 박탈감을 경험한다. 일단 가족 중 한명이라도 두바이로 이주하면 다음 단계로 넘어간다. 가장이 이주를 하면 가족 전체가 심리적, 사회적 그리고 경제적으로 경험하는 양태는 바뀌지만 또 다른 문제에 직면한다. 가장(이주자)은 고립감과 외로움을 느끼면서도 초과근무를 하고 씀씀이를 최대한 줄여 조금이라도 더 많은 돈을 고향집으로 보내는 것으로 고립감을 상쇄시키려 한다(장용규 2006: 194). 이주자의 가족들 역시 외로움과 아버지의 부재를 경험한다. 세 번째는 귀환이주 단계이다. 귀환 이후 이주자 개인은 물론 그 가족들은 극심한 갈등을 겪을 뿐 아니라, 지역사회 차원에서도 귀환이주로 인한 사회경제적 변화를 기대한다.

걸프지역에서 일하는 노동자들은 엄격하게 제한된 계약조건과 계약이 끝난 다음에는 귀향하는 것을 원칙으로 수용하였다. 걸프지역에서 일하는 대부분의 노동자들은 건설현장에서 일하는 단순 노무자들이었다. 따라서 걸프지역에서 귀환한 이주자들 역시 건설현장, 가정집을 비롯한 비공식적 영역에서 일했던 사람들이 대부분이다. 이런 직업은 저임금과 열악한 노동 조건 및 임금 이외의 부수입이 없는 것이 특징이다. 이주자들은 대개 단기 계약으로 고용되며, 여러 방식으로 고용주들로부터 착취를 당하였다. 임금 거절, 불규칙적인 임금지급 및 임금삭감은 보편적인 현상이었다. 단순노무자의 폭발적인 증가 또한 고용주로 하여금 임금을 삭감할 수 있는 명분을 주었다. 이런 열악한 고용조건 속에서 이주 노동자들은 또한 쉽게 신체적 학대 및 부당한 대우를 받을 수밖에 없는 처지에 있었다(Nambiar 1998).

1970년대부터 걸프지역으로의 이주는 케랄라에 사회적 변화를 불러 일으킨 원인이었다. 걸프지역 지역 인도인 노동자의 절반 이상이 케랄라 출신으로 추정되며 그 인구는 약 140만으로 추산된다. 1990년에서 1997년 사이에 걸프지역에서 들어온 송금은 150억 달러에 이르며, 이것은 케랄라 총생산의 1/4에 해당하는 액수이다. 지역에 따라서는 송금액이 총생산의 절반 이상을 차지하는 곳도 있다(Osella and Osella 2004: 111). 하지만 걸프지역에 나가 있는 이주자 대부분이 단기 이주 노동자였기 때문에, 걸프지역 국가들이 1995년부터 이주자들의 직업과 수입을 관련시켜 거주비자를 발급하는 정책을 채택하자 많은 수의 이주자들이 고향인 케랄라로 귀환할 수밖에 없었다.

걸프지역에 나가 있는 이주자에 대한 통계가 대부분 추정치이듯이, 걸프지역에서 귀환한 이주자들에 대한 통계 역시 추정에 의존하고 있어 정확한 숫자는 알 수 없다. 1980년대부터 걸프지역 국가들은 계약기간, 고용 재계약, 추방노동자들의 타국 이동, 고용계약서나 여행증명서 없는 외국 국적 보유자들의 출입국을 엄격하게 심사하고 있다. 이런 정책의 변화는 이주노동자들의 귀환을 증가시키는 요인으로 작용하였다. 특히, 1990년 이라크의 쿠웨이트 침공으로 촉발된 쿠웨이트 전쟁은 쿠웨이트에 있던 인도인 이주자들의 대규모 귀환을 불러왔다. 이 무렵에 약 18만 명의 인도인들이 쿠웨이트와 이라크로부터 송환되었다고 추정된다. 하지만 그 이후의 귀환이주는 대개 계약기간 만료가 그 원인(Prakash and Rajeev 1998: 25)으로 이전의 귀환이주 양상과는 사뭇 다르다.

케랄라에서 이주에 대한 거시적 차원의 연구가 몇 차례 시도되었으며, 이들 연구의 대부분은 이주의 유형, 이주자 가구의 특징, 송금규모 및 송금이 미친 영향에 대해 분석하고 있다. 하지만 거시적 차원에서 케랄라의 이주 및 귀환이주를 분석하고 있는 연구들은 기존의 통계자료와 표본조사를 이용하여 양적자료를 추정하고 그것을 바탕으로 결과를 도출하였다는 한계를 노출하고 있다(Kannan and Hari 2002; Prakash 2004; Pushpangadan 2003; Zachariah and Rajan 2004; Zachariah et al. 1999; 2000; 2001; 2003; 2004; 2006 etc.).

이런 경향에도 불구하고 최근까지 귀환이주는 케랄라에서 큰 관심사가 아니었다. 왜냐하면 1980년대 초반까지만 해도 이주자들은 원하기만 하면 기간을 연장하고 일거리 또한 쉽게 찾을 수 있었기 때문이다. 하지만 1980년대 후반부터 상황이 달라져 귀환하는 이주자의 수가 증가하였다. 1998년 현재 케랄라에 있는 귀환이주자의 추정인구는 739,000명이다. 이를 세분하면, 100가구당 11.6명 혹은 인구 100명당 2.36명의 귀환이주자가 있는 셈이다(Zachariah et al. 2006: 21). 귀환이주자의 수는 90년대 후반으로 오면서 급격하게 증가한다.[4)]

Ⅲ. 생애의 한 과정으로서의 이주

이주는 이주자 개인 혹은 가족의 입장에서는 가장 극단적인 문화적

---

4) 1982~2003년 사이의 케랄라의 이주인구 및 귀환이주자를 분석한 자료에 따르면 이주인구와 귀환인구는 꾸준히 증가하고 있는 추세이다. 2003년의 이주자는 1,844,023명이며 귀환이주자는 893,942명으로 추산하고 있다(Zachariah and Rajan 2004: 63)

사건이라고 할 수 있다. 귀환 이주자들의 이주과정과 개인적 이주경험
은 그들이 구술하는 자신들의 생애사를 통해 잘 파악할 수 있다. 하지만
개인들이 경험한 삶의 특수성에 대해 초점을 맞춘다고 해서 지역 외부
의 힘과 역동성을 무시한다는 것을 뜻하지는 않는다. 이주의 동인으로
써 지역 외부에서 장기적으로 형성된 여러 요인들은 지역적인 차원에서
구체적인 형태로 영향을 미치고 있다. 이런 영향들은 개인들의 신체와
언어에 각인된 채, 개인들의 행동 속에서 특수한 형태로 드러난다
(Brettel 2003: 23).

  귀환이주자들의 이주에 대한 이야기는 아주 사소한 부분을 드러내는
것으로 대개 자서전적인 것이다. 개인적 생애에 관한 서사 혹은 이야기
는 사람들이 자신들의 세계를 어떻게 만드는지를 이해하는 첩경이 될
수 있다. 이처럼 생애사는 사람들이 삶을 만들고, 경험하고, 그리고 드
러내는 방식을 여러 차원에서 검증할 수 있는 토대를 제공한다. 하지만
생애사적 서사에 나타나는 행위자들의 개인적 혹은 미시적 차원의 분석
일지라도, 지역사회 혹은 국가의 경제적·정치적 구조와 유형에 대한
거시적 차원의 분석과 통합될 때 더 설득력을 얻을 수 있을 것이다.

  케랄라의 이주역사는 오래되었으며, 시기에 따라 이주지역을 달리하
고 있다. 과거 50~60년 전에는 주로 스리랑카로 일하러 갔다. 그 후에는
말레이시아, 싱가포르 등지로 이주하였다. 정보제공자들은 스리랑카로
일하러 갔던 사람들은 대부분 돌아왔지만, 말레이시아 및 싱가포르로
떠난 사람들은 여전히 그곳에서 일하고 있다고 한다. 여기에서 외국으
로 일하러 나간 사람들은 대개 중산층에 속한다. 부자는 많은 농경지와
코코넛 농장을 소유하고 있어, 해외로 일하러 나갈 필요가 없을 정도로
여유를 누리고 있었다. 사회경제적으로 상층부는 힌두의 경우 브라만과
나야르(Nayar) 카스트가 차지하고 있었으며, 일부 무슬림들도 여기에 포

함되었다.

케랄라의 주요 종교집단은 힌두, 무슬림 및 크리스챤이다. 힌두는 브라만(Nambudiri), 나야르(Nayar), 이자바(Ezhava 혹은 Izhava), 그리고 지정카스트(Scheduled Castes)로 나누어진다. 케랄라의 크리스챤 역시 시리아정교(Syrians)와 로만 가톨릭(Latins)으로 구분된다. 조사지에는 로만 가톨릭만 있다. 무슬림 또한 선지자 모하메드와 연계된다는 탕갈(Tangal), 마삘라(Mappila) 그리고 어업에 종사하는 하층민(Pusalar) 등의 하위집단이 있다(Kurien 2002: 44). 조사지의 무슬림은 대부분 마삘라에 속하며 일부는 어부인 하층민들도 있다.

케랄라에서 걸프지역으로 이주해 나간 것은 1970년대 이후부터이다. 그 전에도 간혹 이주한 사람들이 있었지만, 대개 이때부터 집중적으로 나가기 시작했다고 한다. 1970년대 걸프지역에는 큰 회사가 거의 없었고 소규모 회사가 대부분이었다. 그래서 케랄라에서 걸프지역으로 나간 사람들은 대개 가정집이나 호텔 등에서 일을 했다. 걸프지역에 사람들이 몰리기 시작한 것은 오일 붐이 일어난 시기이다. 석유가 개발되자 건축 붐이 일어나고, 일자리가 폭발적으로 늘어났다. 당시 걸프지역에서 생산되는 것은 대추야자 뿐이어서, 쌀은 물론 양고기, 소고기를 포함하여 거의 모든 물품을 수입했다. 상업과 건축 분야는 인력의 수요가 많았다. 1970년대부터 걸프지역으로 나가기 시작하여 1980~1990년까지가 정점이었다. 1990년 이라크전쟁이 발발하자 경제의 성장속도가 완만해지고 회사들도 인원을 감축하기 시작하였다. 이때 많은 사람들이 걸프지역에서 돌아왔다.

걸프지역에서 '괜찮은' 일을 하려면 영어와 타이핑이 필수적이었다. 영어와 타이핑을 할 줄 아는 사람은 일반회사의 비서, 은행원으로 사무실에서 일을 할 수 있었다. 그렇지 않은 경우에는 건설 현장이나 가정집

혹은 회사에서 잡무를 도맡아하는 사원으로 일을 한다. 당시 걸프지역
에는 구매자들 대부분이 외국인이어서 영어를 할 줄 알면 이들과 의사
소통을 할 수 있어 사무직으로 일할 수 있었다. 영어를 못하는 경우에는
차를 나르고 메시지를 전달하는 등 허드렛일을 하는 사환으로 일을 했
다. 직장 일을 마치고 간혹 길거리에서 잡화나 음료수를 파는 '쿨바'(Cool
Bar)를 운영하거나 여기에서 일을 하기도 하였다. 당시에는 음식이나
차, 과자, 담배 등을 파는 소규모 가게(가판)는 허가 없이 누구나 개설할
수 있었다. 은행이나 사업가들은 슈퍼마켓과 같은 고급 상점을 이용하
였지만, 돈 없는 일반인들은 길거리 상점에서 일용품을 구입하였다.

　1970년대에 걸프지역으로 나가는 사람들은 대개 7, 8학년을 마치고
18살 무렵에 나갔지만, 지금은 공부를 더 많이 하고 자격증 두어 개는
있어야만 괜찮은 일자리를 얻을 수 있다고 한다. 지금 걸프지역으로 나
가는 사람들은 대개 20살이 넘는다. 하지만 아버지나 형제 등 집안사람
이 걸프지역에 일하고 있어 비자를 얻을 수 있는 경우에는 열심히 공부
하지 않는다. 때가 되면 아버지나 형제가 자신에게(고용)비자를 마련해
줄 것이라 생각하고, 학업에 열중하지 않고 나이가 차기를 기다리면서
빈둥거리며 소일하고 있어 사회적 문제꺼리가 되고 있다. 60~70년대까
지만 해도 걸프지역으로 나가는 비자를 얻기가 쉬웠다(돈만 주면 되었
다고 한다). 여권을 조작하여도 아랍 측 사업주들의 허가만 있으면 걸프
지역으로 들어가 20~25년간 일을 할 수 있었다. 당시 조사지역에도 브
로커가 있어 비자를 알선해 주는 사업을 하고 있었다. 하지만 대부분의
사람들은 친척이나 친구를 통하여 비자를 구입하였다. 제3자 혹은 브로
커를 이용할 경우에는 지불해야 할 비용이 많았다.

　케랄라 사람들은 걸프지역에서 허드렛일을 하는 업무를 비롯하여 거
의 모든 업종에 종사하였다. 60~70년대에 걸프지역으로 나간 사람들은

대개 은행이나 사무실에서 일자리를 구했다. 걸프지역 붐이 일어난 초
기에는 타이핑, 속기, 전화교환 등과 같은 기술을 필요로 하는 곳이 많
았다. 한편에서는 두바이 현지민의 전용운전수로 일하기도 했다. 이 경
우에도 수입이 괜찮았다. 사무실에서 일자리를 얻지 못한 사람들은 주
로 군무원(defence job)으로 일을 하였다. 걸프지역에서 군인은 자국민이
나 인근 아랍국가 출신들만 지원할 수 있었다.

　군무원은 군인이 아닌 신분으로 요리, 청소, 세탁, 사환, 차(茶)를 만드
는 일 등 허드렛일을 하였는데 수입이 꽤 좋았다. 한때는 은행원이나 사
무실에서 일하는 사람보다 수입이 높았다. 사무실에서 1,000루피를 받
을 당시 군무원은 4,000루피를 벌던 때도 있었다. 하지만 군대가 UAE
산하로 통합된 다음부터 군무원 업무를 민간업체에게 위탁하면서 임금
이 크게 삭감되었다. 수입이 줄어도 감수하지 않으면 인도로 돌아올 수
밖에 없어 임금삭감을 받아들이면, 또 임금을 줄이고 다시 줄여서 결국
에는 일을 그만 두고 어쩔 수 없이 귀환하게 된다. 임금감소를 통보하면
일을 그만두든지 아니면 받아들이고 어렵게 버티는 두 가지 방안 밖에
없다. 그래서 지금 군무원의 수입은 예전에 비해 형편없이 적은 수준이
다. 군무원과 은행원 그리고 사무실에서 일하는 사람들은 수입이 좋았
다. 이런 직업 이외에 석유회사에 근무하는 사람들의 수입도 괜찮았다.
석유회사에 근무하는 사람들은 공부를 많이 한 사람들일뿐만 아니라 원
래 부자들이 많다. 케랄라 출신 중에는 두바이에서 상층부에 속할 정도
의 재력을 갖춘 사업가들도 여럿 있다고 한다.

　　<사례 1> 바수(Vasu, 52세): 힌두(SC)
　　두바이에서 27년간 일을 했다. 아니… 개인 상점에서 2년간 일을 했으니,
도합 29년간 두바이에 있었다. 1977년 두바이로 가서 2005년 1월 7일에 귀환
했다. 두바이에 가서 처음에는 ITTI라는 회사에 근무했다. 2년 뒤, 1979년부

터 퇴직할 때까지 꽃을 취급하는 가게에서 일했다. 꽃은 주로 네덜란드, 케냐, 싱가포르, 말레이시아 등지에서 수입해서는 두바이에 있는 회사와 민간인들에게 도매하거나 소매하였다. 이곳에서 27년간 꽃을 다루는 전문가로 일을 하였다. 2005년에 귀구한 다음 6~7개월 정도 개인회사에서 일을 하다가 딸의 결혼식을 앞두고 집안 일 때문에 직장을 그만두었다. 딸은 2달 전에 결혼시켰다. 딸은 대학(B.A. 과정)에 다니고 있는데 내가 학비의 일부를 보태주고 있다. 사위와 딸은 내 집 근처에 살고 있다.

내가 태어날 무렵 아버지는 봄베이(뭄바이)에서 직물회사 기사로 일하고 있었다. 태어나기는 봄베이에서 태어났지만, 내가 태어난 후 형님과 어머니 그리고 나는 고향인 케랄라로 돌아왔다. 출생신고를 케랄라에서 했기에 나의 법적인 출생지는 케랄라이다. 이곳에서 어머니는 직장에 다니셨다. 고향에서 학교를 마치고 형님은 봄베이로 가서 아버지 밑에서 일을 했다. 그러다가 아는 사람을 통해 돈을 주고 두바이로 가는 비자를 구입했다. 그 사람은 고향 사람이었다. 그때가 1973~1974년경으로 당시 돈으로 20,000~25,000루피를 주었다고 짐작된다. 정확한 액수는 기억나지 않는다. 형님은 두바이로 가서 이런 저런 일을 하다가 친구와 함께 길거리에서 가판을 놓고 장사를 하였다. 당시 두바이에서는 오후 2시까지만 일을 하였기 때문에 4시 이후에는 개인 장사를 할 수 있었다. 가판 장사는 부업이었다. 장난감, 티셔츠와 같은 잡화를 취급하였다. 당시 개인이 하는 장사에는 규제가 없었다. 3년간 이런 일을 하다가 꽃가게에 취직을 하였다. 그곳에서 형님이 내게 비자를 보내 주었다. 그때가 1977년이다.

나는 케랄라에서 학교를 마치고 봄베이로 가서 3년 간 타이핑, 속기, 전화교환 등을 배웠다. 봄베이에서 일을 하면서 Free University를 마쳤다. 형이 보내준 비자로 두바이로 갔다. 당시 우리 집은 대가족이었다. 형님네 식구들과 내 식구 그리고 아버지와 어머니가 함께 살았다. 돈은 아버지가 관리했다. 아버지가 돌아가신 후에는 어머니가 관리하다가, 어머니가 나이가 들어 거동이 불편할 무렵 아내가 관리했다. 아내가 돈 관리를 한 지는 12년 정도 된다. 형님이 아파서 인도로 돌아간 다음 가족부양은 전적으로 내 책임이 되었다. 형님과 형수 그리고 조카들, 부모님과 내 아내와 자식 둘을 부양할 사람이 집안에서 나 혼자 밖에 없었다. 모든 짐이 내게로 온 셈이었다. 걸프지역에서 번 돈으로 20년 넘게 가족을 부양했다.

위 사례의 주인공인 바수는 카스트 위계로는 최하층인 지정카스트에
속하지만, 사회경제적으로는 중류층에 속하는 인물이다. 바수의 아버지
는 인도 근대성의 상징이라 할 수 있는 뭄바이로 이주하여 직물업의 기
사로 일하였다. 바수의 어머니 역시 여성이라는 한계와 지정카스트라는
애로를 극복하고 직장생활을 할 정도로 진취적이었다. 이런 분위기 속
에서 성장한 바수는 해외로 나가기 위한 발판을 일찍부터 마련한 준비
된 이주자였던 셈이다. 바수는 케랄라에서 학교를 마치자마자 고향을
떠나 근대화된 도시인 뭄바이로 가서, 사무실 근무에 필요한 타이핑, 속
기, 전화교환 같은 기술을 터득하고 대학을 마치는 등 이주에 필요한 자
격을 갖춘다. 그리고 난 다음 두바이로 먼저 이주해 정착한 형이 마련해
준 비자(고용허가)를 가지고 비교적 순탄하게 두바이로 이주하여 괜찮
은 직장에서 근무한다. 요컨대, 바수의 사례는 국외 이주가 단순히 어쩔
수 없는 상황 아래에서 결정된 것이 아니라, 이주 자체를 목적으로 교육
과 훈련을 마친 다음 가족의 도움으로 연쇄이주를 한 계획된 이주라고
할 수 있다.

바수의 경우처럼 이주자들의 가족적 유대는 아버지를 중심으로 형성
되었다가 부모님의 사후에는 경제적으로 분리되기 시작한다. 먼저 형이
분가를 하고 개인 사업을 시작하는 것으로 가족이 분리된다. 아버지의
자산은 가족부양 및 병원비(형의 치료비)로 소비하고 나머지는 형제들
간에 분배한다. 그 분배가 1년 전에 끝났다. 바수 형제는 번 돈으로 그
들의 아버지가 구입해 둔 대지 위에 각자의 집을 짓고 가족 단위로 거
주하고 있다. 최종적으로 아버지가 뭄바이에 마련해 두었던 집을 팔아
형제와 시집간 여동생이 골고루 분배하는 것으로 재산정리를 하면서 가
족의 분가가 완성되었다. 바수는 형이 자신에게 비자를 보내주었듯이
자신 또한 두바이에서 일하는 동안 형님의 아들에게 비자를 보내주어

일을 하게 도와주었다. 호혜성을 바탕으로 한 가족 간 유대가 걸프지역 이주에도 적용되고 있는 셈이다.

하지만 바수의 경우와는 달리 걸프지역으로의 이주가 준비되지 않은 채, 단지 보다 나은 수입을 얻을 수 있을 것이라는 희망만으로 무작정 이루어지는 경우도 많다. 특히, 사회경제적 계층상으로 낮은 상태에 있거나 학력과 기술수준이 미미하여 육체노동 밖에 할 수 없는 상황에 있는 사람들은 거의 도박에 가까운 심정으로 이주를 결행한다. 이런 처지에 있는 사람들은 대개 가족을 포함한 친척 연망이 없어 이주에 필요한 비자와 비용을 비싸게 지불하는데도 안정적인 직장을 얻지 못하는 경우가 많다. 오만에서 온갖 허드렛일을 하면서 18년 동안 고향에는 단 4번만 방문했을 정도로 어려운 이주경험을 했던 한 정보제공자는 그럼에도 불구하고 기회가 된다면 다시 해외로 나가고 싶다고 했다. 그는 이주가 자신으로 하여금 여러 외국인을 만나게 해주고 문명화시켰으며, 오만에서 아랍어를 배울 수 있는 기회를 제공해주었다는 것이다. 즉, 자신이 이주를 한 덕분에 '문화인'이 되었다고 말한다.

걸프지역으로 일하러 나간 사람들은 가족과 자녀 양육은 물론 자매들의 혼인비용까지도 책임져야 하는 등 부담이 많다. 그래서 이주자들은 계약기간이 만료된 이후에도 불법적인 상태에서 장기간 일을 한다. 여권이 말소되거나 비자기간이 만료된 자 그리고 아무런 공식적인 서류가 없는 사람들을 법적으로 사면시켜 자국으로 추방시키는 제도가 있다. 사면이 실시되면 불법적으로 체류하던 사람들은 인도 대사관에서 관련 서류를 발부받아 고향으로 돌아갈 수 있다. 걸프지역으로 이주한 다음 처음 취업한 직장이나 사업주를 떠나, 보다 나은 직장이나 수입을 얻을 수 있는 혹은 있다는 꼬임에 넘어가 다른 곳으로 직장을 옮길 경우 원래의 비자조건에 위배된다. 대개 여권은 비자 발급을 해 준 사업주가 가지고 있어서, 이런 경우가 발생하면 불법 체류자가 된다. 이런 식으로 여러 직장을 전전하다 보면 나중에는 관련 서류가 하나도 없는 무적자 신세가 된다. 또 다른 경우는 화물선을 타고 밀입국한 불법체류자이다. 사면기간 동안 많은 이주자들이 케랄라로 돌아왔다.

<사례 2> 아지트쿠마르(Ajitkumar, 35세): 힌두(Nayar)
학교에서 전기, 컴퓨터, 커뮤니케이션 및 해양선박 등을 공부했다. 1993년 오만에 갔다. 친척을 통하여 비자를 구입했다. 비자 비용으로 150리얄을 지불했다. 인도 화폐로 18,000루피 정도에 해당하는 돈이다. 오만에 가서는 가게의 점원으로 일했다. 옷과 화장품, 가정용품 등을 파는 상점이었다. 그곳에서 2년간 일했다. 월급으로 120리얄을 받았다. 그 중 60리얄 정도를 송금했다. 돈은 아버지 구좌로 보냈다. 2년 정도 일한 다음 귀국했다가 6개월 정도 휴식을 취한 다음 다시 일하러 나갔다. 그러나 다시 일한지 얼마 되지 않아 그만두었다. 그 당시 스폰서가 비자를 발급해 주는 대가로 매달 20리얄을 받아갔다. 일자리가 끊겼는데도 스폰서가 일자리를 알아볼 생각은 않고 나더러 알아서 일자리를 구하라고 하면서도 스폰서비는 매달 고정적으로 받아갔다. 일이 없는데도 스폰서는 돈을 달라고 했다. 내가 일거리를 찾지 못해 돈이 없다고 하자, 스폰서가 언성을 높이며 화를 내면서 회전의자에서 벌떡 일어서더니 내 얼굴을 때렸다. 나도 화가 나서 그를 맞받아치고는 곧바로 택시를 잡아타고 수르(Sur)라는 곳으로 도망을 쳤다. 그곳에서 600㎞ 정도 떨어진 곳에 내 친구가 일하고 있었다. 여권과 고용허가서 등 모든 서류를 스폰서가 가지고 있었고, 설상가상으로 한 달 반 뒤에는 비자까지 만료될 처지였다. 수르에서 친구가 일자리를 알선해 주었다. 생선을 수출하는 회사였다. 3개월 뒤 성수기가 지나자 일거리가 떨어져 그만두었다. 그래서 어선을 탔다. 상어 잡이를 하는 목선이었다. 그곳에서 10년간 일했다. 이전에는 고기잡이를 한 적이 전혀 없었다.
상어잡이로 번 돈은 아버지 구좌로 3개월에 한 번씩 송금하였다. 하지만 수입이 적은 경우에는 송금을 못할 때도 있었다. 불법으로 체류하고 있는 신분이었지만 송금을 하는 데는 아무런 문제가 없었다. 고향에 수시로 전화를 하기도 하고 수르에 있는 친구의 주소를 이용하여 편지를 주고받기도 하였다. 불법 체류자 신분이 된지 2~3년 후에 오만 무스카트에 있는 인도 영사

관에 여권을 신청하였지만 아무런 도움도 받지 못했다. 그러다가 오만 정부에서 사면령이 제정되었다. 불법체류자들이 아무런 법적인 제재 없이 고국으로 돌아갈 수 있는 법이 만들어졌다. 임시여권과 서류를 받아 2006년 1월에 귀환했다. 오만에 있으면서 가장 힘들었던 점은 여권과 고용허가서가 없는 불법체류자 신분이었기에 언제 경찰에게 체포될지 몰라 불안에 떨었던 것이다. 그리고 만약 병에 걸릴 경우 병원을 이용할 수 없었던 것도 큰 문제였다. 무엇보다도 10년간 가족을 만나지 못했던 점이 가장 힘들었다.

귀환을 한 다음 3개월 정도 쉬다가 티루반드람에 있는 한 호텔에 사무원으로 취직을 하였다. 그곳에 3개월 일했다. 월급은 2,500루피를 받았다. 2006년 7월부터 지금 일하고 있는 호텔(Guruvayoor의 Ayodha 호텔)에서 근무하고 있다. 월급은 2,500루피이지만 팁을 포함하면 약 3,000루피 정도 된다. 기회가 주어진다면 다시 오만으로 나가 상어잡이를 하고 싶다. 나야르 카스트 중에서 케랄라에서 고기잡이를 하는 사람이 한 명도 없지만, 그곳(오만)에서는 아무런 문제가 되지 않는다. 여러 종교인들이 뒤섞여 작업을 하고 있지만 상어잡이를 하는데 종교나 카스트가 문제꺼리가 되지 않는다. 결혼을 한다면 (인터뷰 당시 혼인을 준비하고 있었다) 한 6개월쯤 후에 다시 외국으로 나갈 준비를 할 예정이다.

많은 사람들이 케랄라에서 이주를 생각하지 않는 사람(남자)은 부자이거나, 나이가 많거나 아니면 병든 사람이라고 말한다. 이처럼 이 지역에서 이주는 문화의 한 부분을 구성하고 있으며, 모든 남성들의 통과의례처럼 자리를 잡고 있다. 케랄라에서 마땅한 일자리를 얻지 못하거나 얻을 수 있더라도 임금수준이 낮아 관심이 없는 경우, 혹은 해외에서 고임금의 일자리를 손쉽게 구할 수 있을 것이라는 막연한 희망으로 이주를 하기도 한다. 이주를 한 다음에는, 카스트 위계와 금기 때문에 케랄라에서는 할 수 없었던 또는 하지 않았던 일까지도 거리낌 없이 수행한다.

<사례 2>의 주인공은 케랄라에서도 상층부에 속하는 나야르 카스트 출신으로 고학력에 전문기술을 갖춘 '준비된' 이주자이지만, 처음 정착 단계에서 문제가 생겨 불법체류자 신분으로 전전하다가 마침내 인도에

서는 하층 카스트들의 천직으로 여기고 있던 상어잡이 어부로 일하다가 사면을 받아 귀환한다. 하지만 귀환한 다음에도 상어잡이를 하면서 '누렸던' 수입과 자유를 좇아 다시 이주를 계획하고 있다. 걸프지역에서 돌아온 다음에는 호텔에 근무하면서도 걸프지역의 상어잡이를 꿈꾸고 있다. 즉, 이곳의 '괜찮은' 직장보다는 저곳의 '괜찮은' 수입을 더 원하고 있다.

걸프지역에서 돌아온 귀환이주자들 거의 대부분은 처음에는 대개 일정한 직장 없이 시간을 보낸다. 걸프지역에서 하던 일과 케랄라에서 할 수 있는 일 사이에는 괴리가 있어 쉽사리 직장을 구하지 못할 뿐 아니라, 고용조건과 임금수준에서 차이가 커서 적합한 일자리를 찾기가 쉽지 않다. 또한 귀환이주자 대부분이 오랜 노동에 지친 나이 든 세대라는 점도 귀환 이후 새로운 직장에 취업하는 것을 어렵게 만든다. 일부는 걸프지역에서 번 돈으로 사 놓은 땅 혹은 코코넛 농장을 경작하기도 한다.

하지만 대개 걸프지역에서 번 돈은 가족을 위해 이미 썼거나 집을 짓는데 거의 대부분을 소비하고 노후를 위해 저축하거나 투자를 한 사람은 많지 않다. 걸프지역에서 일한 경험이 있는 사람들의 자식들 역시 걸프지역에서 일하고 있는 경우가 많다. 다시 말하면 이주가 사회적 연망을 타고 대물림되고 있다. 걸프지역으로 이주를 시작한 이래로, 조사지역에서 부자는 더 부자가 되고 가난한 사람은 상대적으로 더 가난해지고 있는 실정이라고 한다. 특히 이슬람사회인 걸프지역에서 무슬림들은 다른 종교적 배경을 지닌 사람들에 비해 비교적 수월하거나 안전한 직장을 구하기 때문에 상대적으로 더 많은 부를 축적한 사람이 많다.

<사례 3> 쿤디(Kundi Mohammad, 72세): 무슬림
일명 '칼루'(Kalu)라고 불린다. 1961년 12월 24일 두바이에 도착하였다. 봄베이에서 무동력 목선을 타고 22명이 함께 갔다. 당시 두바이는 영국이 지배

하고 있었다. 두바이에는 큰 누나의 아들이 일하고 있었다. 두바이로 가기 전 인편으로 편지를 보냈다. 두바이에 도착하면 찾을 수 있을 것이라 기대하고 있었지만, 정확한 주소는 모르는 상태였다. 봄베이(뭄바이)를 떠나 22일만에 두바이에 도착하였다. 두바이에 상륙하여 우여곡절 끝에 큰 조카를 만났다. 나는 친구의 소개로 두바이 왕족의 라쉬드 빈 자히드(Rashid bin Zahid) 가문에서 일하게 되었다. 자히드 왕궁이라 불리는 곳이다. 이곳에서 요리사 겸 시종으로 일하였다. 나를 소개해 준 친구도 이곳에서 같은 일을 하고 있었다. 자히드 왕궁에서 35년간 일하였다. 처음 월급으로 110디램을 받았다. 당시 1디램은 110루피였다. 인도에서는 1안나(1루피의 1/16 정도)가 하루 일당이었던 시절이었다. 그 때 두바이에서는 지폐는 자국화폐였지만, 동전은 인도의 것을 사용하고 있었다. 1996년에 일을 그만 둘 때 월급은 5,000디램이었다. 약 60,000루피에 해당하였다.

1996년에 내가 나이도 들고 이쯤에서 일을 그만 두어야 하겠다고 청원했다. '살람'(Salam), 알라의 도움으로 나는 충분히 일했다고 생각했다. 퇴직금 및 위로금으로 10,000디램을 받았다. 100,000루피가 넘는 액수였다. 자히드 가문을 위해 일하는 동안 나를 하지(Haji)에 보내 주었다. 모든 경비를 왕족 가문에서 지불하였다. 두바이에 있는 동안에, 가족들은 이따금 나와 함께 두바이에 같이 살다가 다시 인도로 들어와 있다가 하는 생활을 반복하였다. 두바이로 갈 때는 집에 열쇠를 채워 놓고 갔다. 그래서 두바이에 있을 때도 가족과 떨어져 사는 불편함은 느끼지 못하였다.

지금 재산은 빌딩이 3채 있다. 하나는 오루마나유르에, 다른 한 채는 신발가게가 있는 차바까드에 그리고 트리쑤르에 한 채가 더 있다. 트리쑤르에 있는 빌딩은 파트너와 함께 공동으로 소유하고 있는 빌딩이다. 슬하에 3남 1녀가 있다. 큰 아들과 둘째 아들은 내가 일하던 자히드 왕족의 왕궁에서 일하고 있다. 막내는 아들인데, 지금 신발가게를 돌보고 있다. 셋째가 딸인데, 시집가서 아들 하나에 딸 둘을 두고 있다. 결혼을 하기 전에는 아버지 앞으로 돈을 송금하다가 혼인한 이후에는 아내 앞으로 돈을 보냈다. 아내가 돈 관리를 하였다. 아버지는 스리랑카에서 요리사로 일했지만 돈을 모으지 못한 채 고향에 돌아왔다. 내가 두바이로 올 무렵에는 가족들이 경제적으로 어려움을 겪고 있었다. 내 위로 누이가 세 명이 있고, 나, 그 다음에 누이 2명, 그리고 차례로 남동생 3명이 있다. 4남 5녀의 장남이다. 바로 밑 남동생은 일찍 죽었고, 둘째 남동생은 지금 두바이에서 다른 왕족의 집에서 시종으로 일하고 있다. 막내 남동생도 두바이에서 일한 적이 있다. 지금은 귀국하여 케랄라에 살고 있다. 내가 찾아간 장조카는 제일 큰 누나의 아들인데, 일찍 죽었다.

1996년 두바이에서 귀국한 뒤에는 내 재산을 돌보는 일만 하고 있다. 누이 5명을 모두 내가 번 돈으로 시집보냈다. 인도에 들를 때마다 누이들을 위해 선물을 했고, 지금도 명절이나 축제 때는 누이들에게 선물을 보낸다. 남동생들은 어떻게 하는지 모르겠지만, 나는 이것이 나의 의무라고 생각한다. 35년 동안 몇 번이나 인도를 방문했는지 기억하기 어렵다. 단지 여권을 7개나 갈았다. 이전에는 여권 만료기간이 5년이었다. 5년짜리 여권이 6개, 그리고 20년짜리 신 여권을 1개 발급받았다. 출입국 스탬프를 찍을 여백이 없을 정도로 오고 간 것이다. 두바이에 처음 상륙했을 때는 여권이 없었다. 3년 뒤 무스카트에 있던 인도 영사관에서 여권을 발급받았다. 그 때 처음 인도에 들어왔다. 1961년 두바이로 갈 때 내 나이가 18살이었다. 3년 뒤 인도에 와서 약혼을 하고 2년을 기다렸다가 23살 때 혼인하였다. 두바이에서 일한 35년간을 되돌아보면 행복했다고 생각한다. 그곳에서 일한 덕분에 혼인도 하고, 아이들도 낳아 길렀고, 지금 풍족하게 살고 있으며, 어느 정도 재산을 모아서 건강하게 살고 있는 것도 다 35년간 일한 덕분이다. 그 때나 지금이나 나는 두바이에서 일할 수 있어서 행복하다. 만족스럽다.

위 <사례 3>의 주인공은 걸프지역에서 오일 붐이 일어나기 이전에 일거리와 보다 나은 수입을 찾아서 두바이로 이주한 경우이다. 이주는 험난했지만 이주과정에서 여러 연망을 통해 정착하고 직장을 구했다. 그리고 종교적 친연성을 바탕으로 왕족 가문에서 시종으로 일하면서 부와 재산을 축적하였다. 이렇게 번 돈으로 누이들과 자식들을 혼인시키고 의례적인 선물을 하는 등 사회적 의무를 수행하였다. 또한 귀환한 이후에는 걸프지역에서 수행했던 '여성적'인 업무와는 달리 대가족의 수장으로서 그리고 많은 재산을 지닌 부호로서 자신의 '남성성'을 과시하는 상징적 존재로 비춰지고 있다. 무슬림으로서 종교적 의무 중 하나인 하지(메카 순례)를 도합 세 번이나 다녀오는 등 이주 이전과 비교하여 지금의 그와 그의 가문은 지역 내에서 누구나 우러러보는 위치에 올라 있다.

한편 최근에 걸프지역으로 가는 노동자 대부분은 단기계약을 조건으로 이주한다. 계약이주에서 귀환은 이주과정의 본질적인 부분이다. 계약이주는 노동자들이 정해진 기간 동안 계약서에 명시된 업무를 위하여 고용되고 고용기간이 종료되면 돌아갈 것이라고 예상한다. 해외에 있는 동안, 이주자들은 가족을 떠나 혼자 머무른다. 이주자는 가족을 부양하기 위하여 고향에 남아있는 가족에게 정기적으로 송금을 한다. 따라서 계약이주의 동기는 최대한 돈을 많이 벌어서 고국에 있는 가족들에게 송금을 하는 것이다. 즉, 걸프지역으로 나간 이주자들은 자신들의 이주를 가족의 경제적·사회적 지위를 개선시킬 수 있는 좋은 기회라고 간주하는 것이 보통이다. 기간을 명시한 고용계약을 한 이주자들 대부분이 걸프지역에 부양가족을 데리고 가지 않는다는 사실은 노동자들이 결국에는 고향으로 돌아가려는 계획 아래 일하고 있다는 것을 드러내준다. 이런 현상의 직접적인 결과는 송금의 형태로 고향에 남아있는 가족에게 돈과 물품을 보내는 것이다. 따라서 걸프지역 노동자들에게 있어서 귀환이주는 최초의 이주전략에 포함되어 있는 부분이다.

Ⅳ. 귀환이주자들의 소비행위와 그 의미

귀환 이데올로기(return ideology)는 고향을 그리는 향수와 결부되어 이주문화의 한 부분을 형성한다. 이주자들은 고향과 이주지라는 '공간' 그리고 이주하기 이전과 귀환한 이후라는 '시간' 속에서 살고 있다. 이처럼 귀환 이주자들은 다중적 층위 속에서 자신들의 정체성을 드러내고 있다. 케랄라 사람들에게 있어서 이주는 행위와 가치의 한 부분이며, 젊은 남성들에게 있어서 일종의 통과의례처럼 받아들여지고 있다. 귀환이주자들의 서사는 자신들의 생애 이야기가 귀환 이후에 구성된 것이면서도 현재의 행위를 정당화하는 데 이용되고 있음을 보여준다.

사람들이 자신들의 경험에 대해 이야기한다는 것은 이야기 그 자체가 곧 그들의 삶을 반영하는 것이며, 사회적 행위의 주체로서 활동하고, 사물에 대한 자신들의 해석을 검증하고 의미를 드러내는 것이라 할 수 있다. 삶의 과정에 대한 구술은 그 사람들이 겪은 희망과 슬픔의 표현이며 그들이 살아온/가는 인생의 한 양상이다. 그래서 삶에 대해 이야기하기, 즉 자신과 문화에 대한 서사적 표현은 창조적인 사회적 실천이다(Brettel 2003: 24). 구술을 통하여 사람들은 그들의 경험을 전체 틀 속에다 일목요연하게 짜 맞추며, 그들의 성공과 실패를 드러내고 이로부터 자신들이 선택했던 삶을 설명하는 데 도움이 되는 결론을 도출한다.

이곳 케랄라에서 현대화는 물질적인 풍요를 누릴 수 있는 가능성을 제공하는 동시에 사람들에게 고통과 박탈감을 가져다준다. 보다 나은 직장 혹은 삶의 기회를 좇아 고향을 떠난 최초의 이주에 대한 서사는 신체적으로 호된 시련을 경험한 것으로 각인되어 있다(Osella and Osella 2006: 62). 이들 귀환이주자들의 서사는 현대성이 누리고 있는 보편주의 및 평등성이 아니라, 이주지에서 겪은 육체적 고통과 사회적 차별, 그리고 일상에서 겪었던 여러 가지 어려움으로 가득 차 있다. 걸프지역에서 인도인 이주자들은 대부분 훈육과 통제가 필요한 노동자로 취급되었으며, 주로 아랍 남성들의 시중을 드는 '여성적'인 역할을 부여받았다. 즉, 현대성은 인도 내부에서 차별받은 집단들에게 '남성성'을 회복할 수 있는 기회를 부여했지만, 해외에서 노동자로서 겪은 '여성적' 체험은 이들에게 남성성을 회복해야 한다는 이중적 부담으로 나타난다.

이주와 현대화는 남성성을 회복할 수 있는 기회이자 실천의 영역이었다. 이주를 통해 부를 축적하여 자신의 사회적 의무와 남성성을 드러내고자 하는 욕구는 걸프지역에서 '오염된' 혹은 '여성적'인 업무를 수용할 수 있도록 하는 심리적 요인으로 작용한다. 앞 절 <사례 3>의 경우처럼 걸프지역에서 시종으로 생활하면서도 자신의 가족을 보호하고 재산을 축적하여 '여성적'인 업무에서 은퇴한 이후에는 그 돈과 재산을 바탕삼아 사회경제적 지위를 상승시킴으로써 자신의 '남성적'인 지위를 과시하고 있다. 걸프지역에서 여성적인 업무를 수행하면서도 남성적인 위치를 회복 혹은 유지하려는 이들의 욕구는 여인들과 아이들이 집안에서 안락하게 생활하는 것과 '전통 문화'를 보호하는 것으로 충족되었다. 이처럼 남성으로서의 정체성과 지위를 드러내려는 정형화된 행위는 과시적 형태의 소비로 표현된다. 돈은 성공 및 남성성을 드러내는 중요한 징표이다. 눈에 보이지 않는 부동산의 보유보다는 유동성이 강한 현금소비가 중요하게 작용한다. 그래서 사람들은 많은 현금을 집안에 두고 대부를 하거나 직접 소비한다.

조사지역의 경제 혹은 소비행위는 걸프지역으로부터 비롯되었다고 할 만큼 일상생활 곳곳에서 걸프지역과 관련된 이름을 단 상품들이 소비되고 있다. 예를 들어, 구루바유르로 이어지는 도로변 상가에는 'Gulf Hardware', 'Dubai Bazar', 'UAE Exchange' 등의 간판을 단 가게들이 보이고, 심지어는 음료수를 파는 가게의 메뉴에도 'Dubai Shaker', 'Sharja Vanilla' 등의 이름이 표시되어 있었다. 이처럼 케랄라(인도)에 살면서도 걸프지역에서 벌어온 돈으로 걸프지역(혹은 서구)이라는 '이름'과 상품을 소비하고 있는 현상은 이 지역의 초국가적인 소비문화의 한 단면을 드러내고 있다고 할 수 있다. 즉, '이곳'에 살고 있으면서도 '저곳'의 문화를 소비하고 있다는 점에서, 이 지역의 소비행위는 또 다른 의미에서

'코스모폴리탄'의 특징이라 할 수 있다.[5]

케랄라 사람들에게 있어서 돈은 곧 힘이자, 남성다움을 드러내는 과시적 수단이며, 추종자들을 즐겁게 해주고 후원해주는 근원이다(Osella and Osella 2006: 94). 귀환이주자들의 딜레마는 힘들게 벌어온 돈을 '남성성'을 과시하기 위해 소비할 것인가, 아니면 자린고비라는 소리를 듣더라도 돈을 쓰지 않고 저축하여 부를 키울 것인가 하는 문제이다. 부를 축적하는 가운데 가장 큰 상징적 자산은 집과 땅이다. 특히, 집은 이주자들의 자아 정체성과 동일시된다. 일단 개인적 및 가구 차원에서 흡족하고 사회적으로 합당한 수준으로 삶의 수준이 높아지고 나면, 이주자들의 관심사는 바깥으로 향한다. 집은 가장 중요한 상징적 자본이자 남성적 지위의 표현이다. 도로변에 있는 '좋은' 대지 위에 콘크리트로 지은 서양식 건물은 소유주의 부와 지위를 드러내는 기표이다.

마을은 도로를 사이에 두고 남북으로 긴 장방형 모양으로 거주지가 형성되어 있다. 즉, 도로가 마을 중앙을 남북으로 관통하고 있으며, 도로를 따라 동서쪽으로 거주지가 확산되어 있다. 마을 내부에서도 도로변에 가까울수록 '좋은' 곳으로 간주되며 땅값 또한 비싸다. 도로변에 집이 있으면 접근이 용이할 뿐 아니라, 마을 안쪽은 골목이 좁아 차량의 통행이 어려운 탓이다. 또한 집을 개축하거나 증축할 때 차량으로 운반을 할 수가 없어, 건축자재 운반을 인력에 의존하는 탓에 집의 규모에 비해 건축비가 상승하기 때문이기도 하다. 그래서 도로에서 멀리 떨어질수록 집의 가치가 떨어지며 '좋은' 곳으로 간주되지도 못한다. 거주지

---

5) 기드와니와 시바라마크리쉬난은 타밀나두에서의 사례조사를 바탕으로 도시-농촌 간 이주문화를 설명하는 틀로서 '코스모폴리탄'이라는 개념을 사용하고 있다(Gidwani and Sivaramakrishnan 2004: 340). 이들이 말하는 '코스모폴리탄'이란 도시를 자신들의 '집'으로 여기며 살고 있으면서도, 동시에 고향 마을의 정치와 문화에 지속적으로 관여하고 있는 사람들을 가리킨다.

의 동서쪽 끝부분에는 하층 계급에 속하는 사람들이 거주하고 있는 야
자 잎으로 만든 전통가옥이 산재해 있다.

마을의 중심 지역에 해당하는 도로변에는 은행을 비롯하여 환전소,
양복점, 오토바이 수리소, 야채상점, 전파상, 약국, 이발소, 잡화점, 귀금
속 상점, 전화 가게, 건축자재상, 정육점 등이 줄지어 있다. 국제전화를
할 수 있는 전화가게가 도로변에 여러 곳이 있으며 고급 택시 4~5대가
항상 길가에 대기하고 있어, 이곳이 국제전화 수요가 높으며 택시를 이
용할 정도의 부유한 가정이 많다는 것을 한눈에 알 수 있게 한다. 마을
골목길마다 국제전화 혹은 국내전화를 걸 수 있는 전화 부스가 설치된
가게가 있다. 도로변에는 식육점이 3곳이나 있는데, 평일에는 매일 한
마리씩의 물소고기가 팔리고 금요일에는 두 마리 분량의 소고기가 판매
되는 것으로 미루어 그 소비량을 짐작할 수 있다. 도로변을 벗어난 마을
안쪽에도 소규모의 정육점이 여러 곳 있다.

남자들은 결혼하고 아이를 양육한 이후 반드시 해야 할 제일 중요한
과제가 가족들이 살고 있는 집을 증축하거나 새집을 짓는 것이라고 한
다. 특히, 이주자들은 새집을 건축하거나 살던 집을 개축하는 것을 가장
우선적으로 해야 할 과업으로 선택한다. 새집을 짓는 데는 많은 돈이 소
요되어, 흔히 여러 차례의 이주로 번 돈으로 장기간에 걸쳐 건물을 완성
한다. 건축 자재 역시 위세와 관련된 문제이다. 어떤 재료를 사용하여
어떤 형식의 건물을 짓는가하는 것은 지역사회에서 어떤 건물이 높은
가치를 부여받는가 하는 문제와 직결되어 있다. 실제로 가족이 살기에
적합하고 편리한가 하는 것은 부차적인 사항으로 처리되는 경우가 많
다. 이주자들은 가족부양과 가족에 대한 사회적 의무 못지않게 집을 건
축하는 데 열과 성을 다한다.

<사례 4> 모하마드(K. V. Mohammad, 65세): 무슬림

아부다비의 석유회사에서 19년간 일하였다. 영국 회사였다. 이곳에서 웨이터로 일했다. 1968년에 아부다비로 갔는데 비자는 누이의 남편이 보내 주었다. 누이의 남편 역시 이 회사에서 일하고 있었다. 비자료로 600디램을 주었다. 월급으로 당시 37디램을 받았다. 그 중 500루피 정도를 집으로 보냈다. 돈은 아버지 앞으로 은행을 통해 보냈다. 이 회사에서만 일을 했다. 매년 한 번씩 집에 들어왔다. 11개월을 일하고 1달을 집에서 보냈다. 회사에서는 비행기 티켓 값을 포함한 모든 비용을 회사에서 부담하였다. 회사를 그만 둘 무렵에는 월급이 많이 올라 5,000디램이었다. 1디램이 인도 돈의 3~4배에 해당하였다. 1985년에 회사를 그만 두었다. 위로금 명목으로 85,000디램을 받았다. 회사를 아부다비 정부에서 관리하고 있어 조건이 좋았다.

아부다비에서 일할 때는 혼인전이나 혼인 후에도 아버지 앞으로 돈을 보냈다. 그러다가 1980년 아버지가 돌아가신 다음부터 아내 앞으로 송금하였다. 아버지 사후 분가하였다. 그 당시 걸프지역에서 돈을 버는 사람들은 모두가 분가를 원하였다. 1985년에 귀국을 결심한 이유는 너무 오래 동안 가족과 떨어져 있어 지쳤기 때문이었다. 아이들이 아버지 없이 자라는 동안 나와 너무 소원하였다. 1968년 아부다비로 나가기 전에 이미 두 아이가 있었다. 자식들은 어머니와 정서적인 유대만 있을 뿐 아버지의 존재는 미미하였다. 그래서 자식들과 함께 있고자 아부다비에서 일을 그만 두고 귀국을 결심하였다. 아버지가 걸프지역에서 일하는 가족들이 공통으로 겪고 있는 문제이다. 커가는 자식들에게 아버지의 부재가 큰 문제이다.

1968년 아부다비로 가기 전에는 봄베이(뭄바이)에서 13년간 일하였다. 형이 운영하는 호텔(음식점)에서 일했다. 봄베이 다다르(Dadar) 지역에 가게가 있었다. 15살에 봄베이에 갔다. 아부다비에서 벌어 온 돈으로, 막내 누이를 시집보내고, 1977년에 95,000루피를 들여 새로 집을 지었다. 당시 시멘트 한 포가 90루피 하던 시절이었다. 지금 시멘트 한 포의 가격은 200루피이다. 그리고 땅을 2에이커 정도 구입하였다. 코코넛을 재배하고 있다. 그 돈으로 자식을 교육시키고 결혼을 시켰다. 큰딸이 시집갈 때 60기니의 금을 혼수로 주었고, 둘째딸은 70기니, 셋째 딸에게는 75기니의 금을 주었다. 1기니의 가격은 약 1,500루피 정도이다.

내가 아부다비로 떠날 무렵과 지금을 비교해보면 우선 집들의 규모가 달라졌다. 당시는 '우리'와 같았다면 지금은 큰 '빌딩'이라 할 수 있다. 집들의 규모가 거대해진 것은 1970년대 이후부터 걸프지역에서 돈이 들어오기 시작하면서부터이다. 걸프지역에 나가 일하는 사람이 많아짐에 따라 자식들이 망쳐지고 있다. 돈이 있으니까 일을 하지 않고 빈둥거리고 있다. 젊은이들은 힘든 일을 기피하고 화이트칼라 직업 혹은 기술직만을 원하고 있다. 아버지들이 돈을 보내 주니까 직장을 찾기보다는 그 돈으로 오토바이를 사고 좋은 옷을 구입하여 치장하는 데 소비하고 있다. 또 다른 변화는 여자들의 교육이 늘어났다는 점이다.

걸프지역의 이주민들은 그곳에 영주하려는 것이 아니라 조만간 되돌아 올 것을 예정하고 이주한 사람들이다. 이들이 걸프지역에서 벌어 온 돈과 재물은 그들의 지위와 타자와의 관계를 변화시키고 개인적 혹은 집단적 정체성을 새로이 형성하게끔 이끈다. 상업화된 경제와 과시적 소비행위는 장기간에 걸쳐 형성된 케랄라 '이주문화'의 한 특성으로 자리 잡고 있다. 과시적 소비행위는 사회적 구별짓기의 표석이자 사회적으로 상층이동하려는 가족의 전략이다. 이주자들이 보내 온 돈은 가용으로 쓰이며, 집을 새로 짓거나 개축하는 데, 토지를 취득하는 데, 빚을 갚는 데, 그리고 가족들의 의례와 교육에 주로 소비된다(Zachariah et al. 1999: 19). 귀환이주자들은 케랄라 내부에서 과시적 소비와 근대성의 첨병이며, 그들의 집은 다양한 물품들과 높은 소비수준으로 특징 지워진다.

귀환이주자들이 겪게 되는 또 다른 문제는 자녀교육과 더불어 가족재산의 분배이다. 아들/오라비/남편으로서의 사회적 의무수행과 '남성다움'을 드러내기 위해서 장기간 해외에서 일하다가 돌아 온 그들은 이전의 '전통'사회에서 겪지 못했던 새로운 '변화'에 직면하게 된다. 그 대표적인 것이 누이들의 재산분배권이다. 자신이 번 돈으로 누이의 혼수를 마련하느라 저축한 돈을 대부분 소비한 남성들은 누이들의 재산분할 요구에 당황하고 심지어는 정신적인 혼란 상태에 빠진다.

　인도의 상속법은 아들과 딸 그리고 미혼과 기혼 구분 없이 균등하게 상속받을 권리를 부여하고 있다. 과거에는 딸의 경우, 시집을 갈 때 혼수와 지참금으로 많은 돈을 이미 지불한 것으로 간주하여 상속을 요구하지 않았다. 하지만 혼수를 많이 가져갔더라도, 딸들은 점차 아들과 동등한 권리를 주장하게 되었다. 일반적으로 시집간 딸은 친정 부모와 형제에게 심적으로 그리고 경제적으로 많은 도움을 필요로 하기 때문에 부모의 재산에 대해 좀처럼 분배를 요구하지 않았다. 재산분배를 하더라도 부모는 자신들의 몫을 남겨둠으로써 노후생활을 위한 장치를 마련해 두었다가, 사후에 그 재산을 막내아들 혹은 자신들과 함께 살고 있는 아들에게 물려준다는 유언장을 작성하여 다른 아들/딸로부터 재산분배 요구를 차단하고, 자신들을 모시고 있는 자식에게 사후 재산분배를 하면서 소홀할 수도 있을 가능성을 미연에 방지하기도 한다.

　하지만 형제와 자매들 간에 분쟁이 일어나거나, 남편의 수입이 적거나 남편으로부터 친정부모의 재산분배를 종용받는 경우에는 딸들이 부모의 재산에 대해 상속권을 행사한다. 딸들은 혼인을 한 다음에도 아기를 낳을 때는 친정부모의 집을 찾고, 아플 때나 괴로운 일이 발생할 때도 친정으로 도피처를 찾는다. 그리고 심적/물적인 도움이 필요할 때도 친정부모/오빠, 남동생을 찾는다. 그래서 딸은 대개 문제를 일으키면서까지 재산분배를 요구하지 않는다. 하지만 형제들과 사이가 나쁘거나 형제들이 자신을 잘 돌보아 주지 않는 경우 그리고 자신의 남편이 돈을 못 버는 경우에는 관계가 단절/악화되는 것을 무릅쓰고 재산분배를 요구한다. 법적 소송으로 가도 대개는 딸들이 승소하여 재산분배를 받는다. 딸들의 재산분배는 무슬림의 경우는 거의 없고 힌두는 간혹 발생하지만 크리스찬의 경우는 종종 발생한다고 한다.

<사례 5> 빈센트(Vincent, 51세), 크리스찬

1978년에 무스카트에 갔다. 영국계 슈퍼마켓에서 점원으로 일했다. 비자는 친구를 통해 구입했다. 당시 월급으로 6,000루피를 받았다. 아주 많은 액수였다. 월급은 아버지 앞으로 보냈다. 아버지는 약방을 운영하고 있었다. 내가 맏이고, 밑으로 여동생 4명과 남동생 2명이 있다. 여동생 1명은 내가 무스카트에서 일한지 1년 뒤에 결혼하였다. 세 여동생은 내가 혼인한 다음 모두 출가하였다. 여동생들은 모두 내가 번 돈으로 시집을 보낸 셈이다.

지금 이곳에서 보통 정도의 수준으로 시집을 보내는 데 드는 비용은 대략 5십만 루피이다. 20년 전에는 약 30~40만 루피였다. 무스카트에서는 매년 1번씩 집에 돌아왔다. 결혼 전이나 결혼 후에도 마찬가지였다. 결혼 전에는 아버지 앞으로 돈을 보내다가 결혼 후에는 아버지 앞으로 3/4 정도, 아내 앞으로 1/4 정도를 나누어 보냈다. 아내 개인 용도의 돈이 필요할 것이라 생각했다. 그리고 올 때마다 선물을 사다주었다. 가족이 많아 선물 값도 많이 들었다. 슬하에는 2남이 있다. 큰아들은 21살로 고등학교(Plus Two) 과정을 마치고 에어컨 기술자로 일하고 있다. 둘째는 11살로 6학년에 재학 중이다.

1995년에 귀국하였다. 당시 회사에는 필리핀, 파키스탄, 스리랑카 등지에서 값싼 인력이 들어와 나처럼 경력직 사원을 몰아내고 신참사원을 고용하는 추세였다. 경력직 사원은 임금수준이 높지만 이들 나라에서 들어오는 신참사원들은 적은 월급에도 만족하였기 때문이다. 다른 회사에 비자를 마련해 준다는 사람이 있어 돈을 주고 인도로 들어왔다. 2~3개월만 기다리면 된다고 하던 비자가 1년이 걸려 허가가 떨어질 무렵 무스카트의 법이 개정되어 취업을 할 수 없게 되었다. 비자비용은 돌려받았다. 그리고 다시 아부다비로 가는 비자를 받기 위해 여권과 돈을 준비해 두었지만, 비자를 발급받지 못했다. 또 1년을 허비했다. 그래서 구루바유르 사진관에서 사진촬영 기사로 7~8년간 일을 했다. 월급은 형편없이 낮아 한 달에 겨우 1,500루피를 받았다.

아버지가 차바까드에서 약방을 하다가 2년 반 전에 오루마나유르에다 약방을 옮겨왔다. 내가 아버지의 약방을 20만 루피를 주고 샀다. 여기에는 건물과 약이 포함되어 있었다. 아버지는 약방을 팔고 받은 돈을 우리 8형제에게 분배했다. 인도에서는 혼인여부에 상관없이 아들딸 모두 동등한 상속권을 가지고 있다. 내가 번 돈으로 여동생들을 시집보낼 때 혼수로 다 썼는데도 누이들은 그것은 나의 의무였다고 하면서, 아버지 재산에 대해서는 동등한 분배를 요구하였다. 한마디로 내가 자신들에게 해준 것은 의무이며 미미한 수준이었다는 주장을 폈다. 서글펐다. 하느님에게 하소연을 하였다. 하느님만 모든 진실을 알고 있다고 믿는다. 그러다가 생각지도 않던 아버지의 약방을 인수하게 되었다. 당시 돈은 없었지만, 어떻게 마련하여 약방을 구입하게 된 것은 하느님의 뜻이라 생각된다. 의식이 있는 집안에서는 외지에서 돈을 벌어다 준 아들에게 재산을 더 물려주기도 하는데, 우리 가족은 그렇지 못했다. 다행히 나는 딸이 없어 노후에 자식 걱정을 덜게 되었다.

혼인법이 개정된 이후에는 힌두, 무슬림, 크리스찬 모두 딸들의 동등한 상속권을 수용하고 있다. 무슬림의 경우 이전에는 14, 15살에 딸을 혼인시켰지만, 이제는 법으로 18살 이상 되어야만 혼인을 할 수 있다고 제한함으로써, 딸들에 대한 교육욕구가 높아지고 있다. 교육을 많이 받아야만 좋은 혼처를 마련할 수 있게 되었다. 그리고 이전에는 집 바깥에 나가는 것조차 아주 예외적이었음에 비해 지금은 상급학교에 진학하는 여학생들이 많고, 자가용이 늘어남에 따라 남의 이목을 두려워하지 않고 바깥출입을 하는 추세이다. 교육과 문명화 그리고 부가 늘어남에 따라 외부인과의 접촉을 더 이상 꺼려하지 않고 또 생활패턴이 달라짐에 따라 병원이나 외부시설을 이용하는 횟수가 늘어나고 있다. 자녀들의 서구화 경향에 대한 심리적 불편함은 이주자들이 자신들의 남성성을 희생해 가면서도 아내와 자식들이 간직하기를 바랐던 '전통성'에 대한 향수라고 할 수 있다.

귀환이주자들의 '인적자본'은 이주와 귀환을 설명하는 하나의 변수로 언급된다. 하지만 케랄라의 경우 이주자 개인의 '인적자본'은 이주한 이후 직업을 구하는 데는 어느 정도 영향을 미치지만, 귀환 이후 고향사회의 순기능적인 측면에서의 변화 및 발전에는 거의 영향을 미치지 않는다. 왜냐하면 이주자들이 걸프지역에서 수행한 업무는 단순노동 혹은 비숙련 노동이었기 때문에 귀환 이후 그들의 경험을 사회경제 발전으로 연결시키는 데는 무리가 있다. 오히려 귀환이주자들의 과시적 소비로 인하여 경제구조가 왜곡되고 있는 실정이다. 걸프지역으로의 이주는 경제적 기회에 대한 유혹이 유인요인으로 작용했지만, 귀환 이후 고향의 경제적 발전에 기여할 수 있는 인적자본 형성으로 이어지지는 못했다.

V. 맺는 말

이 글은 이주과정을 파악하기 위한 기제로서 생애사 혹은 구술서사를 이용하여 역사적 그리고 사회적 맥락 속에서 개인들의 이주와 삶을 살펴보았다. 여기에서 생애사 방법을 동원한 것은 귀환과 이주에 관련된 이론의 추상성보다는 내부자적 관점에서 이주과정을 이해하려는 의도에서였다. 다시 말하면, 귀환이주자들의 이야기를 빌어 그들이 왜 이주했는지, 어떤 경로를 밟아 이주했는지, 목적지에 도착했을 때 어떤 일을 수행했는지, 그리고 왜 고향에 돌아왔으며 고향에서 무슨 일을 하고 있는지를 생애과정의 한 부분으로 파악하고 또 이해하고자 했다.

이주는 단순한 개인 혹은 가족만의 문제가 아니다. 이주의 행위 이면에는 지방, 지역 및 국가의 사회경제적 상황과 노동분화의 구조와 기능 등이 개입하고 있다. 또한 이주자들 스스로가 그들이 속한 사회와 지역의 정치경제에 많은 영향을 미치고 있다. 케랄라에서 걸프지역으로 이주한 경험이 있는 귀환이주자들의 구술 생애사를 통해 드러난 공통적인 문제점은 이주자들이 해외의 노동시장에 대해 사전지식이 전무하거나 거의 없어 이주 초기에 많은 어려움을 겪었다는 점이다. 또한 귀환을 전제로 한 이주였기 때문에 현지사회에 대한 정착이나 동화에 대한 노력이 거의 없었다는 점도 특징적인 현상이다. 즉, 귀환에 대한 생각은 케랄라 이주자들의 삶과 함께 하고 있었던 것 같다.

귀환이주자들의 생애사적인 서사를 통해 드러난 사실은 국제이주를 단순히 송출국의 방출요인과 수입국의 유인요인으로만 설명하는 데는 한계가 있다는 것이다. 케랄라의 사례에서 보았듯이 이주를 결행하는 사람들 대부분이 자국에서 중류층 이상에 속하며 교육수준 또한 열악한 상태가 아니라는 사실은 이주를 하게끔 밀어내는 방출요인이 빈곤 때문만이 아니라는 점을 말해준다. 또 이주과정이 이주 가능한 여러 곳을 합리적으로 판단하고 가장 높은 임금을 받을 수 있는 곳으로 일자리를 찾아서 비교하고 선택하여 이루어지는 것도 아니다. 이주는 개인적 차원에서 이루어지는 것이 아니라 가족 차원에서 부를 획득할 수 있는 곳으로 가족 성원 중 한 두 사람(주로 남성)을 보내고 남아 있는 가족이 나이든 아버지 혹은 어머니를 중심으로 상호 보호하는 형태를 유지한다.

귀환이주자들의 이주경험은 자신들의 아들을 포함한 가족성원의 이주로 대물림되고 있다는 점에서 케랄라에서 이주는 개인적 차원에서는 생애의 한 과정이며 집단적 차원에서는 문화의 한 부분으로 자리를 잡고 있다고 하겠다. 귀환이주자들의 소비행위는 두 가지 측면에서 이루어진다. 하나는 아들/오라비/남편으로서의 사회적 의무를 다하기 위한 소비행위, 즉 가족부양과 누이들의 혼인비용 그리고 자녀교육과 관련된 경제적 행위이다. 다른 하나는 개인적 차원에서 자신들의 남성성을 회복하고 드러내기 위한 일종의 과시적 소비행위로서의 집짓기이다. 그래서 이 지역에서 집의 규모와 웅장함은 귀환이주자들의 정체성과 결부되어 일종의 기표로 등장한다. 조사지역의 거의 모든 이주자들은 걸프지역에서 익히 보아왔던 대규모 저택을 건축한다. 이런 소비행위는 귀환이주자들이 걸프지역에서 수행한 '여성적' 역할에서 벗어나 '남성성'을 회복하고 과시하고자 하는 욕구의 발로라고 할 수 있다.

<참고 문헌>

박정석. 2006. "두바이의 힌두 신디 상인 디아스포라: 이주양상과 고향의식을 중심으로". 『한국문화인류학』 39(2): 205-237.

장용규. 2006. "재외인도인의 연망과 공동체 형성: 두바이체류 재외케랄라인의 사적연망을 통해 본 NRK공동체 재생산". 김경학 외. 『인도인 디아스포라』. 서울: 경인문화사.

Brettell, Caroline. 2000. "Theorizing Migration in Anthropology", in Caroline B. Brettell and James F. Hollifield(eds.), *Migration Theory: Talking across Disciplines*, New York and London: Routledge.

Brettell, Caroline. 2003. *Anthropology and Migration: Essays on Transnationalism, Ethnicity, and Identity*, Walnut Creek: Altamira Press.

Conway, Dennis, Robert B. Potter and Joan Phillips. 2005. "The Experience of Return: Caribbean Return Migrants", in Robert B. Potter, Dennis Conway and Joan Phillips(eds.), *The Experience of Return Migration: Caribbean Perspectives*, Hants & Burlington: Ashgate.

Gidwani, Vinay and K. Sivaramakrishnan. 2004. "Circular Migration and Rural Cosmopolitanism in India", in Filippo Osella and Katy Gardner(eds.), *Migration, Modernity and Social Transformation in South Asia*, New Delhi · Thousand Oaks · London: Sage Publications.

Gmelch, George. 1980. "Return Migration", *Annual Review of Anthropology* 9: 135-159. Iredale, Robyn, Fei Guo and Santi Rozario. 2003. "Introduction", in Robyn Iredale et al.(eds.), Return Migration in the Asia Pacific, Cheltenham · Northampton: Edward Elgar.

Kannan, K. P. and K. S. Hari. 2002. "Kerala's Gulf Connection: Emigration, Remittances and Their Macroeconomic Impact 1972-2000", Working Paper 328, Center for Development Studies, Trivandrum, Kerala, India(www.cds.edu).

King, Russell. 2000. "Generalizations from the History of Return Migration", in Bimal Ghosh(ed.), *Return Migration: Journey of Hope or Despair?*, Geneva: IOM and UN.

Kurien, Prema A. 2002. *Kaleidoscopic Ethnicity*, Oxford · New York: Oxford University Press.

Nambiar, A. C. K. 1998. "A Voyage to the Gulf and Back: The Migration Process and Its Outcome with Reference to Return Migrants", in B. A. Prakash(ed.), *Indian Migration to the Middle East*, Rohtak: Spellbound Publications.

Osella, Caroline and Filippo Osella. 2004. "Migration and the Commoditisation of Ritual: Sacrifice, Spectacle and Contestations in Kerala, India", in Filippo Osella and Katy Gardner(eds.), *Migration, Modernity and Social Transformation in South Asia*, New Delhi · Thousand Oaks · London: Sage Publications.

Osella, Caroline and Filippo Osella. 2006. *Men and Masculinities in South India*, London · New York · Delhi: Anthem Press.

Prakash, B. A. 2004(1999). "Trends and Patterns of Emigration to the West Asian Countries", in B. A. Prakash(ed.), *Kerala's Economic Development*, New Delhi: Sage Publications India.

Prakash, B. A. and P. V. Rajeev. 1998. "Indian Migration to the Middle East: Recent Trends in Labour Demand, Migration, Conditions of Work and Remittances", in B. A. Prakash(ed.), *Indian Migration to the Middle East*, Rohtak: Spellbound Publications.

Pushpangadan, K. 2003. "Remittances, Consumption and Economic Growth in Kerala: 1980-2000", Working Paper 343, Center for Development Studies, Trivandrum, Kerala, India(www.cds.edu).

Reyes, Belinda I. 1997. *Dynamics of Immigration: Return Migration to Western Mexico*, San Francisco: Public Policy Institute of California.

Robinson, Vaughan. 1986. "Bridging the Gulf: The Economic Significance of South Asian Migration to and from the Middle East", in Russell King(ed.), *Return Migration and Regional Economic Development*, London, Sydney and Dover: Croom Helm.

Zachariah, K. C. and S. Irudaya Rajan. 2004. "Gulf Revisited, Economic Consequences of Emigration from Kerala: Emigration and Unemployment", Working Paper 363, Center for Development Studies, Trivandrum, Kerala, India(www.cds.edu).

Zachariah, K. C., B. A. Prakash and S. Irudaya Rajan. 2006. "Gulf Migration Study: Employment, Wages and Working Conditions of Kerala Emigrants in the United Arab Emirates", Working Paper 326, Center for Development Studies, Trivandrum, Kerala, India(www.cds.edu).

Zachariah, K. C., E. T. Mathew and S. Irudaya Rajan. 1999. "Impact of Migration of Kerala's Economy and Society", Working Paper 297, Center for Development Studies, Trivandrum, Kerala, India(www.cds.edu).

Zachariah, K. C., E. T. Mathew and S. Irudaya Rajan. 2000. "Socio-Economic and Demographic Consequences of Migration in Kerala", Working Paper 303, Center for Development Studies, Trivandrum, Kerala, India(www.cds.edu).

Zachariah, K. C., E. T. Mathew and S. Irudaya Rajan. 2003. Dynamics of Migration in Kerala, Hyderabad: Orient Longman.

Zachariah, K. C., P. R. Gopinathan Nair and S. Irudaya Rajan. 2001. "Return Emigrants in Kerala: Rehabilitation Problem and Development Potential", Working Paper 319, Center for Development Studies, Trivandrum, Kerala, India(www.cds.edu).

Zachariah, K. C., P. R. Gopinathan Nair and S. Irudaya Rajan. 2006. *Return Emigrants in Kerala*, New Delhi: Manohar.

제8장
오루마 향우회
Oruma Orumanayoor의 사회활동

장 용 규*

Ⅰ. 들어가는 말

1970년대를 넘어서면서 걸프지역에 대한 케랄라노동자의 이주는 인도 케랄라 주(州)의 사회변화에 큰 영향을 미쳤다. 2000년 현재 케랄라에서 걸프지역으로 이주해 나간 케랄라 이주노동자(Non Resident Keralite, 이하 NRK)는 약 140만 명에 달하고 있다. 1990년에서 1997년 사이에 이들이 케랄라로 보낸 송금액은 150억 불에 달하는 것으로 알려졌다. 이

---

* 한국외국어대학교 아프리카어과 조교수.

액수는 동 기간에 케랄라 전체 GDP의 25%에 해당하는 액수라고 추정된다. 이들이 송금한 돈은 1970년대 이후 케랄라의 사회-경제구조 변화에 가시적인 영향력은 행사해 왔다. 이에 따라 NRK를 연구해 온 학자들은 송금이 지역 경제와 사회에 미친 영향에 대한 연구를 꾸준히 진행해 왔다. NRK와 케랄라의 관계에 대해서는 크게 두 가지 관점에서 진행되어 왔다.

먼저 NRK 송금이 케랄라에 미친 구조적 변화에 대한 연구이다. NRK 송금과 관련된 대부분의 연구가 거시 경제적 차원에서 케랄라의 사회구조적 변화를 추적하는데 초점이 모아져 왔다(Nair 1998; Prakash 1998; Zachariah et al. 2003). 이들 연구가 지닌 한계는 NRK 송금에 대한 객관적인 수치를 추정치에 근거해 분석하고 있다는 점이다. 물론 이들 연구는 NRK 송금과 케랄라 지역 발전이라는 구조적 변화를 성공적으로 보여주고 있다. 하지만 일부 연구(Osellas 2004; Prakash 1973; Sushanta et al. 2002)를 제외하고 이주와 송금이 케랄라 사회에 미친 미시적 연구는 부족한 상태이다. 문제는 미시적 연구조차 NRK 송금이 개별 가계 변화에 미친 영향을 표본조사를 통한 분석에 의존하고 있어 NRK와 케랄라의 실질적인 연망을 살펴보는데 한계를 보인다는 점이다.

다른 한편으로 NRK에 대한 관심은 이주노동력의 재생산을 위해 다양한 사적 연망을 활용하는 NRK의 전략에 대한 연구에 집중되었다. NRK의 걸프 이주가 보여주는 특징 중의 하나는 이주의 형태가 개인적 차원에서 이루어져 왔다는 점이다. NRK의 절대다수는 케랄라에서의 극심한 빈곤과 높은 실업률을 피하는 한편 가계의 생계를 유지할 목적으로 걸프 지역으로 건너갔다. 이들의 일차 목적은 자신들이 번 돈의 일부를 고향에 있는 집으로 보내 가계를 유지하는 것이었다. 이런 유형의 이주는 '연쇄이주'를 유도해 NRK는 다양한 사적 연망을 통해 걸프로 이주해 갔다. 일반적인 디아스포라와는 달리 '연쇄이주'는 고향과의 유대 관계를 유지해 걸프지역과 케랄라를 하나의 공동체로 엮는 역할을 해 왔다.[1]

NRK에 대한 거시 경제적 차원과 연쇄이주라는 사적 연망의 차원의 연구는 공통적으로 미시적 사례분석 보다는 거시적 또는 일반화된 유형 론에 기초하고 있다는 특징을 보인다. 이는 두 가지 차원에서 문제를 노출하고 있다. 먼저 기존의 연구들이 의존하고 있는 자료들은 공식적 통계수치에 의존하고 있다는 점이다. NRK 송금에 대한 연구는 주로 은행 등 투명한 공식경로를 통해 송금된 내용만 추적하고 있다. 문제는 NRK 송금이 공식 통로 외에도 적지 않은 액수가 사적 또는 비공식적 경로를 통해 케랄라로 흘러 들어오고 있으며 이에 대한 연구가 전무하다는 사실에 있다. 공식적 통계수치를 통한 연구는 구조적 한계를 지니고 있어 송금이 케랄라에 미친 영향력의 단면만을 조명하고 있다. 둘째 NRK 송금 연구는 케랄라주 전체의 구조적 변화 또는 개별 가정의 변화에 초점을 두고 있기 때문에 그 경계에 놓여있는 마을 공동체에 미친 영향에 대한 분석이 부족하다. 2006년에 행했던 두바이 현지조사에서 NRK는 기존의 연구에서 간과되어 왔던 향우회 등 임의단체를 통해 지역(고향) 단위의 사회발전을 꾀하는 한편 조직적인 연망을 쌓고 있는 것을 확인할 수 있었다.

본 글은 NRK가 결성한 임의 단체와 고향의 연망을 통해 비공식적 송금이 고향 발전에 어떤 역할을 하고 있는지를 살펴보는데 있다. NRK가

---

1) NRK 사적 연망의 가장 큰 특징은 '연쇄이주'(chain migration)이다. 연쇄이주의 유형과 사례에 대해서는 장용규(2006)의 논문 "재외인도인의 연망과 공동체 형성" 『국제지역연구』 2006 제10권 제3호 참조. Nair(1998)은 연쇄이주의 유형에 대해 유형별 분류를 시도하고 있다.

결성한 임의단체와 지역 발전에 대한 연구가 부족한 것이 본 연구를 진행하게 된 또 다른 동기이다. 두바이 NRK가 결성한 각종 임의단체는 어려운 이주노동 환경 속에서 자발적으로 기금을 마련해 고향에서 활발한 사회활동을 하고 있다는 점에서 관심을 끌 수 있는 연구 주제라고 볼 수 있다.

본 글은 두바이에서 NRK가 결성한 임의집단 중 Oruma Orumanayoor (이하 '오루마 향우회')와 고향과의 연망을 통해 이들이 벌이는 사회운동에 대한 구체적 내용을 살펴보는데 있다. 아울러 생계유지에도 급급한 NRK가 고향의 발전을 위해 오루마 향우회를 결성하게 된 배경에 대해서도 살펴본다.[2]

II. 두바이 NRK 공동체[3]

1. 두바이 경관

걸프지역의 허브인 두바이는 18세기 경 조그만 어촌에서 시작했다. 1833년 우바이드 빈 사이드(Ubaid bin Said)가 이끄는 바니 야스(Bani Yas) 일가가 정착하면서 시작된 두바이는 1852년 마크툼이 우바이드의 뒤를

---

2) 본 글을 위해 오루마 향우회가 활동 중인 두바이(Dubai)와 케랄라의 오루마나 유르(Orumanayoor)에서 5주간 현지조사를 벌였다. 두바이에서의 현지조사는 2006년 1월 3일부터 23일까지 진행되었다. 케랄라에서의 현지조사는 2007년 1월 6일부터 16일까지 진행되었다.

3) 두바이에서 공식적으로 활동 중인 NRK 관련 단체에 대해서는 Jain, P. C. 2004. *Indians in the United Arab Emirates*. GSP Occasional Paper Series. New Delhi: Jawaharlal Nehru University 참고.

이어 왕조를 세우면서 오늘날에 이르고 있다.[4] 진주채취업과 무역업으로 부를 이룬 두바이는 1966년 첫 유전이 발견되면서 급속도로 성장하기 시작했다. 이후 두바이는 오일달러를 기반으로 근대화 프로젝트를 추진하면서 수많은 노동자를 필요로 하게 되었다. 두바이와 인접한 많은 국가에서 노동자들이 몰려들었는데 그 중에서도 케랄라의 무슬림들이 절대다수를 형성하고 있다.

두바이는 NRK에게 '엘도라도'이다. 두바이는 빠른 속도의 근대화를 담당할 노동력을 필요로 하게 되었고 인도 내에서도 가장 빈곤한 지역 중의 하나인 케랄라 출신인 NRK는 가족생계의 책임을 지고 고향을 떠나 이주노동을 해야 했기 때문이다. NRK가 두바이에 집중하는 이유는 경제적 이유 외에도 두바이에서 주류 사회와 언어적, 문화적, 종교적 동질성을 공유할 수 있다는 장점이 있다. 두바이인들이 사용하는 아랍어와 케랄라인들이 사용하는 우루두어는 의사소통이 가능할뿐더러 이들은 모두 이슬람 문화권에서 살아왔다는 공통점을 지니고 있다.

대부분의 NRK는 현지인들이 기피하는 직종에 종사하고 있다. 이들은 주로 상점점원, 회사직원, 하급경찰 등의 직종에 종사한다. 두바이는 NRK의 체류기간을 3년에서 5년 정도로 제한하고 있지만 대부분의 NRK는 10년 이상 체류하고 있다. NRK의 월평균 수입은 약 2000 디람[5]이며 일반적으로 600디람 정도를 고향에 송금하고 있다. 두바이의 높은 물가에 대처하기 위해 다부분의 NRK는 집단거주를 하고 있다. 20평 남짓한 아파트에 10여명이 공동으로 생활하는 것이 일반적이다.[6]

---

4) 두바이의 역사에 대해서는 Heard-Bey, Frauke. 2004. *From Trucial States to United Arab Emirates*. Dubai: Motivate Publishing과 김경학 외 2006. 『인도인 디아스포라: 경계를 넘나드는 사람들』. 서울: 경인문화사 참고.

5) 1디람은 3.6루피에 해당한다.

6) 두바이 NRK의 생활상에 대해서는 장용규. 2006. "재외인도인의 연망과 공동

2. 두바이 NRK 공동체

NRK가 결성한 임의단체는 독특한 성격을 지닌다. 일반적으로 해외이주사회는 어떤 형태로든 고향의 발전을 위해 기여하려는 경향을 보인다. 하지만 이는 해외이주사회의 물적 환경이 충분히 조성되어 있을 때 가능한 것이다. 대표적인 예가 구자라트 디아스포라이다. 일찍부터 해외에 성공적으로 진출한 구자라트 디아스포라는 막강한 재력을 바탕으로 인도 구자라트에 물적 지원을 해 왔다. 특히 구자라트 디아스포라는 구자라트에 친족 등 구체적인 연망이 형성되어 있지 않은 환경에서도 지역의 사회발전에 기여를 해 왔다.7) 반면 NRK는 생계형 이주자라는 점에서 다른 구자라트 디아스포라와 차이가 있다. NRK는 고향에 남아 있는 가족의 생계를 유지하기 위해 이주를 해 간 노동자가 대부분이다.

2006년 현재 두바이에는 12개의 NRK 공식단체가 있다.8) 본 논문에서 살펴 볼 향우회는 NRK 공식단체가 아니라 같은 고향 출신의 노동자들이 자발적으로 조직한 비공식 단체이다. 비공식 단체는 지역(마을) 단위

체 형성" 김경학 외.『인도인 디아스포라: 경계를 넘나드는 사람들』. 서울: 경인문화사 참고.

7) 대표적인 예가 영국에서 활동하고 있는 BAPS(Bochasanwasi Shri Akshar Purushottam Swaminarayan Sanstha)이다. BAPS는 구자라트인들이 결성한 초국가적 종교단체이다. BAPS는 구자라트와 1차적인 관계(친족, 고향에 대한 동경 등)는 맺고 있지 않지만 구자라트에 NGO를 설치하고 구자라트의 사회발전에 기여하고 있다. 관련 문헌은 이재숙 미발표원고. JaeSook, Lee. 2007. *NRI Network and NGO activities in India*. The International Conference on Globalisation and Diasporas. Chonnam National University. 2007년 5월 11일 참고.

8) www.norka.gov.in/UAE. NORKA는 케랄라 정부가 NRK를 지원하기 위해 개설한 인터넷 사이트이다.

의 조직이거나 같은 대학을 졸업한 동문회의 성격을 띠고 있다. '자선'
의 성격을 강하게 띠고 있다. 이들 조직을 비공식 단체라고 부르는 이유
는 아랍에미리트 정부와 케랄라 정부로부터 공식적인 활동을 승인받지
않았기 때문이다.9) 두바이와 아랍에미리트에 얼마나 많은 비공식 단체
가 연망을 형성하고 있는지에 대한 통계가 나와 있지 않은 것도 이들이
비공식적 집단이기 때문이다. 당연히 이들의 활동은 단체에 속한 회원
들의 구술에 의존할 수밖에 없는 한계가 있었다. 현지조사 기간 동안 두
개의 자발적 집단 연망을 조사했다. 두 자발적 집단은 케랄라의 트리쑤
르(Thrissur)에 있는 오루마(Oruma)출신이 결성한 '오루마 향우회'(Oruma
Orumanayoor)와 말라푸람(Malappuram)의 아리코데(Areacode) 출신 이주노
동자가 만든 '에미리트 아리코데 사회 신탁'(Emirate Areacode Social Trust,
이하 EAST)으로 케랄라 출신 이주민들은 지역(고향)별로 오루마 향우회
나 EAST와 유사한 자발적 집단 연망을 형성하고 있는 것으로 추정할 수
있다.

아리코데 향우회는 아리코데 출신 이주노동자 약 500명이 결성한 향
우회이며 두바이에는 30명 정도가 있다. 1995년 아리코데 출신 인도 국
회의원이 두바이를 방문한 자리에서 조직을 결성할 것을 제안한 뒤 만
들어진 EAST는 이후 10년 간 적지 않은 활동을 해 왔다. 10년간 약 30여
차례의 쿠타이마(kuttaima, 함께 모임)를 가져왔으며 케랄라의 아리코데
에 있는 빈민을 대상으로 의약품을 보내주는 행사를 하거나 아리코데에
있는 학생들에게 장학금을 전달하는 행사를 해 왔다. 기금 운영은 회원

---

9) 두바이에는 두바이 정부의 승인과 지원을 받는 케랄라 관련 단체(주로 이슬
람 단체)가 활동 중에 있다. KMCC(Kerala Muslim Cultural Centre)가 대표적인 경
우이다. 반면 앞으로 살펴 볼 오루마 향우회나 EAST는 정부의 지원을 받지 않
은 순수 민간단체이다.

으로부터 월 10디람 씩을 받아 이 돈을 적립한 뒤 아리코데에 있는 지역
발전위원회와 상의해 기금을 사용해 왔다. 아리코데 향우회와 연계활동
을 하는 지역발전위원회는 MYSUS(Muslim Youth Social Education Society),
YMA(Youth Muslim Areacode; Mujaheedin 산하 단체), YMB(Youth Muslim
Bureau; 사회주의 정당 산하 단체), SYS(Sunni Yuvajana Sangam) 등이 있는
데 이들은 무슬림 종교단체와 사회주의 성격을 띠는 것이 특징이다.

이 네 단체에서 지역 발전에 필요한 재정지원 신청서를 올리면 월례
회의에서 이를 면밀히 검토한 뒤 지원방향을 승인하게 된다. 기본적으
로 두바이 정부는 정치, 종교 색을 띠지 않는 단체 활동에 대해 관용적
인 태도를 보여 왔다. 따라서 오루마 향우회나 EAST같은 비공식 사회자
선단체는 두바이와 케랄라 정부로부터 공식적인 재정지원은 없겠지만
자발적 기금을 통해 조직을 운영해 나가고 있다.[10]

Ⅲ. 오루마나유르(Orumanayoor) 경관과 NGOs

1. 케랄라, 코코넛의 왕국: 그리고 '작은 걸프'

케랄라는 인도 반도의 서쪽에 위치한 말라바르 해안을 따라 약 남북

---

10) EAST는 지난 1년간 활동을 중단했었다. 이유는 내분에 있었다. 회장으로 있는
압두라만(Abduraman)이 작년에 아리코데를 방문한 뒤 EAST의 활동을 개인의
치적으로 선전하고 다니면서 에미리트에 있는 EAST회원들의 반발을 샀던 것
이다. 압두라만은 아직까지 고향에 머물고 있는데 압두라만의 회장직을 박탈
할 것인지에 대한 논의와 함께 EAST의 활동을 계속할 것인가의 문제 등을 놓
고 갑론을박을 벌여왔다. 결국 EAST는 다시 조직을 정비하기로 하고 올해부
터 활동을 재개했다.

으로 567km, 동서로 30~120km 가량에 걸쳐 길쭉하게 펼쳐져 있는 주이다. 북쪽으로 카르나타카 주, 동남쪽으로 타밀 나두 주와 경계하고 있으며 서쪽은 아라비아해와 접해 있다. 따라서 예로부터 해안 농업과 어업, 해양을 이용한 중장거리 교역에 종사하는 인구가 많았다. 전체 면적은 38,863㎢이며, 인구는 2001년 현재 31,838,619명으로 추정하고 있다. B.C. 3세기 경 케랄라푸트라라고 알려진 독립왕국의 존재에서 기원이 된 케랄라는 기원전 3세기경에 북쪽으로부터의 힌두교 전파와 A.D. 7~8세기경에 아랍 상인들에 의한 이슬람교 전파, 그리고 18세기 유럽의 기독교 전파의 영향을 받아 세 종교가 공존하는 독특한 양상을 보여준다. 크고 작은 군주들의 치열한 영토싸움이 지속되어 오던 1498년에 포르투갈 인들이 캘리컷에 상륙하면서 인도에서 가장 먼저 유럽인이 발을 들여 놓은 지역이 되었다. 이후 17세기에는 네덜란드인들이 포르투갈을 몰아내었으며 1790년 영국의 속령이 되었다. 1947년에 인도가 독립을 하면서 트라방코르코친주가 되었으며 지금의 케랄라는 1956년에 말라얄람어를 쓰는 여러 지역을 포함해서 인도의 한 주로 지정되었다. 인도에서 인구밀도가 가장 높은 주(1평방km 당 650명)인 케랄라는 다인종적 분포를 보여준다. 거주민의 절대다수가 드라비다인이지만 산악사회 가운데 몇 사회는 니그로의 특징을 나타내며 다른 사회는 스리랑카로부터 이주해 온 유랑민이 포함되어 있다. B.C. 3세기경에 북쪽에서 온 아리아인의 혈통도 일부 남아 있다. 케랄라인의 대다수는 힌두이지만 무슬림과 기독교인도 소수 집단으로서 상당한 영향력을 행사하고 있다. 케랄라는 여전히 1차 산업인 농업이 중심을 이루고 있다. 주민의 대부분이 지금까지 고무·커피·차·후추·카르다몸·카슈 등의 상품작물을 통해 외화를 벌어있으며 전체 경제수입의 40% 가량을 차지한다. 이밖에도 식용가축과 어업을 통한 재정수입이 짭짤한 편이다. 풍부한 삼림에서 나오는 대나무, 목재, 펄프, 숯, 고무, 수지뿐 아니라 티크와 자단(紫檀) 같은 중요한 산업 원료들이 생산되는 등 풍부한 천연자원을 활용한 산업이 발달되어 있다. 코코야자 섬유와 카슈 가공 또는 직조 같은 가내공업에는 노동자의 3/5 가량이 고용되어 있다. 케랄라는 인도에서 교육수준이 가장 높은 주이다. 문자 해독률이 남성 75%, 여성 65%에 이른다. 여성은 상대적으로 높은 사회적 지위를 누리고 있다. 케랄라에는 약 50개의 공예·산업 기술훈련기관이 있으며 4개의 종합대학교와 100개 이상의 예술·과학대학교, 약 30개의 전문대학교가 있다. 특히 수 세기 동안 동·서양과 접촉해서 풍부해진 문화적 요소들이 케랄라의 문화유산을 풍부하게 하고 있다. 흥미로운 사실은 전통적으로 사회주의 정부가 강세를 보여 온 탓에 교육과 보건, 의료 분야에 대한 투자가 높아 케랄라의 인간개발지수(HDI)는 인도의 평균치를 훌쩍 웃돈다는 점이다. 바로 이 두 가지 조건이-높은 실업률/낮은 국민소득과 높은 인간개발지수-케랄라를 해외이주노동자를 가장 많이 내보내는 주요 요인이다.

2. 오루마나유르 경관

오루마나유르[11]는 케랄라 주 트리쑤르에서 북쪽으로 약 100km 떨어진 작은 마을이다. 2001년 기준으로 오루마나유르의 인구는 11,778명으로 이 중 남자가 5278명, 여자가 6500명으로 기록되어 있다.[12] 오루마나유

---

11) 오루마나유르의 기원에 대해서는 두 가지 설이 있다. 하나는 현재의 오루마나유르에 이웃한 차바가트(Chavakkad)와 체투바(Chettuva)에 99명의 마나(Mana)가 살고 있었는데 100명을 만들기 위해 단 한 명(Oru)의 마나(Mana)가 정착할 땅(Yoor)이 필요했다는 설과 술탄 티푸(Tippu)에 의해 마나 세력이 무너지면서 유일하게 살아남은 마나가 이곳으로 도망 와 정착하면서 '유일한 마나의 땅'(OruManaYoor)이 되었다는 설이 그것이다.

르 판챠야트의 추정에 의하면 이 중 20% 정도가 걸프지역에 나가 있을 것이라고 한다. 걸프에 나가있는 사람의 절대다수가 성인남성이므로 대략적으로 성인남성의 절반가량이 걸프에 나가 있는 것으로 보인다. 오루마나유르를 '작은 걸프'라고 부르는 이유가 여기에 있다.

오루마나유르의 면적은 약 50만 ㎢ 정도이며 이 중 약 70% 정도가 코코넛 농장이다. 코코넛이 주된 농산물이며 오루마나유르 일대에 약 81,000군데의 코코넛 농장이 있다고 한다(450 헥타르). 농장 당 평균 30여개의 코코넛 나무가 있다고 볼 때 전체적으로 243,000여 그루의 코코넛 나무가 있다고 추정하고 있다.[13] 오루마나유르에서 서부지역이 가장 비옥해 코코넛 재배가 활발히 이루어지고 있지만 요즈음 사람들이 집을 짓거나 다른 용도로 땅을 사용하는 경우가 늘면서 코코넛 재배가 줄어들고 있다.

오루마나유르는 무슬림 사회이다. 정확한 종교별 신자 수에 대한 정보는 불가능하지만 무슬림이 90% 이상일 것이라는 것이 마을 사람들의 주장이다. 힌두의 경우 나야르(Nayar)가 지정카스트(Scheduled Caste)는 2574명으로 전체 힌두인구의 22% 정도를 차지하고 있다.

오루마나유르는 작은 마을이기 때문에 마을에서 일자리를 구하는 것은 무척 어렵다. 대부분의 사람들이 오루마나유르에 인접해 있는 챠우가트 등에서 일을 한다. 급여수준은 직종에 따라 다르다. 예를 들어, 가구공의 경우 일당 200루피, 잡일을 하는 '쿨리'의 경우 일당 150루피, 나무꾼의 경우 일당 250루피이다. 평균적으로 남성의 경우 일당 150~175루피, 여성의 경우 80~100루피를 받는다.

이주노동이 불러 온 변화중의 하나는 텃밭문화이다. 과거에는 집집마

---

12) 2007년 1월 15일 오루마나유르 판챠야트(Panchayat)에서 수집한 정보.
13) Block Panchayat Office(Agricultural Department) 자료.

다 부엌 뒤에 작은 텃밭이 있어 필요한 야채를 직접 길러 먹었지만 걸프 바람이 불고 생활이 윤택해 지면서 그런 풍습이 사라지고 있다. 특히 집안일을 하는 여자들이 텃밭을 가꾸는 것 보다는 TV와 라디오를 듣는데 많은 시간을 보내고 있다. 바수씨가 어렸을 적에 전기도 들어오지 않았고 라디오도 판챠야트에만 있었다고 한다. 저녁 무렵에 판챠야트 앞에 모여 뉴스를 듣고 음악을 듣는 것이 즐거움이었다. 바수씨 집에 전기가 들어 온 것은 1982년경이었다. 이전에는 아주 부유한 사람만 전기를 쓸 수 있었지만 1970년경에 사람들이 걸프지역으로 이주노동을 떠나면서 보편화되었다. 특히 걸프지역에서 일하다 고향을 방문하는 이주 노동자들이 오디오 세트를 사가지고 오는 것이 유행하면서 집집마다 라디오를 갖게 되었다고 한다.

가옥형태는 양극화 현상을 뚜렷이 보여준다. '전통'적으로 오루마나유르 사람들은 '올라 비두'(Olla Veedu)라고 부르는 가옥에서 살아왔다. 올라비두는 코코넛 나무(Olla)로 지은 집(Veedu)이라는 뜻으로 일대에서 흔하게 구할 수 있는 코코넛 잎을 엮어 지붕을 이은 것이다. 이 가옥은 건축비는 적게 들지만 주기적으로 지붕을 갈아주어야 하는 불편함이 있다. 1980년대 이후 걸프에서 돈이 들어오면서 벽돌과 시멘트로 지은 서구식 집이 들어서기 시작하고 있다. 서구식 집은 걸프 지역에서 흔히 볼 수 있는 저택의 외형을 본 딴 것으로 단지 규모가 축소된 모양을 띠고 있다. 가옥형태는 외형적으로 누가 걸프에 이주노동을 나가 있는지를 파악할 수 있는 가시적 기준이다.

오루마나유르의 특징 중 하나는 빈민지원단체가 많다는 점이다. 마을이 가난하기 때문이기도 하겠지만 정치조직과 종교단체 등을 중심으로 많은 빈민지원단체가 활동하고 있다. 예를 들어, 종교별로 무슬림의 경우 마할이 활동하고 있으며 기독교에도 기독교 복지단체가 있어 활발한 활동을 하고 있다. 힌두들도 빈민지원단체가 있지만 문제는 이들이 자신들이 속한 카스트 출신을 지원대상으로 한다는 점에서 제한적이다. 반면 무슬림이나 기독교인은 사회계층이나 계급을 초월해 빈민지원단체를 운영한다.

3. 오루마나유르 사회단체의 활동

케랄라는 사회주의 정당인 CPI(M)이 오랫동안 집권정당을 유지해온 대표적인 주이다. 오루마나유르의 판챠야트(Panchayat)도 집권정당인 CPI(M)에서 2005년에 임명한 비잔(K.K.Vijan, 30)이 임기 중에 있다. 판챠야트는 주된 임무는 세금을 걷는 일과 연금을 지급하는 일이다. 사회복지제도가 상대적으로 잘 되어 있는데 특히 다양한 빈민지원제도를 운영하고 있다. 연금의 경우 과부, 65세 이상 아들이 없는 노인, 장애인, 농민, 50세 이상 미혼자에게는 월 120루피를 지원하고 있다. 또한 35세 미만 고등학교 졸업자 중 실업자에게 월 110루피를 실직수당으로 지급하고 있다. 이밖에도 과부의 딸이 결혼할 경우 5,000루피, 교육지원금, 빈민용 주택보조금 35,000루피 등을 지원하고 있다. 땅이 없는 빈민의 경우 3센트(cents; 100센트는 1에이커에 해당)의 토지를 무상제공하고 있다. 역시 CPI(M) 산하 단체인 BPO(Block Panchayat Office)에서는 케랄라 농업부(Dept. of Agriculture)의 지원으로 비료를 지원해주는 프로젝트를 진행 중에 있다. C.B.F.S.(Coconut Based Farming System)는 1년에 농장에 10루피를 화학비료 비용으로 지원하는 제도이다. 보통 농장에 필요한 화학비료가 15루피라고 볼 때 비료 값의 2/3정도를 지원하고 있다고 볼 수 있다. '유기농 씨앗제도'는 유기비료 지원금으로 역시 농가당 10루피를 지원한다. 유기비료는 농장마다 한 해에 약 20루피 정도가 필요한데 이

중 절반을 지원한다. 농장주에게 전기를 무료로 공급해 주는 '무료전기 사용과 세금면제'제도도 운영 중이다. 다만 위의 지원대상은 5에이커 미만의 소농에 적용된다는 제한조건이 있다. 해 마다 약 300 명 정도의 농장주가 지원 신청을 해 온다고 한다. 이외에도 화훼작물재배계획 (Flowering cultivation scheme)이 있는데 이는 비닐하우스를 이용해 난 등 의 화폐작물을 재배하고자 하는 농민을 돕는 제도이다.

오루마나유르에는 사회주의적 사회활동 못지않게 종교공동체도 활발 한 사회활동을 벌이고 있다. 대표적인 단체가 이슬람 공동체인 '마할' (Mahal)이다. 빈민구제가 목적인 오루마나유르의 마할은 오루마나유르 북부, 남부와 타이카다부(Thaikkadavu) 마할 등 3개 조직으로 구성된다. 각 마할은 평균적으로 430여 가구를 관할하고 있으며 독립적으로 활동 하지만 케랄라 마할 중앙위원회에 모든 사항을 보고하도록 되어 있다. 마할이 수행하는 대표적인 일 중의 하나는 무슬림 결혼을 승인하는 것 이다. 결혼할 남자와 여자가 마할에 찾아 와 서류를 작성하고 결혼 뒤 결혼 증명서를 발급(50Rs)하는 것이 주된 일이다. 이 결혼 증명서는 국 가에서 공인하는 것으로 이것을 바탕으로 여권을 발급받을 수 있는데 특히 걸프지역에서 일하고 있는 남편이 아내를 불러들이기 위해서는 이 결혼증명서가 반드시 필요하다.

오루마나유르에 이웃한 챠우가트(Chawgaat)에 마나탈라(Manatala) 사원 이 있는데 이 모스크에서 이 지역의 마할을 관할한다. 예를 들어, 북부 오루마(남편)과 남부오루마(아내)가 이혼[14]을 할 경우 양쪽 마할의 위원 회 멤버들이 같이 모여 위자료 지급 문제 등을 상의한다. 특히 결혼을

---

14) 무슬림 여자가 이혼을 원하는 경우 이를 파스크(fask)라고 하고 남편이 원하는 경우를 탈락(Talaq)이라고 한다. 주로 여자가 이혼을 원하는 경우는 남편이 남 편의 역할을 소홀히 할 경우이다.

할 당사자들은 마할의 중재로 마하리 돈(Mahari money)¹⁵⁾의 액수를 결정
한다. 마할의 주된 수입원은 묘비(Mizan stone)를 세우는 명목으로 500루
피, 결혼증명서 발급 50루피와 매달 회비(빈민층은 10루피, 중산층 이상
은 20루피), 문화 행사 수입 등이 있다. 이외에도 모스크가 소유하고 있
는 5 에이커 크기의 농장에서 재배한 코코넛 판매대금이 기금으로 활용
된다.

　빈민층 자녀가 결혼할 때 마할에 결혼자금을 신청할 수 있다. 마할 위
원회는 신청서가 들어 온 7일 이내에 위원회를 열어 결혼자금 모금을
시작한다. 위원회는 5인의 대표를 선정해 이들이 회원들의 집을 돌면서
회비를 걷어 신청자의 결혼자금을 지원하는데 일반적으로 15만 루피 정
도를 지원한다. 마할은 두바이와 아부다비, 카타르와 사우디아라비아에
도 사무실이 있어 활동하고 있다. 걸프에 있는 조직은 정기적으로 송금
하지 않고 신청서가 들어 올 때 마다 심사를 한 뒤 지원여부를 결정한
다. 또 걸프에 있는 부유한 무슬림은 희사(Zakat)를 하는 경우도 있다.

　마할을 비롯한 모든 무슬림 단체는 1978년에 등록되었다. 마할은 상
위기구인 케랄라 와카프 위원회(Kerala Wuakaf Board)에 매년 결산보고를
해야 한다. 와카프 위원회는 준 정부기구로 케랄라 내의 모든 무슬림 관
련 기구를 관장하는 기관이다. 와카프 위원회는 운영을 위해 하부 마할
로부터 이월 자금의 2% 정도를 거둬들이고 있다. 타이카다부 마할의 경
우 해 마다 300~350루피 정도를 내고 있다.

　바수씨에 의하면 오루마나유르에서 지역민 사이에 상부상조는 일반
적인 일이라고 한다. 한 사람이 다른 사람에게 노동력을 제공한다는 것
은 단순히 고용－피고용의 관계 이상을 의미한다는 것이다. 이는 단순

---

15) 마하리 돈은 결혼 시 남편이 아내에게 이혼시 지급해야 할 위자료를 명시하는
　　행위이다.

노동력을 제공한다는 차원을 넘어 서기 때문에 어려운 일이 있을 때 집주인이 어떤 형태로든 도움을 주는 것은 당연한 것이라고 말한다.

IV. 오루마 향우회(Oruma Orumanayoor)

1. 오루마 향우회의 설립과 이념: 두바이의 시각

오루마(Oruma)는 오루마나유르(Orumanayoor) 출신 NRK가 결성한 향우회이다. 현재 결성되어 있는 오루마에는 아랍에미리트 전역에 걸쳐 6백 명이 가입해 있으며 그 중 두바이에 거주하는 회원은 175명이다. 이 중 힌두 4명, 기독교인 5명을 제외한 166명이 무슬림이다.

오루마는 2002년에 결성되어 현재 5년 째 활동을 하고 있다. 오루마의 조직은 회장 1인(Naser), 부회장 2인(Sunny, Hamsu), 사무국장(General Secretary) 1인, 부사무국장(Joint Secterary) 2인, 위원(executive member) 33인으로 구성되어 있으며 매 달 한 차례 위원회 모임을 갖고 있다. 이외에도 6개월에 한 차례씩 전체 회원의 친목 모임을 갖고 있다. 현재 회장은 나세르(Naser, P. M.; Sharjah 무슬림)이며 부회장으로 서니(Sunny, T. V.; 두바이 기독교인)와 함수(Hamsu, P.; Abu Dhabi 무슬림)가 맡고 있다. 오루마는 철저하게 회원제로 운영되며 해마다 50디람의 회비를 납부해야 한다. 행사는 부정기적으로 열리며 2005년 12월 2일에 전체 모임이 있었고 올 2월 17일에 다시 모임이 있었다. 이들이 주로 하는 일은 트리쑤르에서 이주해 온 노동자들의 어려움을 돕는 일이다. 트리쑤르 이주민의 구직을 도와주는 일이 주된 역할이며 자신들이 모은 기금을 고향의 발전을 위해 부정기적으로 지원한다. 예를 들어, 교육/의료 활동에 필요한 일정 기금을 보내는 것이 주 역할이다. 이를 위해 오루마는 트리쑤르에 사무실을 두고 있다. 사무실에는 두 명의 직원이 근무하면서 지역 발전에 필요한 지원책을 강구한다. 여기에서 올린 보고서의 타당성을 면밀히 검토한 뒤 지원을 하게 된다. 지난 해(2005) 3월에는 9만3천 루피를 송금해 100여 명에 달하는 가난한 중고등학생의 등록금을 지원했다(고등학생 1200루피; 중학생 1000루피). 이처럼 개학일과 신년 등 중요한 시기에 자금을 지원하고 있다.

오루마는 사회주의적 성격이 짙은 향우회이다. 이는 케랄라 정부가 전통적으로 사회주의 성격을 강하게 띠고 있어서 이기도 하겠지만 오루마의 활동 영역을 볼 때 사회주의적 이념과 종교적 인본주의가 바탕에 깔려 있음을 알 수 있다. 오루마의 부회장 서니는 '종교와 인종을 초월해 인본주의에 기초한 사회집단'이라는 말로 단체의 성격을 표현한다. 오루마의 낙후된 사회구조를 개선하기 위한 지원활동을 기본 목표로 삼고 있는 오루마는 크게 3가지 목표를 갖고 있다. 먼저, 교육지원이다. 이렇게 진행된 프로그램은 고등학생에게 1500루피, 중학생에게 1000루피씩을 지원하며 2005년 3월에 120명의 학생에게 지원금이 지급되었다. 오루마 회원은 개인별로 고향에 있는 극빈층 학생을 한두 명씩 지원하는 프로그램을 운영하고 있다. 부회장인 서니의 경우 2명의 어린이를 2년째 지원하고 있다고 한다. 지난 2004년 오루마에서 가뭄으로 인해 물 부족 문제가 일어났을 때 오루마 향우회는 물탱크를 빌리는 자금으로 10만 루피를 제공하기도 했다.

두 번째로 관심을 끄는 프로그램은 집단토지계획(Community Land Project)이다. 이 프로그램은 향우회에서 의욕적으로 준비하고 있는 프로그램이다. 현재의 계획으로는 1~2년 사이에 오루마에 있는 판챠야트(지역위원회)와 협의를 거쳐 오루마 향우회 명의로 토지를 구입한 뒤 빈농에게 3

센트(cents)16)씩을 무상으로 제공하는 것을 골자로 한다. 아직은 담론적 수준에 그치고 있지만 오루마 향우회는 이 프로그램을 의욕적으로 추진 하기 위해 관련기금을 착실히 모으고 있는 중이다. 이밖에도 회원 중 미 혼자가 결혼을 할 경우 회원들이 의무적으로 100디람을 갹출해 지원하 는 제도도 있다.

향우회의 활동을 위한 기금은 크게 세 단계의 과정을 거쳐 모아진다. 먼저 회비에 의존하는 방법이다. 회원들은 연 50디람씩의 연회비를 납 부한다. 해마다 600명의 회원으로부터 걷는 회비가 3000디람 적립되는 데 이것이 사회활동을 하기 위한 종자돈 역할을 한다. 하지만 이 금액으 로 사회사업을 하기에는 턱없이 부족하기 때문에 회원들은 다양한 사회 활동에 참여한다. 그 중 대표적인 것이 헌혈활동이다. 오루마 회원들은 두 달에 한 번 꼴로 알 와살 병원(Al Wasal Hospital)에서 헌혈을 하는데 두 번째 헌혈부터는 병원으로부터 한 번에 200디람씩 돈을 받는다. 헌 혈의 대가로 받은 돈은 그대로 향우회 재정으로 적립된다. 회비와 헌혈 이 정기적인 수입원이라면 문화프로그램은 비정기적인 수입원이다. 오 루마 향우회는 케랄라 노래와 춤, 공연 등을 기획하고 무대에 올려 그 수입금을 기금으로 적립하고 있다. 2005년 9월에는 케랄라에서 공연 팀 을 데려와 공연을 한 수입금 5만 디람을 적립하기도 했다.

2. 오루마 향우회의 사회 활동

오루마 향우회의 대표적 활동은 빈민지원이다. 두바이 오루마 향우회 는 고향의 빈민지원을 위해 2006년 1월에 오루마나유르에 사무실을 열

---

16) 1센트(cent)는 42 야드에 해당한다.

었다. 두 평 남짓한 사무실에는 직원 1인이 상근하며 두바이 오루마 향우회와 고향 사이에 연락을 맡고 있다. 사무실의 주된 일은 사무실로 찾아오는 기금신청자의 신청서를 받아 신청자의 적합성 여부를 조사하는 일이다. 바수(Vasu)씨는 상근직원은 아니지만[17] 오루마 사무실을 실질적으로 운영하고 있는 퇴직 걸프이주노동자이다. 바수씨의 말에 따르면 빈민 기금신청자는 사무실을 개소한 첫 해에 약 50건 정도가 접수되었다. 이들에게 모두 지원을 해 주면 좋겠지만 자신들의 기금을 가지고는 어림도 없다. "오루마는 아랍에미리트에 체류하고 있는 회원들이 두 달에 한 번씩 헌혈을 해서 모은 돈으로 가난한 지역민을 돕는 단체이다. 이 돈을 헛되이 쓸 수 없다"라는 것이 바수씨의 설명이다. 따라서 바수씨는 신청서를 면밀히 검토하고 신청자의 재정 상태와 신청서 적합 여부를 일일이 조사해 신청서 이면에 적합성 여부를 표시한다. 이 신청서는 두세 달에 한번 꼴로 고향을 방문하는 오루마 향우회 회원이 아랍에미리트로 가져가 심의를 거쳐 선정한다.

지난 한 해에 54건의 신청자를 접수해 18가구에 총 36000루피(가구당 평균 2000루피)를 지원했다. 18가구 지원 내용은 건축/개축(9건), 의료비 지원(4건), 결혼자금 지원(3건), 장애아 지원(2건) 이었다. 오루마 사무실이 활동을 본격적으로 시작하면서 올 해에는 벌써 한 달 사이에 주택건축 신청서 6건, 의료지원 신청서 11건, 결혼자금지원 신청서 3건 등 총 20건의 신청서가 들어와 있다. 신청서가 들어오면 바수씨는 신청일지에 기록을 하고 실사를 나간다. 다음은 T.A.Subadra 부인의 신청서 내용과 바수씨의 실사내용이다.

---

17) 상근직은 바수씨의 아내 바살라(Vasala) 부인이 맡고 있다. 오루마나유르에서 영어를 구사할 수 있는 여성 직원을 구하기가 힘들어 바수씨의 아내가 직원으로 일하고 있다. 임금은 월 1000루피라고 한다.

주택 개축 신청서
신청자: 수바드라(T.A.Subadra, 여성) 구역 4/149
신청일: 2006년 11월 24일

제 남편과 저는 직업이 없는 늙은이입니다. 우리는 음식을 사먹을 돈도, 약을 사먹을 돈도 없습니다. 우리가 살고 있는 집은 집이라고 하기에는 너무 초라하고 부실합니다. 이웃에게서 오루마 향우회가 가난한 사람들을 돕고 있다는 이야기를 들었습니다. 우리는 먹고 살기 위해서 돈이 필요합니다. 그런데 우리를 도와 줄 사람이 아무도 없습니다. 제발 우리를 위해 무언가를 좀 해 주세요.

<발라씨의 첨언>
신청서에 언급된 것처럼 수바드라 부인과 남편은 노부부입니다. 수바드라 부부는 현재 살고 있는 집 옆 편에 작은 집을 새로 짓고 있는 중입니다. 작업은 약 50% 정도 진행되었다고 보여 집니다. 수바드라 부인의 남편은 직업이 있었지만 질병으로 인해 일을 하지 못하고 있습니다. 수바드라 부인 역시 일을 하지 않고 있습니다. 여기까지는 신청서 내용과 동일합니다. 그런데 신청서에서 수바드라 부인은 어느 누구로부터도 도움을 받지 못하고 있다고 말했습니다. 이것은 사실이 아닙니다. 수바드라 부부는 아들이 있습니다. 아들은 오토릭샤 운전사이고 지금도 일을 하고 있습니다. 저는 이 사실을 확인하고 중앙위원회에 최종 결정권을 넘깁니다.

발라크리슈난 부인의 경우 두 딸이 2년 연속 교육지원금을 받았다는 증거가 있어 자금 지원이 거절되었다. 넉넉지 않은 기금에서 이중혜택을 줄 수 없다는 것이 오루마 향우회의 기본 입장이기 때문이다. 향우회 초창기에는 신청지원대상자에게 5000루피씩 지원을 해 왔다. 하지만 보다 많은 사람에게 골고루 혜택을 준다는 취지아래 현재는 최소 2000루피를 지원하고 있다.

<사례 1>

크리슈난(45)은 일정한 직업이 없는 일용노동자이다. 크리슈난은 지체장애자 남매를 둔 가장으로 판챠야트에서 지원하는 지체장애 자녀 교육비로 연간 500 루피를 지원받고 있다. 하지만 자녀들이 학교에 다니기에 충분치 못한 지원금이다. 지체장애 자녀들이 학교에 다니기 위해서 월 천 루피 정도의 교통비가 필요하지만 엄두도 내지 못할 상황이었다. 크리슈난의 경우 부모님은 모두 돌아가시고 4형제가 함께 살았는데 현재 크리슈난은 자녀 둘, 아내와 역시 지체장애자인 여동생, 남동생과 남동생 가족, 막내 남동생이 함께 살고 있다. 모두 고정 직업이 없어 수입이 일정치 못한 형편이다. 크리슈난씨는 2005년 이웃의 소개로 오루마 향우회로부터 2천 루피의 지원금을 받았다.

<사례 2>

비란 챤드리카(52, 여)는 4년 전에 폐렴을 앓고 있던 남편을 여의고 아들과 딸 둘과 함께 살고 있다. 아들(28)은 자동차 정비소에서 일을 하고 있으며 막내 딸(24, 재봉사)은 집에서 재봉일을 하고 있고 둘째 딸(26)은 집안일을 맡아 하고 있다. 비란은 직업이 없어 고정수입이 없으며 식구 중 세 명이 일하면서 버는 돈은 한 달에 약 2500~3000루피 정도이다. 남편은 8년 전부터 폐렴에 걸려서 일을 전혀 하지 못하다가 사망했다. 혼기에 찬 딸을 시집보내는데 경제적 어려움이 있던 중 이웃으로부터 오루마 향우회에 대해 듣게 되었고 지난해에 딸의 결혼자금 지원을 신청했다. 비란의 사위는 결혼 당시 비란에게 현금 10000 루피와 약 90g의 금을 요구했다. 금 10g이 8000 루피 정도였으므로 금값만 80000 루피가 되었다. 결국 결혼 지참금만 90000 루피의 돈이 필요했다. 비란은 오루마 향우회에서 2000 루피를 지원받았고 자신이 일을 해 주고 있던 집에서 15000 루피, 판챠야트 등 여러 사회단체로부터 결혼지원금을 지원받아 딸의 결혼식을 무사히 치를 수 있었다.

오루마 향우회는 교육지원에도 적극적이다. 오루마 향우회는 현재 지역별로 3개의 초, 중, 고등학교를 지원하고 있다.[18] 세 학교 모두 사립학

---

18) 북부 오루마나유르의 A.M.L.P. School, 중부 오루마나유르의 A.U.P.School, 남부 오루마나유르의 Islamic Vocational Higher Secondary School이 지원 대상 학교이다.

교이지만 선생들의 월급은 정부에서 지원받고 있다. 이슬람직업고등학교(Islamic Vocational High Secondary School)의 경우 1979년도에 설립되어 현재 고등학교(High Secondary School, Standard 8~10)와 직업고등학교(Vocational Higher Secondary School)로 구분되어 있다. 학교는 오루마나유르의 '무슬림 교육센터'(Muslim Educational Centre)에서 운영하고 있지만 선생과 학생 모두 종교에 제한을 두지 않는다. 현재 High Secondary School에는 500명의 학생과 26명의 선생이 있으며 Vocational Higher Secondary School에는 100명의 학생과 7명의 선생이 있다. 이 학교는 지난 2004년부터 오루마 향우회의 지원을 받기 시작했는데 학생들의 집안사정을 잘 아는 선생들이 약 50명의 지원 대상 학생을 선발한다.[19] 지난해에 지원해 준 학생은 275명으로 125명을 지원했던 2005년에 비해 150명이 증가했다.

　오루마 향우회가 추진하고 있는 핵심 사업은 '공동체 토지 프로젝트'(Community Land Project)이다. 아랍에미리트 오루마 향우회는 오루마나유르에 토지를 구입해 빈민들에게 무상 제공한다는 계획을 실천 중에 있다. 구체적으로 오루마 향우회는 적정한 지역에 토지를 구입한 뒤 3층 건물을 짓고 오루마 향우회 사무실과 직업 훈련소를 운영한다는 방침이다. 여분의 토지에는 20여 개의 주택을 지어 빈민들에게 제공하겠다는 계획이다. 주택은 무상으로 지원하며 거주민이 원하는 동안 살 수 있도록 편의를 제공할 계획이다. 이를 위해 이미 7만5천 루피를 기금으로 마련해 놓았다. 문제는 토지의 선정문제이다. 특히 오루마나유르에 속한 12개 구역에 살고 있는 빈민을 골고루 지원하기 위해 토지를 한 지역에 일괄 구입하는 것 보다 오루마나유르의 세 곳 정도에 나누어 토

---

19) 어부와 '지정카스트'(Scheduled Caste)의 자녀는 판챠야트에서 연 250루피 정도의 지원금을 받고 있다.

지를 구입하는 방안을 검토 중이다. 또 다른 문제는 급등하는 오루마나
유르 토지가격 문제이다. 오루마나유르를 관통하는 도로가 고속국도로
지정되면서 도로변 토지 가격이 급상승하고 있어 접근이 용이한 지역에
서 필요한 토지를 구입하는데 이미 준비된 자금을 넘어서는 가격이 형
성되는 것이 문제이다. 하지만 오루마 향우회는 자신들의 핵심 사업인
만큼 이 프로젝트를 계속 추진 중에 있다. 현재 6개월째 적정한 토지를
물색하고 있다.

3. 사회주의, 종교적 이상과 오루마 향우회

세계에 퍼져 있는 NRI는 다양한 연망을 통해 고향과의 유대를 유지
하고 있지만 오루마 향우회처럼 노동자 계층이 자발적으로 향우회를 형
성해 고향의 빈곤퇴치에 적극적으로 참여하는 사례가 보고된 바가 없
다. 특히 NRK는 생계 유지형 이주노동자인 관계로 봉급의 절대금액이
노동자 개인의 가족 생활비로 충당된다. 따라서 이들은 여가활동을 통
해 향우회 기금을 마련해 왔다. 그렇다면 NRK가 향우회를 조직하게 된
배경은 무엇일까? 그 배경에는 사회문화적 환경과 역사적 요인 등이 복
합적으로 작용하고 있는 듯하다.

먼저 NRK의 주된 기금모금 행위가 독특하다. NRK의 대표적 기금모
금은 헌혈을 통해 이뤄진다. 두바이에 있는 오루마 향우회 회원은 알 와
살 병원(Al Wasal Hospital)에서 정기적으로 헌혈을 한다. 처음 두 번은
무료로 헌혈을 하지만 세 번째 부터는 200디람을 받는다. 보통 세 달에
한 번씩 헌혈을 하는데 2005년 12월에는 165명이 헌혈에 참여했다. 2004
년 헌혈 운동에 참여한 사람은 모두 165명으로 이 중 신입회원 20명을
제외한 145명으로부터 29000디람이 적립되었다. 이 돈은 고향인 오루마

나유르의 빈민들의 주택건축이나 결혼, 교육, 의료 등에 들어가는 비용에 충당된다.

이처럼 '피의 돈'을 고향발전 기금으로 축적해 온 향우회의 사례는 찾아보기 힘들 것이다. 이는 오루마 향우회 회원들이 철저하게 인본주의적 태도를 지니고 있기 때문으로 보인다. 주요 정보제공자였던 바수 씨는 오루마 향우회는 "종교를 초월한, 정치를 초월한 인본주의적" 이상을 추구한다고 주장한다.

오루마 향우회의 설립 배경을 순수하게 인본주의적 관점에서만 해석할 수 있는 문제는 아니다. 향우회의 형성배경에는 오루마나유르 주민들의 사회문화적 배경과 역사적 체험이 담겨있기 때문이다. 사실 오루마 향우회는 오루마나유르 출신 NRK가 결성한 유일한 향우회 조직이 아니다. 아랍에미리트에 있는 오루마 향우회 회장인 서니의 경우 오루마 향우회 외에도 자신이 졸업한 대학동창회 모임인 스리 케랄라 바르마 대학 졸업생(Sree Kerala Varma College Old Students Association) 모임을 결성하고 있다. 이 단체는 동창가족 모임과 문화 프로그램, 운동회 등을 통해 친목을 도모하는 한편 대학 발전을 위한 기부와 장학금 지급을 목표로 한다. 또한 고향의 교육시설 개선과 빈민구제 기금을 제공하고 있다. 마찬가지로 오루마나유르 마할도 아랍에미리트에 지소를 두고 NRK의 참여를 적극적으로 유도하고 있다.

오루마나유르 주민들은 사회주의와 종교(특히 이슬람)에 기초한 공동체주의를 체득하고 있다. 이들의 이슬람식 형제애(Umma)와 사회주의적 이념은 오루마나유르의 독특한 사회구조를 형성했다.

케랄라에는 총 14개 행정구역으로 나뉘는데 CPI(M)은 군소정당과 연합해 여당을 형성해 왔다. 지난 2005년 선거에서 CPI(M)은 케랄라 의회의 140의석 중 60석을 차지했고 최대 라이벌 정당인 민주전선연합

(United Democratic Front)이 42석을 차지했다. CPI(M)은 과반수인 70석을 차지하기 위해 38석을 갖고 있는 군소정당과 연합해 좌파민주전선(Left Democratic Front)를 결성해 98석을 확보했다. 오루마나유르가 속해 있는 지역은 6개의 판챠야트와 2개의 시위원회가 하나의 만달람(Mandalam)을 형성하고 있다. 만달람 대표위원은 CPI(M) 출신이며 트리쑤르에 있는 14개 만달람 중 12개를 CPI(M)이 차지했다.

민주전선연합이 주로 중산층이상의 지지를 받는 반면 좌파민주전선은 중산층이하, 특히 빈민층의 전폭적인 지지를 얻고 있다. 소농이 많은 오루마나유르와 같은 농촌지역은 절대적으로 CPI(M)을 비롯한 좌파계열의 정당을 지지해 온 전통이 있다. 따라서 마을사람들에게 사회주의적 정책과 이상향은 그리 낯선 현상이 아니다. 다만 CPI(M)의 정책에 비판적인 사람들은 CPI(M)의 정책실현에 의구심을 갖는다. 빈민출신이었던 하니파(Hanifa) 씨는 "가난한 사람을 돕기 위해" CPI(M)의 열성회원이 되어 활동해왔지만 아직도 빈부의 격차가 심하다고 비판했다. 하니파 씨는 CPI(M)이 표면적으로는 빈민층을 위한 정책을 펼치고 있다고 하지만 이는 말뿐이라고 비판한다. 단적인 예로 외부(국) 투자자가 케랄라에 사업투자를 할 경우 종종 빈민구제 프로젝트와 충돌하는 경우가 있는데 빈민을 보호해야 할 CPI(M)이 오히려 외부(국) 투자자를 제재하지 않고 있다고 비판한다. '무슬림 연합'의 회원이기도 했던 하니파 씨는 오루마 향우회의 초대 회원이기도 했다. 하니파 씨는 CPI(M)의 경우 빈민구제 프로젝트에 대해서는 이런 저런 계획이 많지만 실천하는데 소홀하다고 비판한다. 반면 오루마의 경우 계획을 실천에 옮기는 면에서 CPI(M)보다 앞서 있다고 강조한다.

오루마 향우회는 이슬람 형제애(Umma)와 어떤 관계가 있을까? 일단 오루마 향우회 회원들은 자신들의 조직이 어떤 종교적 이념과는 상관이 없는 조직이라는 점을 강조하고 있다. 하지만 회원의 절대다수가 무슬림이며 고향인 오루마나유르 역시 주민의 90% 이상이 무슬림인 사회문화적 배경을 볼 때 이들이 이슬람의 영향을 받았을 것은 확실하다.

V. 나가는 말

2006년 1월부터 본격적으로 활동을 시작한 오루마 향우회는 예산확보 등의 문제로 인해 아직까지는 활동의 폭이 넓지 않다. 그런 이유에서인지 오루마나유르에서 오루마 향우회는 많이 알려져 있지는 않다. 이들이 활동의 폭을 넓히려면 안정적인 재정 확보가 관건이다. 하지만 NRK가 생계형 이주자라는 점과 걸프지역에서 이주노동자를 제한하는 각종 법이 제정되면서 NRK의 걸프지역 이주에 제동이 걸리고 있다는 점에서 이들의 활동반경이 넓혀질 것 같지도 않다.

오루마 향우회는 '독특한' 사회공동체이다. 먼저 향우회를 결성한 NRK는 이주노동자의 신분으로 고향의 빈민들을 위한 사업을 할 만한 안정적인 재정을 확보하고 있지 못하다. 이들은 생계형 이주노동자로 고향에 있는 식구들의 생계를 유지하는 것도 벅찬 환경에 놓여 있다. 하지만 오루마나유르 출신의 NRK가 아랍에미리트에서 결성한 오루마 향우회는 헌혈 등의 댓가로 조성한 기금을 바탕으로 고향에서 다양한 사회사업을 수행하고 있다. 향우회 회원들은 대부분 '인본주의적' 관점에서 사업을 시작했다고 말한다. 하지만 오루마나유르의 사회 역사적 배경을 살펴보면 이들이 향우회를 결성하게 된 동기로 사회주의적 이념과 이슬람 형제애가 깔려 있음을 볼 수 있다. 실제로 오루마나유르에는 오루마 향우회 외에도 CPI(M)과 이슬람, 기독교 단체가 운영하는 다양한 사회단체가 활동하고 있음을 볼 수 있다. NRK의 높은 교육수준도 인본주의적 관점에서 향우회를 운영하는 동기로 볼 수 있다.

오루마 향우회는 작은 사례에 불과하지만 인도 밖으로 이주해 간 일시체류노동자들이 결성한 사회구제단체라는 점에서 향후 연구를 지속해야 할 의미가 있다. 일반적으로 해외 인도인사회와 인도와의 연망은 해외 인도인 '정착민' 사회를 중심으로 결성되어 왔다. 구자라트와 편잡 출신 디아스포라가 결성한 다양한 단체가 대표적인 사례이다. 반면 해외에 '일시' 체류를 목적으로 하는 이주 노동자의 경우 사회경제적 이유로 인해 이런 공동체를 결성하는데 어려움을 겪어 왔다. 따라서 이주 노동자가 결성한 공동체에 대한 연구는 그 동안 인도인 디아스포라에서 소외되어 온 연구 분야이다. 오루마 향우회의 경우에서 보듯 NRK는 끈끈한 고향과의 유대를 중심으로 고향에 대한 사회사업을 진행하고 있으며 향후 집중적인 연구가 진행되어야 할 분야이다.

<참고 문헌>

김경학. 2006. 『인도인 디아스포라: 경계를 넘나드는 사람들』. 서울: 경인문화사.

장용규. 2006. "재외인도인의 연망과 공동체 형성". 『국제지역연구』. 제10권, 제3호.

Heard-Bey, Frauke. 2004. *From Trucial States to United Arab Emirates*, Dubai: Motivate Publishing.

JaeSook, Lee. 2007. "NRI Network and NGO Activities in India", *The International Conference on Globalisation and Diasporas*, Chonnam National University,

2007.5.11.

Jain, P. C. 2004. *Indians in the United Arab Emirates*, GSP Occasional Paper Series, New Delhi: Jawaharlal Nehru University.

Nair, K. R. 1998. "Utilisation of Foreign Remittances: The Kerala Experience", Prakash, B. A.,(ed.) 1998. *Indian Migration to the Middle East*, New Delhi: Spellbound Publications, pp.77-94.

Osella, F. and Gardner, K.(eds.) 2004. *Migration, modernity and social transformation in South Asia*, New Delhi: Sage Publication.

Prakash, B. A. 1978. "Impact of Foreign Remittances: a case study of Chavakkad village in kerala", *Economic and Political Weekly*, vol. 13(27).

Prakash, B. A.(ed.) 1998. *Indian Migration to the Middle East*, New Delhi: Spellbound Publications.

Sushanta K. B., Jayachandra, V. and Roy, T. K. 2002. "Has emigration influenced Kerala's living standards?", *Economic and Political Weekly*, May 4. pp.1755-1765.

Zachariah, K. C. et al. 2003. *Dynamics of Migration in Kerala*, New Delhi: Orient Longman.

웹사이트

www.norka.gov.in/UAE

제9장

제2언어로서의 불어 학습과 프랑스어계 학교
진학의 동기: 폰디체리 프랑코-폰디체리인들의
언어 태도를 중심으로

양 철 준*

나는 프랑스어 학습이 폰디체리에서 계속되기를 희망하며 폰디체리를 인도 내에서 프랑스어 학습의 중심이자 서구세계의 위대한 문화의 하나인 프랑스문화를 들여다볼 수 있는 창으로 만들기를 희망합니다.
자와하랄 네루

* 한국외국어대학교 아프리카어과 강사.

I. 들어가는 글

식민지 통치나 노예무역 등 역사적인 이유 혹은 자발적 이주로 인해 특정 언어공동체집단이 주류집단 속에 소수자들로서 편입되면 언어적 엔클레이브(linguistic enclave)가 형성된다.[1] 언어적 엔클레이브의 구성원들과 주류집단은 사회적, 문화적으로 이질적인 경우도 있고 동질성을 공유할 수도 있다. 전자의 경우는 호스트 사회 속에서의 이주민 집단이 전형적인 사례이고 후자는 특수한 역사적 경험이나 사건으로 생성된 경우에 해당된다. 폰디체리의 프랑코-폰디체리인들은 후자의 경우로 볼 수 있는데 주류집단과 문화적으로나 언어적으로 동질적이다. 즉, 이들은 대부분 타밀인들로서 외양상으로나 언어, 문화적으로 쉽사리 구별되지 않는다. 흔히 국적, 종교, 불어구사, 의식주를 포함한 행동양식 등을 구별적인 요소로서 꼽으나 이러한 요소들이 일상에서 구체적인 차이로 인지될 정도로 명확하게 외현되지는 않는다.

그런데 언어적 엔클레이브에 속한 구성원들은 주류집단의 지배적 언어나 문화로부터 자신들의 언어적, 문화적 집단정체성을 유지해나가는 한편 일정한 경계를 설정하기 위해 노력을 기울이는 경우도 있고 주류집단에 쉽사리 동화됨으로써 언어적, 문화적 특성을 상실하는 사례도 왕

---

1) 엔클레이브(enclave)는 라틴어의 *inclavare*에서 유래한 어휘로서 "열쇠로 잠그다"라는 의미를 갖고 있다. 불어에서 "앙클라브"라는 단어로 사용되다가 영어에도 도입되었다. 일반적으로 타국 영토로 둘러싸인 지역 혹은 영지라는 정치적, 지리적 용어로서 제한적으로 사용되다가 고립된 지역이나 장소를 의미하는 포괄적인 의미로 확대되었다. 정치적 혹은 지리적 용어로서의 의미와는 달리 언어적 엔클레브는 완전한 격리 혹은 고립과는 거리가 있다. 언어의 속성상 언어접촉, 변화, 교체 및 동화는 필연적이기 때문이다.

왕 볼 수 있다. 프랑코－폰디체리인들은 비록 대부분의 폰디체리인들처럼 타밀어를 구사하고 타밀문화를 향유하고 있음에도 불구하고 여전히 프랑스계 학교에 취학하며 프랑스로의 이주와 정착이라는 전형적인 행로를 추구함으로써 일정한 테두리 내에서 집단정체성을 유지하고 있다.

언어적 엔클레이브가 형성되고 오랜 세월이 흘렀음에도 불구하고 언어와 문화를 고수해나가는 집단과 비교적 단기간에 언어와 문화를 상실하는 집단 간의 차이를 생성하는 요인들은 다분히 복합적이다. 정치, 경제, 사회, 문화 등 거시적 차원의 변화나 역동적 관계가 변화의 주요한 동인이 되기도 하고 개개인이 미시적 차원에서 취하는 인식이나 태도가 요인으로서 작용할 수도 있다. 예컨대 정치적 혹은 경제적 역학관계의 변화, 주류집단과의 동질성과 이질성에 대한 인식 등 다양한 요인들이 상호적으로 작용하여 가시적 결과를 유발한다. 언어나 문화적 정체성의 유지는 정치, 경제, 사회적 조건이나 구조와 긴밀히 연동되어 있기 때문에 언어와 문화적 정체성이라는 문제를 분리된 실체로 바라보기보다는 부단히 변화하는 사회적 구조와 불가분의 관계를 형성하고 있는 유기적인 실체로 인식할 필요가 있다.

인도의 초대 수상 자와하랄 네루(Pandit Jawaharlal Nehru)의 말처럼 인도 속 프랑스문화의 창으로 일컬어지는 폰디체리의[2] 프랑코－폰디체리인들의 언어사용, 인식, 태도에 관한 고찰을 통해 정치, 경제, 사회적 변

---

2) 일반적으로 영어로는 폰디체리(Pondicherry), 불어로는 퐁디쉐리(Pondichéry)로 표기해왔는데 최근에는 "푸두체리"라는 지명의 사용이 정착되고 있다. 인도의 고유한 지명으로 환원하려는 최근의 정책에 따라 폰디체리도 "푸두체리(Puducherry)"로 바뀌었는데 타밀어로 "새로운 마을"을 의미한다. 봄베이를 뭄바이로, 마드라스를 첸나이로, 캘커타를 콜카타로 변경시킨 것과 같은 맥락에서 이해하면 된다. 이 글에서는 일반적으로 널리 통용되던 폰디체리라는 지명을 사용했다. 아직은 폰디체리라는 지명이 널리 통용되고 있지만 머지않은 장래에 푸두체리라는 지명이 자리 잡을 것으로 관측된다.

화와 같은 거시적 차원의 요인들에 의해 언어가 개인적 차원에서 어떻게 인식되고 수용되며 변화를 거치는지를 분석한다. 또한 프랑스에 형성된 프랑코-폰디체리 이주공동체와 폰디체리의 프랑코-폰디체리인들의 지속적 관계 유지와 접촉이 어떤 형태로 전개되며 이러한 부단한 접촉과 교류가 언어의 사용이나 유지에 갖는 함의를 살펴본다.

본 연구는 대다수 젊은 세대의 프랑코-폰디체리인들이 재학하고 있는 리세 프랑세의 학생들을 특별히 피조사대상자들로 설정하여 어떤 요인들이 특정 언어를 지속적으로 배우고 유지하도록 동기를 부여하는지 다양한 경로를 통해 조사, 분석함으로써 이주의 맥락에서 언어 사용, 학습, 유지라는 주제에 접근한다. 특히 거시적 외적 요인들이 개인들의 언어에 대한 선호와 선택에 어떤 양상으로 가시적 영향을 미치는지를 고찰한다. 그리고 잠재적 이주자들을 양성하고 이주에 필요한 언어적, 교육적 자본을 축적하는 사회적 예비공간으로서의 교육기관을 중점적으로 조명한다.

Ⅱ. 폰디체리의 개황과 언어상황

1. 폰디체리, 인도 속 프랑스 문화의 섬

영국령 남아시아에서 영국의 식민통치체제 속으로 편입되지 않은 곳으로 포르투갈의 통치를 받은 고아와 프랑스가 식민지를 건설한 폰디체리, 마헤, 야남, 카라이칼, 찬데르나가르였다. 남인도 타밀 나두 주에 위치한 폰디체리는 17세기부터 20세기 중반까지 프랑스령 인도의 수도였다. 1673년 프랑스 동인도회사가 폰디체리를 교역의 중심지로 삼으면서 본격적으로 프랑스의 식민지 건설이 시작되었다. 그런데 인도와의 무역을 독점하기 위한 유럽 열강들의 쟁탈전이 전개되면서 폰디체리를 둘러싼 유럽열강의 각축도 치열해졌다. 1693년 네덜란드인들이 폰디체리를 잠시 장악했으나 3년 후 프랑스와 네덜란드 양국의 조약에 따라 다시 프랑스의 수중에 넘어갔다. 18세기에 들어 프랑스는 1720년대에 마헤, 1731년에는 야남, 1738년에는 카라이칼을 차례로 수중에 넣었다. 이후 영국과 프랑스 양국은 폰디체리를 놓고 쟁탈전을 계속했는데 1814년 최종적으로 프랑스의 수중에 들어갔다. 비록 영국이 1850년대 후반 인도 전역에 대한 통치권을 확립했음에도 불구하고 폰디체리, 카라이칼, 마헤, 야남, 찬데르나가르에 대해서는 프랑스의 통치권을 인정했다.

1947년 인도가 영국으로부터 독립한 이후에도 프랑스 통치하에 있던 지역들의 정치적 향배를 둘러싸고 인도와 프랑스정부 사이에 긴장이 형성되었다.3) 인도와의 합병에 찬성하는(pro-mergerists) 민족주의적 성향의 정파들과 프랑스의 자치령으로서 잔류하길 희망했던 정파들 간의 갈등과 분열이 계속되었으나 인도와의 합병을 위해 투쟁했던 정파들의 승리로 돌아갔다.4) 결국 1954년 10월 31일 프랑스가 인도에 통치권을 이양함으로써 수세기에 걸친 식민통치에 종지부를 찍었다. 오늘날 폰디체리 시는 폰디체리 연방 영토(Union Territory of Pondicherry)의 州都로 지정되어 있다. 폰디체리 연방 영토는 타밀 나두주에 위치한 폰디체리와 카라이칼, 안드라 프라데시에 위치한 야남, 케랄라에 위치한 마헤로 구성된

---

3) 프랑스령 인도의 탈식민화 과정에 관해서는 Neogy(1997) 참조.

4) 인터뷰에 응했던 프랑코―폰디체리인 알베르 롤랭(Albert Rollin)은 인도와의 합병을 주장하는 정파들이 비민주적 방법으로 인도와의 합병을 강행했으며 민주적이고 합법적인 절차에 의해 민의를 수렴했더라면 프랑스 통치 하에 있던 지역의 주민들은 프랑스 자치령으로의 잔류를 희망했었을 것이라고 단언했다.

행정구역으로 편성되어 있다.5) 프랑스의 식민통치를 받았던 곳 중 찬데
르나가르만이 유일하게 서벵갈주로 편성되었다.

한편 프랑스는 일찍부터 해외 식민영토의 개척과 노동력을 확보하기
위해 폰디체리, 카라이칼, 야남, 마헤, 찬데르나가르 출신의 인도인들을
모집해서 인도양의 모리셔스, 레위니옹과 서인도제도의 마르티니크, 구
아들르프 등지로 송출했다. 따라서 이들 지역에 인도인 이주공동체가
형성되는 계기가 되었다.6)

프랑스 식민통치의 영향으로 폰디체리시에는 아직도 프랑스 식민통
치 시절에 건축된 프랑스풍의 주택들과 건축물들이 남아있어 프랑스
식민통치의 유산을 느낄 수 있다. 폰디체리는 좁은 수로를 경계로 프랑
스 구역(French Quarter)과 타밀 구역(Tamil Quarter)으로 구획되어 있는
데7) 프랑스 구역은 정연하고 깨끗하게 계획된 도로, 각종 기념물, 식민
지풍의 주택과 건물들이 프랑스 식민역사의 흔적과 유산을 느끼게 한
다. 경찰들의 빨간색 케피모자, 타밀어와 불어로 병기된 거리의 표지판
을 비롯한 언어경관들도 인도의 다른 도시들과는 뚜렷한 차이를 느끼게
한다.

프랑스구역을 중심으로 형성된 언어경관을 보면 프랑스 식민통치의

---

5) 특이한 것은 폰디체리 연방영토는 서로 인접해 있지 않은 지역으로 구성된
   행정구역이라는 점이다. 찬데르나가르를 제외하고 프랑스의 통치를 받은 모
   든 지역들이 폰디체리 연방영토로 편성되었다.
6) 폰디체리 출신 해외거주 타밀인들과 프랑코-폰디체리인 공동체의 정기간행
   물인 "연결선(Le Trait d'Union)"의 편집을 담당하는 알베르 롤랑과 클로드 마
   리우스에 의하면 인도양의 모리셔스, 레위니옹, 마다가스카르 및 서인도제도
   의 마르티니크, 구아들르프의 인도계 이주민들이 자신들의 뿌리를 찾기 위해
   폰디체리를 찾는 경우가 종종 있다고 한다.
7) 식민지시절 프랑스인들이 집단적으로 거주했던 프랑스인 거주구역은 하얀 도
   시(la ville blanche)로, 타밀인들의 거주구역은 검은 도시(la ville noire)로 불렸다.

흔적이 아직도 뚜렷하게 남아있다. 거리 이름과 문패는 물론이고 시청, 세관, 경찰서, 상공회의소를 비롯한 공공기관, 전사자 기념비와 같은 역사적 기념물, 종교, 교육, 의료기관에는 아직도 불어로 표기된 건물들이 많이 남아 있어 독특한 언어경관을 형성하고 있다. 그런데 언어경관의 형성에 있어 주목할 만한 점이 있다면 식민통치시기에는 언어경관의 형성주체가 중심화된 식민당국이었다면 최근에는 탈중심화된 개인들이라는 점이다. 즉, 최근에는 프랑스 여행객들을 유치하기 위한 영업 전략적 차원에서 숙박업소, 음식점, 여행사, 의류점, 공예품점 등의 업소들이 불어 간판을 내걸고 영업하고 있다. 상업적 이윤추구가 언어경관 형성의 동인이 된 것이다.

한편 벵골만을 따라서 해안가에 위치한 프랑스 구역에는 프랑스총영사관, 폰디체리 프랑스연구소, 프랑스극동학교, 리세 프랑세 등이 위치하고 있으며 폰디체리연방정부의 공공기관들이 소재하고 있다. 프랑스 구역의 주요 거주자들은 타밀계 부유층, 프랑스 총영사관, 연구기관, 교육기관, 비정부기구에 파견되어 근무하는 프랑스 본국의 프랑스인들 및 프랑코-폰디체리인들이다.

특기할만한 사항의 하나는 스리 오로빈도 아쉬람(Sri Aurobindo Ashram)이 운영하는 숙박업소, 작업장, 상점, 식당, 공예품 가게 등이 들어서 있기 때문에 외국인들의 왕래가 빈번하고 타밀계가 아닌 벵갈리 등 타지방 출신의 인도인들이 스리 오로빈도 아쉬람을 중심으로 활동한다.[8] 또한 스리 오로빈도 아쉬람과 오로빌을 방문하는 외국인들이 이용하는 숙

---

8) 프랑스 구역에는 스리 오로빈도 아쉬람에서 운영하는 각종 작업장, 교육기관, 숙박업소 등이 밀집되어 있어 폰디체리를 찾는 외국인들이 많이 왕래한다. 오로빌(Auroville)과 마찬가지로 "어머니(the Mother)"라고 추앙받는 프랑스여인과 스리 오로빈도의 가르침에 따라 영성공동체를 운영하고 있는 곳이 스리 오로빈도 아쉬람이다.

박업소나 각종 시설이 프랑스 구역에 밀집되어 있어 무척 코스모폴리탄
한 인상을 준다.

이런 까닭에 프랑스 구역은 도로, 거리, 공공기관, 상점의 이름이 타
밀어, 불어, 영어가 병기되어 있으나 타밀 구역으로 들어갈수록 타밀어
가 주요한 언어로서 언어경관을 형성한다.

2. 폰디체리의 언어상황

폰디체리시는 폰디체리 연방 영토(Union Territory of Pondicherry)의 州
都인데 넓게는 타밀 나두 주에 속하며 폰디체리시에 거주하는 인구의
대다수가 타밀인들이다. 따라서 타밀 나두주의 공식어로서 타밀어는 교
육, 행정, 사법, 상업 등 대부분의 영역에서 지배적으로 사용된다. 폰디
체리 연방 영토의 공식어는 타밀어, 영어, 불어, 말라얄람어, 뗼루구어이
다(Sugumar 1998: 181). 타밀나두주에 위치한 폰디체리와 카라이칼에서
는 타밀어, 케랄라주의 마헤에서는 말라얄람어, 안드라 프라데시주의
야남에서는 뗼루구어가 주로 사용되기 때문에 폰디체리 연방 영토의 공
식어로 지정된 것이다.

폰디체리의 주요한 언어인 타밀어는 오랜 문자전통을 갖고 있었던 까
닭에 일상의 구어적 의사소통은 물론이고 행정서류나 공문서의 상당수
도 타밀어로 작성되어 있다. 비록 제한된 수의 공문서나 행정서식은 영
어로 작성되어 있지만 대부분의 공적인 모임이나 집회에서는 타밀어가
선호된다.

사회의 다양한 영역에서 타밀어가 지배적으로 타밀어가 사용되지만
폰디체리가 스리 오로빈도 아쉬람과 오로빌을 찾는 다른 지역 출신의
인도인들이 많이 찾아오는 곳이라서 이들과의 의사소통에서는 대부분

영어를 구사한다. 마찬가지로 폰디체리에는 오로빌과 스리 오로빈도 아쉬람을 찾아오는 외국인들이 많고 이들은 주로 영어를 사용하기 때문에 외국인들을 대상으로 하는 직업을 갖고 있는 타밀인들은 영어를 널리 구사한다.

이와 함께 프랑스 식민통치의 결과로 아직도 불어가 극히 일부 집단의 구성원들이 사용하는데 폰디체리 인구의 0.6%가 불어를 일상적으로 사용하고 있는 것으로 파악된 바 있다. 1956년 인도정부와 프랑스가 체결한 양도조약(Traité de Cession)에 따라 공식어로서의 불어의 지위는 계속 유지될 수 있었다. 그러나 공식어로서의 불어의 지위는 법적인 공식어(de jure official language)로는 남아 있으나 실질적으로는 거의 적용되지 않는다고 대다수의 프랑코-폰디체리인들이 주장했다. 예컨대 프랑코-폰디체리인이 체류허가를 획득하거나 갱신하기 위해서 공공기관을 방문할 경우 대부분의 행정서식이나 서류가 영어 혹은 타밀어로 작성되어 있어 영어나 타밀어로 기재할 수 없을 경우에는 번역서비스에 의존하는 사례도 있다. 때문에 상당수의 프랑코-폰디체리인들은 불어가 단지 명목상의 공용어로서만 존재할 따름이고 실질적인 의미에서의 공용어는 아니라고 주장했다.

한편 인도 중앙정부차원에서는 힌디어의 사용을 적극 장려하고 확대보급을 위해 노력하고 있으나 일상의 구어적 언어사용에서는 사용되는 예는 흔치 않다.9) 역, 공공기관, 우체국, 대학 등 공적인 영역에서 힌디어가 영어, 타밀어와 함께 병기되어 있는 정도이다.

---

9) 힌디어는 인도-아리아계 언어에 속하고 타밀어는 드라비디아계 언어에 속한다. 각기 다른 어족에 속해 있기 때문인지 타밀인들은 힌디어에 대한 선호가 상대적으로 약하다.

III. 프랑코-폰디체리인 공동체와 언어

1. 프랑코-폰디체리인의 정의와 범주

프랑코-폰디체리인(Franco-Pondichériens, Franco-Pondicherrians, Pondicherrian French)이 과연 어떤 범주의 사람들을 지칭하는지에 대해서는 명확한 개념규정이나 정의는 없다.[10] 편의상 프랑스 국적을 소지하고 있는 인도인들을 지칭하는데 인도인들 중에서는 단연 타밀인들이 절대 다수를 형성한다.[11] 이들은 프랑스와 인도의 양도조약 당시 프랑스국적을 선택한 사람들과 이들의 자손들이다. 프랑코-폰디체리인들의 자녀들도 속인주의의 원칙에 따라 프랑스 국적을 취득한다. 프랑스와 인도의 양도조약 시 프랑스국적을 선택했던 사람들은 프랑스 식민당국에 고용되어 있거나 군대에 복무한 사람들이 주류를 이룬다. 특히 프랑스군에 복무한 사람들이 많은데 이들은 베트남, 아프리카 등 프랑스의 영토와 세력 확장에 참여했다.

또 프랑코-폰디체리인과의 결혼에 의해 프랑스 국적을 획득한 이들도 프랑코-폰디체리인들(Franco-Pondichériens par alliance)로 규정한다.[12] 비프랑코-폰디체리인들이 프랑스 국적을 취득할 수 있는 거의 유일한 방법이 결혼을 통해서이기 때문에 이와 관련된 불법적인 관행과 행위들

---

10) 프랑코-폰디체리인공동체에 관한 상세한 연구는 Michalon(1990) 참조.
11) 프랑코-폰디체리인으로 자신을 규정하는 사람들 중에서는 타밀인과 베트남인과의 결혼 혹은 출생을 통해 프랑코-폰디체리인이 된 경우도 일부 있다.
12) 남인도사회는 개인의 주체적 결정에 따라 결혼이 이루어지기보다는 사촌혼 혹은 중매에 의한 결혼이 일반적이다.

이 적지 않다. 예를 들면 프랑코—폰디체리인과의 결혼을 위해 일정 금액이 거래되거나 불법적 위장결혼(mariage blanc) 사례도 적지 않은 것으로 보인다. 위장결혼 사례의 경우 결혼 후에 부부로서의 아무런 육체적 관계(consommation du mariage) 없이 지낸 후 일정기간이 경과한 뒤 국적 취득요건을 충족시키면 프랑스 국적을 취득하고 이혼절차를 진행한다.13)

한편 프랑스 국적을 취득할 수 있는 자격을 프랑스와 인도 간에 체결된 양도조약의 특정시기에 프랑스 국적을 선택했던 사람들로 엄격히 제한하고 있음에도 불구하고 상당수의 비프랑코—폰디체리인들 중에서 프랑스 국적을 취득하기 위한 목적으로 변호사를 선임하여 부모나 조부모의 출생, 결혼, 사망 등 호적상의 증거를 바탕으로 프랑스 국적을 부단히 요구하고 있기도 하다.14) 현지조사 기간 중에도 프랑스 국적 취득을 요구하는 일군의 사람들이 집회를 열어 인도정부가 좀 더 적극적으로 개입해서 자신들이 프랑스 국적을 취득할 수 있도록 도와달라고 요구하는 시위가 있었다. 이에 대해 駐폰디체리 프랑스 총영사관은 총영사 명의로 이들의 요구를 수용할 수 없다는 입장을 분명히 했다. 즉, 프랑스 국적에 대한 선택은 1963년까지만 유효하며 그 이후의 선택은 수용할 수 없다는 입장이었다. 따라서 프랑스 국적을 취득하기 위한 목적

---

13) 신부지참금이 널리 행해지고 있는 인도의 일반적 관행과는 달리 폰디체리에서는 반대의 경우도 존재한다. 즉, 프랑스 국적의 여성과 결혼하기 위해 남성이 신부의 집안에 일정액을 지불하는 것이다. 정해진 액수는 없지만 대략 3십만에서 5십만 루피가 오간다고 한다.

14) 현지조사기간 중 칼라티스파람街(Rue Calathisparam)에서 복사가게를 운영하는 라마찬디린씨를 만났는데 그는 불어로 작성된 자신의 조부모와 부모의 결혼, 출생, 사망증명서 등 각종 행정서류를 보여주며 프랑스국적을 취득하기 위해 법적인 절차를 진행 중이라고 밝혔다.

으로 프랑스 총영사관에 서류를 제출할 필요가 없음을 상기시켰다.[15]

폰디체리에 거주하는 프랑코-폰디체리인들의 정확한 수를 파악하는 것은 용이하지 않다. 일정한 곳에 정주하지 않기 때문에 정확한 통계는 작성되어 있지 않지만 폰디체리에 생활기반을 두고 있거나 거주하고 있는 프랑코-폰디체리인들은 2006년을 기준으로 대략 6천명으로 추계되었다.[16] 학업, 이주, 가족동반 등 다양한 이유로 프랑스와 폰디체리를 오가기 때문에 프랑코-폰디체리인들은 상당히 유동적인 집단이다.

프랑코-폰디체리인들은 해외 거주 프랑스인으로 범주화되기 때문에 이들은 참정권을 가지고 있어 프랑스의 대선이나 총선에 참여한다. 그리고 프랑스 입국에 대한 아무런 제한을 받지 않으며 이들에 대한 전반적 행정은 주폰디체리 프랑스 총영사관에서 관할한다. 노년세대의 프랑코-폰디체리인들은 대부분 프랑스에서 직장생활을 하거나 거주하는 자녀들이 있기 때문에 프랑스 본국과 지속적인 상호교류가 존재한다.

종교적으로 약 60퍼센트는 카톨릭, 30퍼센트 정도는 힌두, 10퍼센트는 무슬림으로 추계되며 사회적, 경제적으로도 상당한 차이가 있는 것

---

15) 총영사관의 출입 접수구에 총영사인 미쉘 세기 명의로 게시된 공고문은 다음과 같다.

Pondichéry, le 20 février 2006

A/S Nationalité Française

Contrairement aux rumeurs qui peuvent circuler, il est rappelé que l'option pour la nationalité française des habitants de Pondichéry n'était recevable que jusqu'en 1963. Aujourd'hui, cette option n'est définitivement plus possible. Il est donc inutile de se présenter au Consulat Général de France dans ce but.

Aucun document ne peut être delivré dans cette optique.

Michel Séguy

Consulat Général de France

16) 주폰디체리 프랑스영사관에서 추계한 자료에 따른 것이다.

으로 보인다.[17] 프랑스에서 일하다가 은퇴한 뒤 퇴직연금을 수령하는 경우나 은퇴군인으로서 군인연금을 받는 경우는 비교적 안정적인 삶을 영위하지만 인도에서만 거주한 사람들의 경우 소득수준이 상대적으로 낮다. 따라서 소득수준, 직업, 교육정도 등 다양한 요소를 고려할 때 사회적 계층이 무척 다양하게 나타난다.

2. 프랑코-폰디체리인들의 일반적 언어 사용

프랑코-폰디체리인들의 전반적인 언어 구사능력 혹은 일반적 언어 사용을 일별하는데 있어 가장 적합한 공간으로 주폰디체리 프랑스총영사관의 접수처나 리세 프랑세를 꼽을 수 있다. 프랑코-폰디체리인들은 재외프랑스인으로서의 등록을 비롯한 각종 행정 편의를 받기 위해서 주폰디체리 프랑스총영사관을 정기적으로 방문한다. 그런데 흥미로운 사실은 이들이 모두 불어를 잘 구사하는 것은 아니다. 총영사관의 출입접수처에는 타밀어, 불어, 영어가 함께 사용되며 코드전환도 흔한 현상이다. 주로 타밀어와 불어가 사용되지만 영어도 제한적으로 사용된다.

리세 프랑세에서도 유사한 상황을 관찰할 수 있다. 학교에서 프랑스인 교사가 학부모와 상담을 하는데 학부모가 불어를 구사하지 못하기 때문에 프랑스인 교사가 영어로 설명하는 상황이 전개되기도 하며 학부모가 불어나 영어를 모두 이해하지 못할 경우 타밀어로 통역해줄 사람이 필요한 상황도 볼 수 있다.

폰디체리에서는 타밀어가 일상의 구어적 의사소통뿐만 아니라 행정, 교육, 사법 등 대부분의 영역에서 지배적으로 사용되기 때문에 폰디체

---

17) 그런데 리세 프랑세의 학생들을 대상으로 한 설문조사에서는 힌두교가 55.68, 카톨릭이 35.23, 무슬림이 6.82, 기타가 2.27퍼센트로 나타났다.

리에 거주하는 프랑코-폰디체리인들의 대다수도 타밀어 사용이 일반
화되어 있다. 비록 불어나 영어를 전혀 구사하지 못하는 프랑코-폰디
체리인들도 있지만 상당수의 사람들은 두 가지 이상의 언어를 일상적으
로 사용한다. 대개 타밀어와 불어의 이중 언어 사용이 보편적이고 영어
사용은 미미한 정도에 그치고 있다. 그러나 이러한 이중 언어 사용은 연
령, 성, 가족구조, 종교, 거주지역 등 여러 가지 요인에 따라 편차가 존
재한다. 예컨대 프랑스인과 타밀인을 부모로 둔 프랑코-폰디체리인
들,[18] 타밀식 성씨를 버리고 프랑스식 이름을 택한 이른바 "르농상
(renoncants)"들은 불어를 선호하는 경향이 강하다.[19]

　　1998년 200명의 프랑코-폰디체리인들을 대상으로 여러 언어들에 대
한 사용이나 호감을 조사해서 다음과 같은 결과를 도출한 바 있다
(Sugumar 1998: 195). 이는 프랑코-폰디체리인들의 언어태도에 관한 가
장 최근의 조사다.

---

18) 폰디체리에서는 이들을 "크레올(Créole)"이라는 이름으로 부른다. 주로 프랑스
　　인 군인들과 타밀 여성들 사이에 태어난 혼혈인으로서 이들 중 일부는 폰디체
　　리에 거주한다. 지역사회에 대한 봉사, 회원들 간의 친목과 유대감 형성 등의
　　목적으로 크레올상조회(Société Mutuelle des Créoles)가 조직되어 활발한 활동을
　　전개하고 있다. 1883년 7월 13일 최초로 결성된 크레올상조회는 프랑코-폰디
　　체리인 공동체의 다양성을 반영한다. 크레올들의 삶, 교육, 행동양식, 종교, 의
　　례, 언어 사용에 관한 연구로는 Lourdes(1994)가 있다.
19) 폰디체리 타밀계 "르농상"들의 姓氏에 관한 연구로는 Daniel(1991) 참조. 르농
　　상의 역사는 19세기 말까지 거슬러 올라간다. 1882년 1월 3일 공표된 법령에
　　따라 인도 내 프랑스 통치 하의 지역에서 출생한 자는 카스트, 종교, 피부색에
　　상관없이 특정 姓氏를 채택함으로써 프랑스국민으로서의 권리와 특권을 부여
　　받았다. 이들 르농상들은 공직기회 등 여러 가지 특권적 지위를 부여받았다.
　　하지만 대다수의 타밀인들은 이들을 기회주의자로 여기는 경향이 있다.

일련번호	언어	응답자수	비율
1.	불어	40	20
2.	타밀어	25	12.5
3.	불어 & 타밀어	105	52.5
4.	영어	4	2
5.	불어, 타밀어 & 영어	26	13
	합계	200	100

위의 표에서도 뚜렷하게 나타나듯 불어와 타밀어의 이중 언어 사용이 가장 일반화된 형태의 언어사용이다. 그런데 주목할 만한 특징 중의 하나는 언어가 사용되는 영역과 맥락, 상황에 따라 구분된 언어사용이다. 가장 비근한 예로 대부분의 가정에서는 타밀어 사용이 일반적이지만 카톨릭을 신봉하는 프랑코-폰디체리인들이 미사에 참여할 때는 불어를 사용하기도 한다(Sugumar 1998: 197).

한편 폰디체리에 거주하는 사람들과 프랑스에 거주하는 가족들과의 지속적 왕래도 언어사용에 크게 영향을 미치는 것으로 보인다. 프랑스에서 은퇴하여 폰디체리에 정착한 사람들이 적지 않은데 이들의 자녀나 가족의 구성원들은 프랑스에 계속 거주한다. 따라서 이들은 정기적으로 왕래하고 지속적 왕래로 인해 불어와 타밀어의 사용은 유지된다. 현지 조사기간 중 인터뷰에 응한 은퇴군인들과 연금수령자들은 자녀들, 손녀와 손자들을 만날 경우 불어를 사용하는 경우가 많다고 응답했다.

3. 노년세대의 언어사용

노년세대의 프랑코-폰디체리인들을 대별하면 프랑스군에 직업군인으로 복무했다가 은퇴한 부류와 민간 혹은 공직에 근무했다가 은퇴해서 연금을 수령하는 부류로 나뉜다. 군대에 복무한 기간, 참전 여부 등에 따라 수령하는 연금의 금액에 있어 조금씩 차이가 있지만 직업군인들은 폰디체리에서 비교적 풍요로운 생활을 하고 있다. 프랑스의 민간 기업이나 공공부문에 근무하다가 은퇴한 사람들도 개인마다 약간의 차이는 존재하지만 대부분 사회, 경제적으로 중상류계층에 속한다.

그런데 군대에 복무했다가 은퇴한 군인들과 일반 은퇴자들 간에는 언어에 관한 태도에 있어 상당한 차이가 있어 보였고 선행연구에서도 이러한 점은 지적되었다. 상술하면 은퇴군인들은 불어에 대한 애착이 무척 강했으며 친불 성향이 뚜렷했다. 그러나 일반 은퇴자들의 경우는 언어에 관한 한 상당히 실용주의적 태도를 견지했다. 폰디체리에서 행정과 교육의 영역에서 특히 중요한 위치를 점하고 있는 영어에 대해서도 은퇴군인들은 소극적인 입장을 취하는 반면 일반 은퇴자들의 경우에는 보다 적극적으로 실용주의적인 태도를 보였다.[20] 은퇴군인들은 자신들을 "불어와 프랑스 문화의 친구들(Les Amis de la Langue et de la Culture Françaises)"를 자처하며 폰디체리에서 프랑스 언어와 문화의 보급에 적

---

20) 현지조사기간인 2007년 1월 28일 은퇴군인들의 쉼터(Le Foyer du Soldat)에는 프랑스군에 복무한 은퇴군인들 및 작고한 군인의 미망인들 50여 명이 모여 조촐한 행사를 가졌다. 100여 명이 회원으로 등록되어 있지만 일요일이라서 성당이나 결혼 등의 모임에 참석한 사람들은 참석하지 못했다. 행사장에는 역대 프랑스대통령들의 초상이 걸려있었는데 드골대통령의 사진 옆에는 폰디체리 재향군인 모임의 창립자이자 초대회장인 조르쥬 몽뚜(M. Georges Montout)씨의 사진이 걸려 있었다. 행사가 시작되자 회장으로 있는 발라라민 비샤(Balaramin Bichat)씨가 각종 활동보고, 주폰디체리 프랑스총영사관과의 관계보고 등을 불어로 설명했다. 이들 군인들은 대부분 군인연금을 수령하기 때문에 비교적 풍족한 생활을 하고 있었고 프랑코-폰디체리인 학생들을 위한 장학사업 등 공동체의 발전을 위한 활동도 펼치고 있었다. 이들 중에서는 제2차 세계대전, 베트남전쟁, 알제리전쟁 등에 참전한 군인들도 있는데 군대에 근속한 연수나 계급에 따라 군인연금을 차등 지급받는다. 이들은 행사의 말미에 프랑스 국가인 라 마르세예즈를 합창하고 프랑스 만세(Vive la France)를 외쳤다.

극적이었다.

은퇴 후 폰디체리에 정착한 프랑코-폰디체리인들은 해외 인도인 (Overseas Citizen of India)으로 간주되어 1955년 발효된 국적법 7조 D항 (Section 7D of the Citizenship Act, 1955)에 의거 6천3백 루피를 지불하고 5년간 유효한 체류자격을 획득함으로써 사실상 반영구적으로 폰디체리 에서 생활한다.

현지조사기간 중 만난 발 라올라(Balle Raola)씨는 은퇴군인의 전형적 사례였지만 출생배경에 있어서는 다소 특별한 경우였다.

> 나는 타밀계 인도인 아버지와 베트남인 어머니 사이에서 사이공에서 태 이났다. 아버지는 인도차이나에서 프랑스 군대에 복무한 군인이었다. 어머니 는 현재 85세로서 프랑스에 살고 계신다. 준위(adjudant-chef)로 제대했는데 충 분한 연금(월 9만 루피) 덕분에 비교적 풍족한 삶을 누리고 있다. 폰디체리에 여러 채의 주택을 소유하고 있는데 프랑스 구역에 있는 건물은 국회의원에 게 임대하고 있다. 시간이 날 때에는 주로 프랑코-폰디체리인 은퇴군인들 과 만나 소일하기 때문에 거의 불어를 사용한다. 영어를 조금은 이해하나 읽 고 쓰지는 못한다. 하지만 생활에 특별한 불편함이 있는 것은 아니다. 필요 할 경우 타밀어를 사용하면 되기 때문이다. 다만 예전에는 각종 행정서식이 불어로 인쇄되어 있었는데 이제는 영어로 되어 있어 체류허가 갱신 등 행정 적 절차를 하는데 약간의 불편을 느낀다. 불가피하게 영어로 작성해야할 경 우에는 번역서비스를 받는다. 제대군인들은 프랑스를 일종의 선택한 조국(un pays adopté)으로 여기기 때문에 프랑스사람들보다 오히려 친불 성향이 강하 고 이러한 성향은 언어에 대한 태도에서도 나타날 것이다.

앙트완 레셀(Antoine Lesel)씨 역시 은퇴군인으로서 군인연금 수령자이 다. 자녀들은 프랑스에 살고 있는데 자녀들을 만나러 적어도 일 년에 한 번은 프랑스에 간다. 영어의 경우 극히 제한적으로 일부의 기본적인 표현 만 알고 있고 있는데 생활하는 데는 거의 지장이 없다. 타밀어가 일상적으로 사용되고 비자를 갱신하기 위해 작성해야만 하는 행정서식의 경우 번역서비스가 제공되기 때문에 특별한 불편을 느끼지 못한다고 밝혔다.

4. 프랑스어계 학교에서의 언어사용

폰디체리의 학교 분류는 어떤 언어를 교육용어로 사용하는지와 운영의 주체에 따라 구분할 수 있는데 운영주체에 따라서는 공립학교와 사립학교로 구분되고 교육언어에 따라서는 영어계, 타밀어계, 불어계로 나뉜다. 정부에서 운영하는 공립학교에서는 타밀어로 교육을 하는 학교들이 많고 영어의 경우는 학과목으로서 가르친다. 그러나 사립학교의 대부분은 영어를 교육언어로 사용하고 타밀어, 불어, 힌디어를 제2언어로 가르친다. 공립학교는 학비는 물론이고 교재, 교복 등을 무료로 제공하기 때문에 교육비에 대한 부담을 느끼는 학부모들은 자녀들을 공립학교에 취학시킨다. 그러나 높은 수준의 사립학교들은 학비와 교육비용이 일반 서민들이 부담하기에는 버거운 수준이어서 대부분 중상류층 계층의 자녀들이 진학한다.

폰디체리 연방 영토를 통틀어서 불어계 학교는 6군데가 있다. 초등과정에서 중등과정까지 불어로 교육을 시키는 공립학교가 4군데 있는데 폰디체리에 2곳, 역시 같은 타밀 나두 주의 카라이칼에 한 곳, 케랄라의 마헤에 각각 하나씩 소재하고 있다. 이와 함께 스리 오로빈도 아쉬람에서 운영하고 있는 불어계 학교도 있는데 공립학교는 아니며 리세 프랑세(Lycée Français de Pondichéry)는 프랑스 정부가 직접 운영한다. 그런데 불어계 공립학교는 초등과 중등과정은 개설되어 있지만 고등학교 과정이 개설되어 있지 않아 중등교육을 마치고나서 리세 프랑세로 진학하거나 영어나 타밀어계 학교로 진학해야 하는 어려움이 있다.

<표 1> 프랑스어계 공립학교 재학생 수

학년	인도의 학제 대비 학년	Pensionnat de Jeunes Filles, 폰디체리 소재	Collège Calvé(French Section), 폰디체리 소재	Collège d'Enseignemet Secondaire, 카라이칼 소재	École Centrale et Cours Complementaires, 마헤 소재
CP 1	I	45	25	6	8
CP 2	II	32	25	11	5
CE 1	III	31	23	6	6
CE 2	IV	39	24	3	9
CM 1	V	25	13	9	11
CM 2	VI	25	12	23	5
6e	VII	24	12	31	5
5e	VIII	25	10	31	9
4e	IX	13	12	19	6
3e	X	12	9	10	6
	재학생 합계	271	165	149	60

(Education Department Annual Statistics for the year 2006, Government of Pondicherry)

상기의 표에 나타난 바와 같이 프랑스계 공립학교에서는 초등교육 (enseigement du 1e degré)의 예비과정(cours préparatoire)에서부터 중등교육 (enseignement du 2e degré)의 제1과정 4학년(3e)까지 이수할 수 있다. 그러나 이들 공립학교에는 중등교육의 제2과정에 해당하는 리세과정이 설치되어 있지 않아 상급학교 진학에 많은 어려움이 있고 학업의 연속성이 보장되지 않아 많은 학생들이 중도탈락하는 경우도 드물지 않다.

그러므로 불어계 학교에서 학업을 마친 학생들은 자신들이 진학해서 공부할 수 있는 불어계 고교(French-medium higher secondary school)가 리세 프랑세 이외에는 없다는 점이 어려움으로 작용한다고 토로했다. 이들 불어계 학교에서 교육을 받은 학생들이 영어계나 타밀어계 학교로 진학할 경우 학업을 따라가기가 용이하지 않고 교과과정도 일치하지 않기 때문에 어려움을 겪는다.

리세 프랑세가 불어를 교육언어로 사용해서 중등교육의 제2과정(리세)을 담당하는 유일한 교육기관이지만 학비가 일반 인도인들의 평균적인 수입으로는 부담스러운 정도이고[21] 불어계 공립학교 출신 학생들의 불어 수준이 리세 프랑세에서 학업을 지속할 수 있을 정도로 충분하지 않기 때문에 극히 소수의 학생들만이 리세 프랑세로 진학한다.

예컨대 남학생들이 재학하는 콜레쥬 칼베(Collège Calvé)는 영어계(English-medium section)과 불어계(French-medium section)으로 편성되어 있는데 영어계에 600명, 불어계에 180명의 학생들이 재학하고 있다. 학생 수에 있어 2006년도의 169명보다 약간 늘어났다. 전통적으로 콜레쥬 칼베의 졸업생들은 직업군인의 길을 걸었다. 2007년 1월 현지조사 당시 만났던 은퇴군인인 케닐 다나라주필라이(Kenil Danaradjoupillai)씨는 77세로서 자녀들이 프랑스에 살고 있는데 자녀들이 휴가에 폰디체리를 찾아온다. 자신은 영어를 거의 구사하지 못하나 특별히 불편을 느끼지 않는다고 말했다. 콜레쥬 칼베에 대해서 그는 다음과 같이 말했다.

> 예전에는 중등교육의 4학년(3e)을 마치면 중등교육 제1과정 학력 증서(B. E. P. C., brevet d'études du premier cycle)를 받으면 프랑스군대의 하급군인으로 진출할 수 있었는데 지금은 거의 불가능해졌다. 한때는 프랑스가 제국이었기 때문에 지부티, 인도차이나, 알제리, 서부아프리카 등 광범위한 지역에 군인들을 필요로 했고 중등교육 학력 증서만 있으면 하급군인으로서 채용되는데 어려움이 없었다. 그러나 프랑스정부도 감군하고 있는 추세이고 프랑스본국의 학력인플레도 심해 폰디체리의 중등교육 학력 증서만으로는 아무것

---

21) 예컨대 콜레쥬 칼베에 재학하고 있는 학생들의 부모의 연평균 수입이 15,000 루피에서 24,000루피 정도인데 리세 프랑세의 학비는 중등과정(collège)의 경우 프랑스 국적 소유자의 경우 연간 28,490, 외국 국적자의 경우 56,980루피에 (2006~2007학년도) 달한다.

도 기대할 수 없는 상황이다.

여학생들을 수용하는 팡시오나 드 쥔 피으의 경우 학생 수에 있어서는 콜레쥬 칼베보다도 많으나 이 학교 역시 많은 난관에 직면한 상태다. 교장으로 재직하고 있는 마리 로베르 샨티다스(Marie Robert Shantidas)는 다음과 같이 설명했다.

> 우리 학교에는 올해의 경우 유치원 과정에 120명, 초중등과정에 300명 총 420명이 재학하고 있다. 공립이기 때문에 학생들은 학비는 물론 교재, 학용품, 자전거도 무상으로 공급받는다. 불어로 모든 과목을 가르치고 영어와 타밀어도 과목으로서 가르친다. 그러나 10학급을 불과 6명의 교사가 담당하기에는 무리이고 유능한 교사를 확보하는 것도 현실적인 문제점 때문에 어렵다. 공립학교라서 교사의 급여가 비교적 낮은데 초등과정을 가르치는 교사가 10,000루피 정도, 중등과정의 교사가 15,000루피를 수령하는 정도이다. 이 정도의 급여수준으로 유능한 교사를 확보하는 것은 사실상 쉽지 않다. 교원 확보의 어려움을 예로 들면 수학이나 과학 과목을 불어로 가르칠 수 있는 교사가 없다. 불어는 구사해도 개별과목을 전공하지 않은 경우와 개별과목에 대한 지식은 있어도 불어를 구사하지 못하기 때문에 이 모든 조건을 갖춘 교사를 확보하는 것이 현실적인 어려움이다. 재학 중인 학생들 중에서 프랑코-폰디체리인도 있고 프랑스에 친척이 있는 경우도 많다. 그런데 비록 표면적으로 드러내놓고 말하지는 않지만 학생들 중에서 프랑스에 정착한 프랑코-폰디체리인 남성들 혹은 친척과의 결혼을 염두에 두고 우리학교에 진학하는 경우도 적지 않은 것으로 생각된다.

팡시오나 드 쥔 피으에서 만난 프리야 사티발이라는 이름의 학생은 8세로서 초등학교의 기초과정(cours élémentaire)에 다니고 있는데 집에서는 항상 타밀어만 사용하고 학교에서 수업시간에만 불어를 사용한다고 밝혔다. 쉬는 시간이나 수업이 끝나면 친구들과는 불어를 거의 사용하지 않고 타밀어를 사용하기 때문에 불어 구사능력이 제한적이었다. 그녀는 공부를 계속해서 프랑스에 가고 싶다는 바람을 표명했다.

Ⅳ. 리세 프랑세 학생들의 언어 인식과 태도

1. 조사방법

현지조사는 주로 인터뷰와 설문지에 의한 방식으로 수행했다. 주요 인터뷰 대상은 은퇴 후 폰디체리로 귀향하여 생활하고 있는 연금수령자들, 프랑스계 공립학교의 교원 및 학생들, 프랑스계 공립학교의 지휘와 감독을 책임지고 있는 폰디체리연방정부 교육부의 공무원들이었다.

프랑코-폰디체리인 공동체에 관한 기초자료 수집과 연구 자료를 확보하기 위해서 주폰디체리 프랑스총영사관, 폰디체리 프랑스연구소(Institut Français de Pondichéry), 폰디체리대학교 불어불문학과를 방문했다. 폰디체리 프랑스연구소에 소장되어 있는 자료와 논문들은 대부분 식민지 시대 프랑코-폰디체리 공동체의 연구에 국한되어 있었고 최근의 연구결과는 부족한 실정이었다.

리세 프랑세의 조사는 설문지에 의존했다.[22] 설문지의 형식으로는 다지선다형과 양자택일형을 혼합한 고정식 설문과 자유응답형의 개방식 설문으로 구성되었는데 설문지의 내용으로는 우선 사회언어학적 기초 정보 수집을 위한 목적으로 연령, 성, 종교, 직업, 교육수준 등의 항목을 포함되었다. 또한 언어구사능력, 대화상대자와 영역에 따른 언어 사용,

---

22) 리세 프랑세에는 프랑코-폰디체리인 학생들 이외에도 인도국적의 학생들, 프랑스인 학생들도 다수 재학하고 있으나 설문지는 프랑코-폰디체리인 학생들만을 대상으로 배포했다.

종족, 종교와 언어와의 상관성, 프랑코－폰디체리인으로서의 정체성과 그 표지자들, 개별 언어에 대한 인식과 태도, 프랑스로의 이주와 정착 희망 여부, 프랑코－폰디체리공동체 내 불어의 위상과 불어의 학습 동기, 불어의 지속적 사용과 자녀들에게 전승을 희망하는지의 여부 등의 설문들이 포함되었다.

2. 폰디체리 리세 프랑세

폰디체리 리세 프랑세(Lycée Français de Pondichéry)는 1826년에 설립된 학교로 동남아 및 남아시아를 통틀어 가장 중요한 리세이다. 또한 인도 내 불어능력평가시험이 폰디체리 리세 프랑세에서 치러지는 까닭에 교육기관으로서의 기능뿐만 아니라 인도 내 불어교육의 중심지 역할을 맡고 있다. 유치원(école maternelle)부터 초등학교(école élémentaire)와 콜레쥬 및 리세(collège et lycée)과정까지23) 개설되어 있는데 리세과정을 마치면 대학입학자격시험인 바칼로레아(baccalauréat)를 치루고 이에 합격한 학생들은 보통 프랑스에 있는 대학으로 진학하는 것이 전형적인 진로선택이다. 리세에서 근무하는 사데쉬 카루파트(Sadeesh Karuppath)씨는 폰디체리 리세 프랑세 학생들의 바칼로레아 합격률이 프랑스 평균치를 상회한다고 밝혔다.

3세에서부터 18세에 걸쳐 약1천명의 학생들이 재학하고 있으며 150명의 교사, 행정직원, 고용원들이 근무하고 있다. 2006~2007학년도 학

---

23) 콜레쥬 및 리세(collège et lycée)는 각각 중등교육의 제1과정과 제2과정을 지칭하는데 정확히 일치하지 않지만 한국의 중학교와 고등학교와 대응된다. 콜레쥬는 보통 11~12세에서 시작하고 리세의 최종학년의 학생은 대개 17~18세 정도이다. 콜레쥬는 3년 과정이고 리세는 4년간의 학업과정이다.

비를 보면 등록비는 2천 루피로 동일하지만 유치원에서 리세로 올라갈
수록 비례해서 학비가 높아진다. 유치원의 경우 연간학비가 28,490루피
지만 리세의 경우는 36,060루피이다. 또한 프랑스와 인도국적의 학생과
외국인 학생들에 대해서는 차별적으로 학비를 적용하는데 외국인 학생
들은 두 배에 달하는 학비를 지불해야한다. 재학생 중 인도국적의 학생
이나 외국인 학생이 소수 포함되어 있지만 대다수가 프랑스 국적의 프
랑코-폰디체리인 학생들이다.

많은 학생들이 장학금 혜택을 받고 있지만 모든 학생들에게 적용되지
않기 때문에 학비가 없는 학생들을 위해 프랑코-폰디체리 공동체의 여
러 단체들은 종종 장학금 마련을 위한 행사를 개최하는 등 대부분의 학
생들이 공부를 계속할 수 있도록 여건을 조성하고 있다.

3. 제2언어 습득 이론과 언어학습 동기

제2언어습득은 모어 이외의 다른 언어를 배우는 과정을 의미한다. 그
런데 제2언어 습득과 관련된 이론들은 시대적 상황변화는 물론이고 언
어학이나 심리학 등 관련분야의 발달과 변화 추이에 따라 연구주제와
분석대상도 변화를 거듭해왔다. 우선 1960년대와 70년대 제2언어습득
이론가들은 배우는 언어의 문법이나 발음 등 형식적 특성에 관심을 두
었다(Corder, 1967). 형식적 특성에 대한 관심의 자연스러운 귀결로서 오
류분석(error analysis)이 등장했고 제2언어 습득과정에서 나타나는 오류
의 원인이 무엇인지 규명하려고 시도했다. 또한 습득과정에서 제1언어
와 제2언어의 상호영향에 관해서도 체계적으로 규명하려는 시도가 있
었다.

1980년대와 90년대에는 언어 그 자체보다 언어습득과정과 스타일로

관심이 이동했다. 그런데 최근에는 언어학습자들이 사회적 영역과 맺고 있는 관계를 고찰하는데 관심이 집중되어 왔다(Mokay & Wong, 1996; Peirce, 1995). 제2언어학습자를 기본적으로 사회적 존재로서 규정하고 학습자와 사회적 맥락과의 관계를 규명하고자 하는 것이다. 사회적 존재로서의 학습자에 대한 관심은 당연히 계급, 종족성, 성 등의 요인을 제2언어습득의 중요한 변수로서 간주함을 의미한다. 이러한 접근방법은 개별적 제2언어학습자와 사회적 맥락과의 상호관계를 부단히 변화하며 역동적인 것으로 파악한다. 이러한 관점에 의하면 제2언어습득에서 학습동기와 열망은 극히 중요한 변수로 작용하고 학습동기와 열망의 형성과 변화는 사회적 맥락이나 상황과 밀접하게 관련되어 있는 것이다.

일반적으로 동기란 제2언어를 학습하려는 욕망과 필요성의 귀결로서 제2언어 학습에 투자하는 노력을 의미한다. 동기는 "도구적 동기(instrumental motivation)"와 "통합적 동기(integrative motivation)"로 구분되는데(Gardner, 1985) 도구적 동기란 학습자가 기능적인 목표를 가지고 노력을 기울일 때의 동기를 의미하며 통합적 동기란 언어학습자가 제2언어를 사용하는 사람들과 정서적으로 동일시하거나 의사소통을 하기 위한 목적으로 언어를 배울 때 발생하는 동기이다.

특히 제2언어습득에서 목표언어에 대한 투자 개념(the concept of investment in the target language)은 동기이론을 설명하는데 유용하다. 제2언어학습 동기는 학습자의 개인적 측면이지만 투자는 학습자와 사회적 영역 사이의 복잡한 역학 관계를 노정한다. 즉, 개인적 측면에서의 동기는 행동주로서의 의지, 취향, 지향 등과 같은 심리적 측면의 복합적 산물로 규정할 수 있지만 목표언어에 대한 투자로서의 동기는 사회적 구조나 변화와 아주 밀접하게 결부되어 있다.

그러므로 언어와 사회적 영역이 서로 유리되어 있는 분리된 실체가

아니라 유기적으로 상호 연결되어 있어 영향을 미치는 것으로 이해하는
것이다. 따라서 제2언어학습 동기부여와 정치, 경제, 사회 등 제반 환경
의 변화는 긴밀하게 연관되어 있을 뿐만 이러한 상황과 변화를 반영하
는 지표로도 받아들일 수 있는 것이다.

4. 결과분석과 의미

설문지에 응답한 학생들의 수는 88명이었는데 일부 항목을 누락한 설
문지도 있었고 복수의 응답을 한 항목도 존재했다. 우선 연령 분포는 14
세부터 20세까지였는데 특히 16세와 17세의 응답자들이 과반수를 넘게
(60.23퍼센트) 분포되어 있어 리세의 상급학년 학생들이 주류를 이루었다.

<표 1> 연령분포

연령	14	15	16	17	18	19	20
응답자수	2	12	27	26	16	3	2

성별로는 남녀가 동수였고 출생지별로는 폰디체리 연방영토 출신이
70명, 프랑스와 기타 지역 출신이 각각 16명과 2명이 있었는데 폰디체리
연방영토 출신의 다수는 폰디체리시 출신이었고 안드라 프라데시의 야
남과 케랄라 주의 마헤, 타밀 나두 주에 위치한 카라이칼도 소수 포함되
어 있었다. 종교적으로는 힌두교가 다수를 차지했고 무슬림은 소수였다.

<표 2-1> 응답자의 종교

명(백분율)

힌두교	카톨릭	무슬림	무교 및 기타 종교
49명(55.68%)	31(35.23)	6(6.82)	2(2.27)

그런데 종교에 따라 응답자들이 사용하는 언어에는 뚜렷한 차이가 드러났다. 힌두교를 신봉하는 응답자 전부는 힌두사원에서 오로지 타밀어만을 사용한다고 응답한 반면 카톨릭을 신봉하는 학생들의 경우에는 미사 참례 시에 타밀어와 불어를 사용한다고 응답한 비율이 거의 비슷하게 나타났다.

<표 2-2> 미사 참례 시 사용언어

사용언어	타밀어	불어	영어
백분율	46.94	40.82	12.24

이러한 결과로 볼 때 카톨릭을 신봉하는 학생들은 불어가 사용되는 상황에 상대적으로 많이 노출되고 이는 일정 정도 언어사용과 유지에도 영향을 미치는 것으로 보인다.

<표 3> 언 어

명(백분율)

	타밀어	불어	텔루구어	기타
모어	75(85.23)	5(5.68)	6(6.82)	2(2.27)
제1언어	67(76.14)	14(15.91)	5(5.68)	2(2.27)
아버지의 모어	76(86.36)	3(3.41)	6(6.82)	3(3.41)
어머니의 모어	76(86.36)	4(4.55)	6(6.82)	2(2.27)

리세 프랑세 학생들은 자신들의 일상생활에서 언어가 사용되는 영역이나 대화상대자에 따라 적절한 언어를 선택해서 사용하지만 대부분의 영역에서 타밀어가 지배적으로 사용되고 있는 것으로 나타났다. 가정, 공동체의 모임, 공공기관, 사원 등 다양한 영역에서 타밀어가 주요한 언어로 기능했다.

그런데 상기 표에 드러나듯 모어(langue maternelle)와 1차언어(première langue)가 항상 일치하지는 않는다. 이는 비록 부모의 언어가 타밀어라고 해도 일상적으로 가장 빈번하게 혹은 능숙하게 구사하는 언어가 불어인 경우가 드물지 않기 때문이다.[24] 또한 안드라 프라데시 주 야남 출신의 경우 텔루구어가 모어지만 폰디체리에 생활기반이 있을 경우 의사소통에서 거의 전적으로 타밀어에 의존하기 때문에 나타난 현상이다.

습득하고자 하는 언어, 즉 목표언어의 위상에 대한 설문에서는 3분의 2 이상의 응답자들이 폰디체리에서 불어에 대한 필요성이 점증하고 있다고 응답했으나 응답자의 3분의 1은 점점 쇠락하는 언어라고 응답했다. 물론 이러한 답변은 변화하는 상황에 대한 객관적 사실의 반영일 수도 있고 주관적 판단일 수도 있다. 그리고 불어의 위상 혹은 필요성의 감소라는 문제를 폰디체리 뿐만 아니라 전세계적으로 전개되고 있는 현상에 근거해서 판단한 결과일 수도 있다.

<표 4-1> 불어의 위상

명(백분율)

더욱 요구되고 있는 언어	60(68.18)
쇠락 중인 언어	28(31.82)

그런데 불어가 쇠락하고 있는 언어라고 응답한 28명의 학생들을 성별과 종교별로 보면 다음과 같다.

---

24) 1차언어(primary language) 혹은 우선 언어(preferred language)라고도 하는데 하나 이상의 언어를 사용하는 사람들의 경우 모어가 반드시 가장 유창하게 구사할 수 있는 언어가 아닌 경우도 있다. 1차언어 혹은 우선 언어는 이중 언어 또는 다중 언어 사용자가 가장 능숙하게 구사하거나 일상적 의사소통에서 사용하기를 가장 선호하는 언어를 지칭한다.

<표 4-2> 성별, 종교별 분포

명(백분율)

성별		종교별	
남	여	힌두교	카톨릭
22(78.57)	6(21.43)	20(71.43)	8(28.57)

즉, 여학생들보다는 남학생들이, 카톨릭을 신봉하는 학생들보다는 힌두교를 신봉하는 학생들이 불어의 필요성이 감소하고 있다고 응답한 비율이 월등히 높은 것으로 판단컨대 언어에 대한 인식과 성, 종교는 상호 관련되어 있는 것으로 보인다.

인터뷰와 설문지를 통해 불어의 필요성이 점증하고 있다고 응답한 사람들은 그 이유로 첸나이를 포함한 인도 각지에 프랑스계 기업의 투자와 진출이 늘어나고 있는 상황에서 불어를 구사하는 전문 인력이 요구된다는 것을 들었다. 이와 더불어 오로빌과 폰디체리를 찾는 프랑스 여행객들의 꾸준한 증가로 인해 이들을 대상으로 하는 여행사, 숙박업소, 음식점 등 서비스업종이 증가하는 추세임을 상기시키며 이러한 사업을 하는데 있어 불어구사능력은 유용한 자본이 된다는 것을 언급했다.

<표 5-1> 프랑스국적 선택의 유용성

명(백분율)

유용한 선택이었다	79(91.86)
유용한 선택이 아니었다	7(8.14)

프랑코-폰디체리인들은 대개 자신의 조상들이 인도와 프랑스의 양도조약 당시 프랑스국적을 선택했고 속인주의의 원칙에 따라 프랑스국적을 유지한 사람들이다. 비록 자신들의 자유의지로 선택한 국적은 아니지만 자신들의 미래를 위해 프랑스국적이 유용하다는 견해가 절대다

수를 차지했다.

자신을 프랑코−폰디체리인이라는 정체성을 갖도록 규정하는 것이 무엇인지에 대한 항목에서 대다수의 응답자들이 언어, 복식, 행동양식과 함께 여권, 국적 등을 꼽았다.

<표 5-2> 당신의 미래는 어디에 있습니까?(복수응답)

명(백분율)

프랑스	인도	기타
64(62.75)	36(35.29)	2(1.96)

이 설문항목에 대해서는 복수의 응답을 한 경우가 많았는데 적지 않은 응답자들이 인도라고 답했다. 이는 노년세대의 인식과는 많은 차이를 드러내고 있는데 이러한 인식차이의 배경에는 변화하고 있는 인도사회와 관련이 있는 것으로 보인다. 다시 말하면 급속히 성장하고 있는 인도경제는 새로운 가능성과 희망을 제공할 수 있다는 기대감이 작용하고 있는데다가 프랑스에서 청년층의 높은 실업률, 이민자에 대한 차별과 주변부화 등 부정적인 요소들을 대다수의 프랑코−폰디체리인들은 의식하고 있기 때문인 것으로 분석된다.

<표 5-3> 프랑스로의 이주와 정착을 희망하고 있는지의 여부

명(백분율)

예	68(78.16)
아니오	19(21.84)

자신의 미래가 어디에 있는지에 관한 질문과 프랑스로의 이주와 정착을 희망하고 있는지의 여부는 서로 직결되어 있다. 내적, 외적 상황의

변화가 인식의 변화를 초래하고 있는 것은 사실이지만 프랑스는 여전히 이주와 정착의 대상지로서 남아 있다. 다만 프랑스로의 이주와 정착이 프랑스사회에 대한 추상적 차원의 열망이라기보다는 현실적 고려인 경우가 다수를 차지했다.

<표 5-4> 프랑스로 고등교육을 받으러 갈 계획이 있는지의 여부

명(백분율)

예	84(95.45)
아니오	4(4.55)

리세 프랑세에서 학업을 마친 뒤 바칼로레아를 통과한 학생들은 특별한 경우가 아니면 거의 예외 없이 프랑스에 있는 대학이나 고등교육기관으로 진학하는 것이 전형적인 경로이다. 이러한 경로가 궁극적으로 프랑스에서의 성공적인 정착을 위한 전제조건이기 때문이다.

<표 5-5> 자녀에게 불어를 전승할 의향이 있는지의 여부

명(백분율)

예	85(96.59)
아니오	3(3.41)

설문지와 인터뷰에 응한 거의 모든 응답자들은 자녀에게 불어를 전승할 의향이 있다고 답했다. 그런데 대부분의 응답자들은 불어 구사능력만으로는 충분하지 않다고 판단하고 있었으며 영어 구사능력도 갖추어야만 경쟁력을 지닐 수 있다고 믿었다.

이와 같은 결과가 명시적으로 드러내듯 프랑코−폰디체리인 학생들의 대다수는 프랑스에서의 학업, 이주와 정착 등과 같은 기능적인 목표를 설정하고 불어을 공부하며 불어계 학교에 진학하는 것으로 나타났다. 다시 말하면 제2언어로서의 불어 학습과 불어계 학교에 진학하는 배경에는 도구적 동기(instrumental motivation)가 주요하게 작용하고 있다고 분석할 수 있다. 당연히 도구적 동기는 언어의 유용성과 직결되어 있는데 언어의 도구적 유용성은 개인의 심리적 판단에도 기반하고 있지만 사회적 요인들도 유력하게 작용한다. 따라서 도구적 동기는 개인의 심리적 측면과 사회적 요인의 복합으로 간주할 수 있다.

V. 맺는말

프랑스의 식민통치라는 역사적 경험으로 인해 오랜 기간에 걸쳐 인도 속 프랑스문화의 창으로 알려진 프랑코–폰디체리 공동체도 정치, 경제, 사회, 문화 등 다양한 영역에 걸쳐 진행되고 있는 변화의 무풍지대로 남을 수는 없다.

타밀어가 지배적으로 사용되고 교육과 행정의 영역에서 영어가 차지하는 비중이 점증하고 있는 상황에서 프랑코–폰디체리인들은 생존전략으로서 다양한 언어를 구사하는 다언어구사자들이다. 이들은 언어공동체 구성원들이 공유하는 인식과 태도를 바탕으로 각각의 영역에서 적절한 언어를 선택해서 사용한다.

노년세대의 경우 불어구사능력만으로 프랑스사회에 진출하고 직업을 구하는데도 커다란 어려움이 없었지만 이러한 추세가 지속되기는 어렵다. 전통적으로 프랑코–폰디체리인들이 많이 진출했던 군대의 경우에도 인력감축은 물론 프랑스본국의 학력 인플레로 인하여 폰디체리에서의 중등교육만으로는 직업군인으로 진출하는 것이 쉽지 않다. 한편 프랑스에서도 과거처럼 많은 노동력의 유입을 필요로 하지 않는 상황이며 고용시장의 전반적 변화도 폰디체리의 프랑코-폰디체리인들에게 어떤 방식으로든지 영향을 미친다.

비록 변화하는 상황으로 인하여 불어를 포함한 언어에 관한 인식과 태도에도 많은 변화가 있지만 대다수의 프랑코-폰디체리인들에게 있어 불어는 여전히 프랑스로의 이주와 정착을 위한 불가결한 언어적 자본이다. 특히 10만 명이상으로 추산되는 폰디체리 출신의 타밀인들이 프랑스에 정착해서 살고 있고 이들은 결혼, 가족왕래 등과 같은 형태로 프랑코-폰디체리인들과 지속적으로 관계를 유지하고 있기 때문에 유용한 도구로서의 불어에 대한 인식이 급격한 변화를 일으킬 것으로 예상되지는 않는다. 그러므로 불어를 교육언어로서 사용하는 불어계 공립학교와 리세 프랑세는 이러한 언어적 자본을 확보할 수 있는 공간인 것이다. 즉 폰디체리의 리세 프랑세는 프랑스로의 이주 및 프랑스사회로의 진입을 위한 관문 혹은 통로로서 인식되고 기능하고 있다고 볼 수 있다.

아직까지는 목표언어인 불어에 대한 투자가 기대수준을 어느 정도 충족시키기 때문에 리세 프랑세를 포함한 불어계 학교들이 유지되고 있지만 기대에 못 미치는 경제적, 사회적 상황이 전개되면 불어의 사용이나 학습동기에도 일정한 범위 내에서 영향을 미칠 것으로 전망된다.

<참고 문헌>

Balagourou D. 1980. *L'enseignement du français à Pondichéry de 1770 à 1980, les problèmes et les dimensions.*

Claude P. 1987. Les pensionnes de Pondichery. Le Monde du 2 avril.

Corder, S. P. 1967. The significance of learners' errors. *International Review of Applied Linguistics* 5: 161-9.

Daniel, Jeyaraj. 1991. A Study of Patronymic Names of the Tamil 'Renoncants' of Pondicherry. *PILC Journal of Dravidic Studies* 1(1): 57-67.

Education Department. 2006. Annual Statistics for the year 2006. Government of Pondicherry.

Gardner, R. C. 1985. *Social psychology and second language learning: the role of attitudes and motivation.* London: Edward Arnold.

Le Français dans le Monde. 2005. Pondichery et le francais No 341.

Lourdes, Tirouvanziam-Louis. 1994. *Les "Créoles" ou Descedants d'Européens à Pondichéry.* Unpublished Ph. D Dissertation. Pondicherry University.

Michalon, Paul. 1990. *Des Indes Françaises aux Indiens Français ou Comment Peut-on Être Franco-Pondichériens?* Mémoire de D. E. A. de Sociologie. l'Université Aix-Marseille.

McKay, S. L. and Wong, S. L. C. 1996. Multiple discourses, multiple identies: Investment and agency in second-language learning among Chinese adolescent immigrant students. *Harvard Educational Review* 66(3): 577-608.

Murugayan Appasamy. 1980. *Le bilinguisme tamoul-français à Pondichéry.* Paris VII.

Neogy, Ajit K. 1997. *Decolonization of French India: Liberation Movement and Indo-French Relations 1947-1954.* Pondichéry: Institut Français de Pondichéry.

Peirce, B. N. 1995. Social Identity, Investment, and Language Learning. *TESOL Quarterly* 29(1): 9-31.

Sugumar, V. Raji. 1998. *A Socio-Cultural Study of Franco-Pondicherrians.* Unpublished Ph. D. Dissertation. Pondicherry University.

신문 및 정기간행물

The Hindu, Tamil Nadu Edition, Chennai.

Indian Express, Daily, Chennai.

Trait d'Union(Le), Monthly, Pondicherry.

부록: 설문지

Enquête Sociolinguistique(Questionnaire)

Usage et maintien des langues parmi les Franco-Pondichériens polyglottes

1.1 age :

1.2 sexe :

1.3 lieu de naissance :

1.4 nationalité :

1.5 religion :

1.6 groupe ethnique :

1.7 profession(préciser SVP) :

1.8 niveau d'éducation(nombre d'années scolaires) :

2.1 Quelle est votre langue maternelle?

2.2 Quelle est la première langue que vous ayez apprise chez vous en famille?

2.3 Quelle est la langue maternelle de votre père?

2.4 Quelle est la langue maternelle de votre mère?

2.5 Avez-vous passé toute votre vie ici à Pondichéry?

  a. Sinon, combien de temps avez-vous vécu à Pondichéry?

b. Dans quel autre pays ou dans quelle autre ville avez-vous vécu au moins pendant un ans?

3 Évaluez votre connaissance en langues.(cocher SVP)

	Parler				Écrire				Lire				Comprendre			
	E	B	S	P	E	B	S	P	E	B	S	P	E	B	S	P
tamoul																
anglais																
français																
telugu																
malayalam																
hindi																
autres langues (nommer SVP)																

E: Excellent, B: Bien, S: Suffisant, P: Un Peu

4 Dans les situations suivantes, quelles sont à votre avis les langues qui vont être utilisées le plus probablement à Pondichéry? :
  — dans le contexte familial(à la maison) :
  — dans le contexte communitaire :
  — dans le contexte religieux(ex: églises, temples) :
  — dans les institutions éducatives(écoles, campus) :
  — dans le réunions privées :
  — sur les lieux de travail :
  — au marché ou au magasin :
  — dans la communication entre districts(Karaikal, Yanam and Mahe) :

5 Quelle langue préférez-vous utiliser quand vous parlez :
  — avec votre mère :

— avec votre père :

— avec vos grands-parents :

— avec votre épouse ou époux :

— avec les enfants :

— avec les dirigeants religieux :

— avec les amis et voisins franco-pondichériens :

— avec les amis et voisins non-franco-pondichériens :

— avec les fonctionnaires des services gouvernementaux :

6.1 Quelle langue les membres âgés de votre communauté utilisent-ils quand ils parlent entre eux?

6.2 Quelle langue les jeunes membres de votre communauté utilisent-ils quand ils parlent entre eux?

7.1 Quelle langue peut être étroitement identifiée avec votre groupe ethnique?

7.2 Quelle langue est identifiée le moins avec votre groupe ethnique?

7.3 Quelle langue associez-vous étroitement à votre religion?

7.4 Quelle langue associez-vous le moins à votre religion?

8.1 Vous identifiez-vous plus précisément comme une Indienne/un Indien ou une Franco-Pondicherienne/un Franco-Pondichérien(Français de Pondichéry)?

8.2 Est-ce que vous considerez les Franco-Pondichériens comme des gens de nulle part, ni Francais ni Indiens? Considerez-vous les Franco-Pondichériens comme :

a. Français
b. Indien
c. Autre(préciser SVP)

8.3 Quelle est la plus importante chose qui vous fasse vous identifier comme Franco-Pondichérien?

8.4 Quel est le facteur le plus déterminant qui vous fasse identifier par les autres comme Franco-Pondichérien?

8.5 Quel symbole identitaire(identifiable) proposeriez-vous pour représenter le groupe(l'entité) des Franco-Pondichériens ?

8.6 Vos ancêstres ont-ils décidé de rester Français au moment du traité de cession?

8.7 Pensez-vous que le choix de vos ancêstres en faveur de la nationalité française a été/sera bénéfique à votre avenir?

8.8 Où est votre avenir? En Inde ou en France ou ailleurs?

8.9 Est-ce que vous rêvez de migrer et de vous installer en France un jour?

9.1 Quand vous considerez l'avenir de vos enfants, quelles langues seront utiles et doivent être apprises à l'école?

9.2 Serait-il utile pour votre enfant d'étudier les langues suivantes?(cocher SVP)

Langues	Oui	Non
tamoul		
anglais		
français		
telugu		
malayalam		
hindi		

9.3 Est-ce que vous considerez la langue française comme une langue en déclin ou une langue de plus en plus demandée à Pondichéry?

9.4 Quelle est la principale motivation pour vous de maintenir et de parler le Français?

9.5 Êtes-vous disposé à transmettre le francais à vos enfants?

9.6 Si vous êtes élève(colégien ou lycéen), projetez-vous de faire des études superieures en France?

10 Changez-vous souvent de langue(code-switching)? Si vous changez, citez quelques exemples. Dans quel contexte, dans quel but et pour quelles raisons?

찾아보기

〈파〉

〈타〉

필자 약력 (집필순)

인태정

부산대학교 사회학과 박사. 현재 부산대학교 사회학과 강사. 주요 저서로는 『관광의 사회학(한국 관광의 형성 과정)』, 『술의 사회학(매일 끓는 술)』(공저), 『현대 한국 일상 문화코드(관광이 넘치는 사회)』(공저), 『부산인의 신생활 풍속』(공저) 등이 있고, 논문으로는 「한국 관광의 형성과정에 관한 비판 사회과학적 연구」, 「한국의 전통관광에 대한 사회학적 접근」, 「임신과 출산의 한국 신풍속도에 관한 소고」 등이 있다.

이광수

인도 델리대학교 역사학 박사. 현재 부산외국어대학교 러시아 – 인도 통상학부 교수. 주요 저역서로는 "Buddhist Ideas and Rituals in Early India and Korea", 『인도는 무엇으로 사는가』, 『인도문화: 특수성과 보편성의 이해』, 『인도사에서 종교와 역사 만들기』, 『카스트: 지속과 변화』(공저), 『내가 알고 싶은 인도: 사람, 역사 문화 바로 읽기』(공저), 『마누법전』(공역), 『고대 인도의 정치이론, 인도 민족주의의 역사 만들기: 성스러운 암소신화』 등이 있고, 논문으로는 「포스트 식민주의와 '역사 만들기': 인도에서 힌두교를 중심으로」, 「20세기 후반 미국에서의 '종교사'와 힌두교 만들기」, 「인도에서 힌두교와 에쓰닉의 문제」 등이 있다.

김경학

인도 자와할랄네루대학교 인류학 박사. 현재 전남대학교 인류학과 교수. 주요 저서로는 『내가 알고 싶은 인도』(공저), 『인도문화와 카스트구조』, 『국제 이주와 인도인 디아스포라』 등이 있고, 논문으로는 「호주 – 휘지계 인도인의 종족 정체성 구성」, 「이주와 종교적 공동체」, "Twice Migrant Indo-Fijian Community in Sydney" 등이 있다.

조정규

전남대학교 대학원 지리학 박사. 현재 전남대학교 지리학과 강사. 주요 논문으로 「광주 충장로와 금남로의 경관변화 연구」, 「일제강점기 광주 충장로의 토지이용 변화」, 「일제강점기 광주 금남로지역의 토지이용과 소유의 변화」, 「일제강점기 광주면의 경관변화에 관한 연구: 광주면 향사리를 중심으로」 등이 있다.

이재숙

인도 델리대학교 산스크리트학과 철학박사. 현재 한국외국어대학교 및 부산외국어대학교 강사. 주요 저역서로는 『우파니샤드』, 『마누법전』(공역), 『우파니샤드: 귓속말로 전하는 지혜』, 『인도』, 『나띠야 샤스뜨라』 등이 있고, 논문으로는 「인도 대서사시의 종교문학적 성격: 마하바라따를 중심으로」, 「힌두—무슬림 갈등의 구조적 성격과 동태분석: 아요디아 사태를 중심으로」(공동) 등이 있다.

정영주

영국 워릭대학교 역사학 박사. 현재 부산대학교 사학과 강사. 주요 논문으로 「영국 아틀리 정부의 외교정책」, 「아틀리 정부의 對말레이시아 정책」, 「영국 노동당의 좌파 사회주의자 바바라 카슬」, 「유럽연합의 중앙과 지방문제」 등이 있다.

박정석

인도 하이데라바드대학교 인류학 박사. 현재 목포대학교 역사문화학부 문화인류학 전공 조교수. 주요 저역서로는 『카스트: 지속과 변화』(공저), 『파리아의 미소』가 있으며, 논문으로는 「모방교차 사촌혼에 대하여」, 「남인도 친족분류와 혼인에 관하여」, 「인도 농촌의 계조직」, 「남인도의 불가촉천민에 관하여」, 「말레이지아의 타이푸삼(Thaipusam) 축제: 무루간 숭배와 인도—타밀인」 등이 있다.

장용규

남아프리카공화국 크와줄루—나탈대학교 인류학 박사. 현재 한국외국어대학교 아프리카어과 조교수. 주요 저서로는 『춤추는 상고마』가 있고, 논문으로는 「'남아공인도인' 이주사: 1860~1948」, 「줄루의례의 상징성과 사회적 의미」, 「동부아프리카의 언어정책과 스와힐리 정체성의 형성」 등이 있다.

양철준

벨기에 헨트대학교 아프리카 언어—문화학과 박사. 현재 한국외국어대학교 아프리카어과 강사. 저서로 『시사스와힐리어』, 『스와힐리어—한국어 전문술어사전』, 『피카소가 사랑한 아프리카: 케냐에서 보내온 아프리카 일기』, 『나이로비: 아프리카의 관문』 등이 있고, 논문으로는 「정치담화에서의 은유: 다니엘 아랍 모이의 정치담화에 나타난 가족으로서의 국가 은유의 사례를 중심으로」 등이 있다.

글로벌 시대의 인도인 디아스포라

2007년 12월 14일 초판인쇄
2007년 12월 24일 초판발행
저 자 : 김 경 학 외
발 행 인 : 한 정 희
편   집 : 김 소 라
발행처 : 경인문화사
주소 : 서울시 마포구 마포동 324-3
전화 : 02)718-4831 | 팩스 : 703-9711
등록번호 : 제10-18호(1973.11.8)
홈페이지 : 한국학서적.kr
            http://kyunginp.co.kr
이메일 : kyunginp@chol.com

ISBN : 978-89-499-0537-2 93330
값 : 14,000원